STATE STUDIES

国家研究

第1辑

2023年

俞可平｜主编

北京出版集团
北京出版社

国家研究

编辑委员会

目 录

Contents

国家能力研究

宪法设计与国家发展：
近代德国与日本的比较研究

包刚升

复旦大学国际关系与公共事务学院教授

摘要 宪法设计在国家发展过程中常常居于举足轻重的地位。德国与日本在近代政治史上都经历了外部军事扩张与内部民主崩溃，原因在于1871年《德意志帝国宪法》与1889年《明治宪法》所确立的政治结构存在着类似的缺陷。两部宪法所建立的都是某种程度的君主立宪政体，但这两部宪法都存在君主与国民双重主权的问题，容易引发政府与议会的结构性冲突以及导致军队失去政治控制。最终，军队拥有了外交与对外军事政策的支配权，使得两国走上了对外军事扩张和国内经历民主崩溃的政治道路。所以，近代德国与日本的政治变迁证明了宪法设计事关一个国家的政治发展。

关键词 宪法设计；国家发展；军事扩张；民主崩溃

一、研究问题与主要观点

在世界主要发达国家中，德国与日本的近现代政治史具有重要的相似性。国际上，德国与日本都经历过对外军事扩张，是世界大战的主要发动者；在国内，两国都经历过民主政体从不稳定、崩溃到重建的过程。为什么两个位于不同地区、具有不同传统的国家呈现出如此惊人的相似性？

　　尽管有学者曾提到日本明治改革是对德国政治模式的借鉴，两国的制度模式具有相似性，并产生了相似的经济与政治结果，但这一问题总体上缺少系统的研究。① 较常见的是对两国各自政治发展路径的国别研究。关于德国的对外军事扩张与民主崩溃，学术界已经提供了很多解释，包括：容克地主主导的社会结构，德国统一过程中的军国主义传统，欧洲地缘政治对德国国内政治的塑造，日耳曼精神与极端民族主义的政治文化，政治制度的弊端，以及主要政治家的风格和领导力，等等。② 关于日本的对外军事扩张及"二战"前民主政治的衰落，学术界也有很多解释，包括：岛国环境与地缘政治，具有封建特质的社会结构，武士道精神以及由此以"大和魂"为概念的民族主义，天皇制与明治体制，以及帝国主义的国际

① 参见〔日〕安世舟：《漂流的日本政治》，高克译，社会科学文献出版社 2011 年版，第 3—12 页；杜小军：《也析德国榜样与日本明治宪政改革》，载《比较法研究》，2011 年第 3 期，第 24—34 页。
② 相关著作参见〔美〕科佩尔·S. 平森：《德国近现代史：它的历史和文化》，范德一等译，商务印书馆 1987 年版；〔德〕卡尔·艾利希·博恩等：《德意志史（第三卷）：从法国革命到第一次世界大战（1789—1914）》，张载扬等译，商务印书馆 1986 年版；〔德〕卡尔·迪特利希·埃尔德曼：《德意志史（第四卷）：世界大战时期（1914—1950）》，高年生等译，商务印书馆 1986 年版；Karl Dietrich Bracher, *The German Dictatorship: The Origins, Structure and Effects of National Socialism*, trans. Jean Steinberg, London: Weidenfeld and Nicolson, 1971. 相关论文参见时殷弘：《论第一次世界大战的成因——一种宏观阐析》，载《江海学刊》，2000 年第 1 期，第 144—150 页；时殷弘：《欧洲强国抑或世界强国——20 世纪德国的选择和命运》，载《世界历史》，2000 年第 4 期，第 58—66 页；陈从阳等：《从皇帝到礼仪元首——从德国国家受援地位的嬗变看德国政治民主化》，载《武汉大学学报（人文科学版）》，2009 年第 6 期，第 671—676 页；何奇松：《德国发动世界大战的文化诠释》，载《华东理工大学学报（社会科学版）》，2004 年第 1 期，第 76—80 页；邢来顺：《略论德意志帝国政治架构的发展趋势》，载《武汉大学学报（哲学社会科学版）》，1998 年第 2 期，第 104—109 页；高荆民：《"世界政策"——德国现代化特殊性的选择》，载《武汉大学学报（人文科学版）》，2002 年第 4 期，第 397—403 页。下面这部著作有专门章节讨论了魏玛民主的崩溃：Eberhard Kolb, *The Weimar Republic*, trans. P. S. Falla and R. J. Park, London and New York: Routledge Taylor & Francis Group, 2005, pp. 139 - 202. 关于政治家的角色参见 Andreas Dorpalen, *Hindenburg and the Weimar Republic*, Princeton: Princeton University Press, 1964; Martin Broszat, *Hitler and the Collapse of Weimar Germany*, trans. V. R. Berghahn, Leamington Spa: Berg, 1987.

格局，等等。① 这些研究各具价值，有些研究则借鉴了地缘政治、政治文化和制度分析等相似的理论路径，但是，现有研究并没有用统一的逻辑来解释：为什么德国与日本在近现代政治史上都经历外部军事扩张与内部民主崩溃？难道德国与日本政治史的这种重要相似性仅仅是一种历史的巧合？

本文认为，宪法设计在国家发展过程中常常居于举足轻重的地位。本文的主要观点是：德国与日本两国近现代政治史的重要相似性，源于两国的近代宪法——1871 年《德意志帝国宪法》和 1889 年《明治宪法》——及其确立的政治结构的同构性。或者说，正是两部宪法类似的制度缺陷使得两国都走上了外部军事扩张和内部民主崩溃的政治道路。

通常认为，宪法规定了一个国家基本的政治秩序与政治结构。康拉德·黑塞认为："它（宪法）确立了政治统一体应如何构建以及国家任务应如何得以完成的指导原则。它规定了如何解决统一体内部矛盾冲突及其程序。它约束着构成政治统一体与国家行动的机关及程序。它创立了法秩序的基础与根本特征。"② 尽管每一部宪法都是某个特定政治过程的产物，都受到当时社会结构与政治力量的约束，但是，宪法一旦得以确立——由于宪法确立的是构建政治秩序和政治结构的基本规则——就会对后续的政治实践产生重大影响。换句话说，每一部宪法都可能会导致某些特定的政治后果，故而会影响国家发展的政治路径。

---

① 相关通史著作参见〔日〕远山茂树等：《日本近现代史（一至三卷）》，邹有恒等译，商务印书馆 1992 年版；Marius B. Jansen（eds.），The Cambridge History of Japan（Volume 5）：The Nineteenth Century，Cambridge：Cambridge University Press，1989；John W. Hall，Marius B. Jansen，Madoka Knai and Denis Twichett（eds.），The Cambridge History of Japan（Volume 6）：The Twentieth Century，Cambridge：Cambridge University Press，2005。相关专门史著作参见〔日〕升味准之辅：《日本政治史（第一至四卷）》，董果良、郭洪茂译，商务印书馆 1997 年版；〔日〕信夫清三郎编：《日本外交史（上、下册）》，天津市社会科学院日本问题研究所译，商务印书馆 1980 年版。相关论文参见武寅：《论明治宪法体制的内在结构》，载《历史研究》，1996 年第 3 期，第 134—144 页；武寅：《论明治宪法体制下日本内阁与议会的关系》，载《世界历史》，1996 年第 5 期，第 29—36 页；孙放：《明治宪法对日本军国主义的影响》，载《日本研究》，2004 年第 1 期，第 75—78 页；赵阶琦：《日本军国主义对外扩张野心的形成与膨胀》，载《日本学刊》，2005 年第 4 期，第 20—32 页；杨绍先：《武士道与日本军国主义》，载《世界历史》，1999 年第 4 期，第 56—64 页；刘世龙：《日本军国主义与太平洋战争》，载《日本学刊》，2005 年第 4 期，第 146—158 页。

② 〔德〕康拉德·黑塞：《联邦德国宪法纲要》，李辉译，商务印书馆 2007 年版，第 18 页。

因此，《德意志帝国宪法》和《明治宪法》也不例外。对德国、日本两国政治发展史来说，这两部宪法都属于国家政治发展过程中的"转型宪法"——试图实现从传统威权的君主政体向现代的民主政体转型，但这种转型是不彻底的。两部宪法既保留了君主制和威权的成分，又融入了立宪和民主的因素。从类型学上看，两部宪法都确立了某种形式的君主立宪政体，但两国的君主立宪政体完全不同于英国的君主立宪政体。英国君主立宪政体的核心是"议会主权"，而德国、日本两国宪法确立的是一种双重主权或二元主权的君主立宪政体：一方面，宪法规定主权属于君主——德意志皇帝和日本天皇（这一条款是由于历史传统与现实需要）；另一方面，宪法即便没有明示但实际上又把主权赋予国民，其具体形式是由部分或多数成年男性公民选举产生议会。

这种双重主权政治结构的基本特征是：（1）君主是国家元首和军队统帅，君主任命首相、政府及统率军队，首相、政府和军队均对君主负责，但君主须遵守法律；（2）由部分或多数成年男性公民选举议员组成议会，议会拥有立法权但并不充分；（3）议会通常无权直接决定首相人选及政府组成，亦无力领导或控制军队，议会的实际角色更多的是立法审议与预算批准。尽管两部宪法具体条款不同，但基本政治结构却具有同构性。这种同构性的原因在于《明治宪法》是日本的政治领导阶层——特别是伊藤博文等人——模仿《德意志帝国宪法》起草制定的。图 1 描绘了两部宪法所确立的基本政治结构。

那么，这种宪法结构会带来何种政治后果呢？基于现有的宪法工程学（constitutional engineering）[①] 与比较政治制度研究，此种宪法结构可能导致的主要问题包括：首先，是双重合法性的问题，即君主与国民双重主权可能引发合法性冲突。这种冲突实际上常常发生在君主任命的政府、军队和

[①]　参考包刚升：《民主转型中的宪法工程学：一个理论框架》，载《开放时代》，2014 年第 5 期，第 111—128 页。国外相关研究请参考：Giovanni Sartori, *Comparative Constitutional Engineering: An Inquiry into Structures, Incentives and Outcomes*, Basingstoke: Palgrave Macmillan, 1994; Arend Lijphart and Carlos H. Waisman, *Institutional Design in New Democracies: Eastern Europe and Latin America*, Boulder, Colo: Westview Press, 1996; Andrew Reynolds, *The Architecture of Democracy: Constitutional Design, Conflict Management, and Democracy*, Oxford: Oxford University Press, 2002。

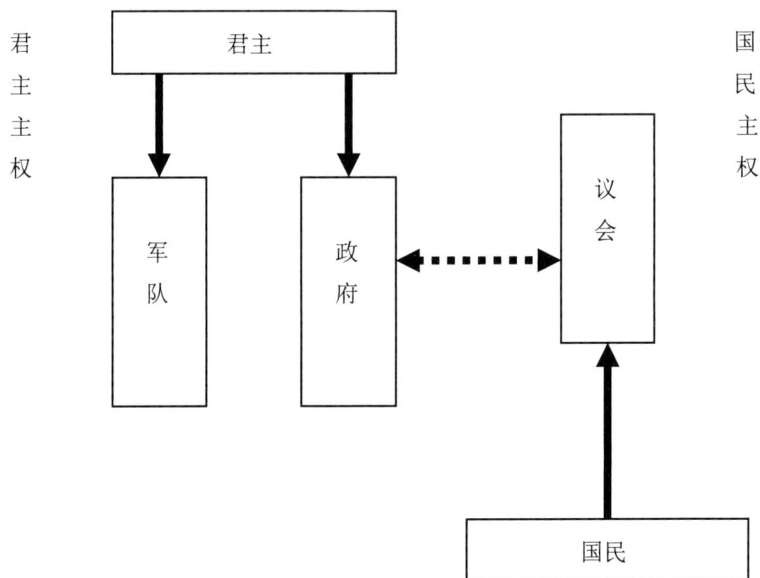

图1　近代德国与日本宪法的基本政治结构

注：实线单向箭头代表政治权力授予；虚线双向箭头代表互相之间存在政治影响，但彼此并无政治权力授予。

国民选举的议会之间。很多已有研究认为，如果一个政体中存在互相对抗的双重主权或二元合法性，那么这种政体类型更容易不稳定，更容易导致政治僵局与宪法危机。[①]

其次，议会的政治权力是不充分的，不能制定基本政策，不能直接决定首相人选与内阁组成，不能领导和控制军队，这样本应作为现代民主政体核心机构的议会就被大大削弱了。这会导致两个直接的问题：一是议会与内阁（政府）、议会与军队常常会发生政治冲突，甚至陷入政治僵局。这样，议会更容易扮演现有体制下政治反对派的角色。二是议会弱化会导致政党弱化，由于主要政党至少在初期不能成为执政力量的核心，就更容易形成碎片化的政党体制，而主导政党习惯充当政治反对派，这也可能削弱民主体制的稳定性。

最后，宪法规定军队对君主负责，但由于双重合法性的问题，军队实

① 关于双重合法性可能导致政治僵局与宪法危机，可以参见林茨、柴巴布等对总统制的相关研究：Juan J. Linz，"The Perils of Presidentialism"，*The Journal of Democracy*，Vol. 1，No. 1，1990，pp. 51 – 69；Jose Antonio Cheibub，*Presidentialism*，*Parliamentarism*，*and Democracy*，Cambridge：Cambridge University Press，2007。

际上既不像议会主权政体那样受到严格的"文官控制"，又不像绝对主义君主政体下严格服从君主的意志，而容易演变为一种相对独立和自主的政治力量。就内阁与军队的关系而言，首相与军事首脑是平行关系。从经验上说，缺乏政治领导的军队最终可能会失去政治控制。一旦失去政治控制，军队获得政治支配权后，对外更有可能实行军事扩张政策，对内更有可能颠覆民主政体。

因此，德、日两国的外部军事扩张和内部民主崩溃与两国宪法及其政治结构关系非常密切。本文接下来将通过对德国和日本两个案例的详细分析，来阐明两国宪法导致特定政治后果的过程和机制，以论证作者提出的主要观点。本文的第二部分是对德国案例的分析，第三部分是对日本案例的分析，第四部分则是对研究结论与理论意涵的讨论。

二、德国宪法与国家发展的路径

统一的德意志帝国是普鲁士在俾斯麦领导下，通过赢得 1864 年丹麦战争、1866 年普奥战争及 1871 年普法战争逐步建立的。1871 年 1 月 18 日，德意志帝国成立。1871 年 4 月，《德意志帝国宪法》颁布，共 78 条。这部宪法规定，德意志帝国是一个联邦制国家（the Confederation），由普鲁士、巴伐利亚等 25 个王国、大公国、公国等组成。（第 1 条）这部宪法与帝国政治结构有关的主要条款包括：

（1）德意志皇帝由普鲁士国王兼任，他对内对外代表德意志帝国（第 11 条）；他拥有帝国的最高政治领导权，可以任免首相以及帝国的全部官吏（第 15、18 条）；他还拥有帝国的最高军事统帅权（第 53、63 和 64 条）。

（2）立法权属于国会，国会是两院制立法机构，一为联邦议会，代表各邦；一为帝国议会，代表全体人民。帝国法律的通过，须取得两院多数票的支持。（第 5 条）与联邦议会相比，帝国议会更接近于一个真正的立法机构。宪法规定，帝国议会代表根据 1869 年《选举法》由德意志帝国内 25 岁以上的成年男性公民通过秘密投票选举产生。（第 20 条）但是，由于议会无权决定首相及政府之组成，就无力控制政府的基本政策，这样其实际政治权力就比较有限，其最大实权就是审议和否决政府的预算。（第 72 条）

（3）所有帝国军队，包括海军和陆军，均须服从帝国皇帝的命令；帝国皇帝不仅是海军和陆军的最高统帅，而且军队和军人还要对他个人宣誓效忠。（第 53、63 和 64 条）

从上述主要条款可以看出，德意志帝国的政治结构就是图 1 描绘的类型。那么，对德意志帝国来说，这种政治结构存在哪些缺陷呢？

正如第一部分指出的，首先，是双重主权的冲突。宪法同时确认了两种政治权力的来源：德意志皇帝与帝国国民——国民的代表则是帝国议会，前者代表威权因素，后者代表民主因素。这两种政治权力同时存在于德意志国家之中，就注定了两者之间会发生冲突。后来有人这样评价德意志帝国的政体："君主立宪制确实是一种适合 1870 年德意志的政体。但是，潮流趋向民主制；这清楚地意味着帝国议会和各邦的议会总有一天会加强它们的地位，并决定政府的构成。"①

其次，是政府与议会的冲突。皇帝与国民的双重主权问题，更直接地表现为皇帝任命的首相及内阁与国民选举的帝国议会之间的结构性冲突。按照宪法，帝国皇帝任命首相及内阁，首相领导政府、对皇帝负责，而无须对国民选举产生的议会负责。在这样的宪法框架之下，这两种因素自然难以融洽相处。比如，俾斯麦在一次对国会的演讲中明确说："我是皇帝的仆人，而非国会的仆人。"② 因此，首相与内阁倾向于自行其是，但他们提出的法案和预算又需要帝国议会的批准。结果，两者容易发生政治对抗。特别是，随着 1890 年俾斯麦这位手腕高超的政治家的辞职，这种政治对抗有可能变得难以控制，甚至可能演变为政治僵局与宪法危机。

再次，是议会与政党的边缘化。帝国议会尽管代表国民，但并没有成

① 〔英〕F. H. 欣斯利编：《新编剑桥世界近代史（第 11 卷）：物质进步与世界范围的问题（1870—1898）》，中国社会科学院世界历史研究所组译，中国社会科学出版社 1999 年版，第 364 页。

② Otto von Bismarck, *The Memories*: *Being the Reflections and Reminiscences of Otto*, *Prince von Bismarck*, translated from the German under the supervision of A. J. Butler. , New York：H. Fertig, 1966, Chapter 11 and 12.

为一个强有力的政治机构。这样，主要政党也难以扮演民主政体下的关键角色。相反，由于首相及内阁由皇帝任命、对皇帝负责，无论是帝国议会还是主要政党一开始只能扮演着政治反对派的角色。因此，直到 1919 年魏玛共和国建立之前，德意志帝国的主要政党——包括从自由党到社会民主党——都只习惯扮演政治反对派的角色。帝国议会和主要政党的边缘化对现代民主政体建设无疑是不利的。

最后，是军队失去政治控制的倾向。帝国宪法规定，军队只服从皇帝的命令并对皇帝宣誓效忠。军队既不从属于帝国首相，也不从属于帝国议会。凡与军队有关的权力由德意志皇帝一人专断，而不像其他政治事务一样需要帝国首相的副署和负责。这种政治结构，使得帝国军队与帝国首相、与帝国议会之间是一种政治上的平行关系，这也意味着军事领导无须服从于政治领导。结果是，军队很有可能失去政治控制。在俾斯麦这位政治强人离开首相的职位后，帝国军队和将军们表现出更强的政治自主性，并开始直接影响帝国的政治决策。

总的来看，《德意志帝国宪法》及其政治结构上的缺陷导致了两个严重的政治后果：一是对外军事扩张政策；二是民主政体的不稳定性。德意志帝国的对外军事扩张，与帝国宪法及其政治结构密切相关。从历史过程来看，德意志帝国时期有两个重要事实：第一，帝国外交与对外军事政策的主导权越来越掌握在皇帝直接领导下的军队手中，而非掌握在首相及内阁手中，更非代表国民的帝国议会可以控制；第二，与首相、内阁、议会或主要政党相比，军队总体上更激进、更倾向于主动采用对外扩张政策。

在现代民主政体下，军队应当服从文官的政治控制。但在德意志帝国，军队与政府、议会是平行关系，军队只服从于皇帝命令、对皇帝负责，而无须对政府或议会负责。这样，德意志帝国的军事政策和方针，是在帝国皇帝直接领导下由军队自行制定的。帝国的军事政策不仅不需要征得议会的同意，甚至也不需要征得首相和内阁的同意。通常，军事政策会直接关系到德意志帝国的外交政策。这样，德意志帝国的对外军事与外交政策，很大程度上是由军方主导的，德意志帝国总参谋部成了对外军事与外交政策的决策中枢。

　　在德意志帝国的早期，由于政治强人俾斯麦的声望和政治手腕，帝国军队倾向于服从首相的号令。在俾斯麦时代，德国的军事政策基本上服务于德国的总体战略与外交政策。但是，随着 1890 年俾斯麦的辞职，这一切就改变了。"俾斯麦下台以后，没有统一的外交领导，所以俾斯麦所保持的政治领导对军事领导的优先地位也消失了。海军部和总参谋部、陆军武官和海军武官日益推行特殊政策。由于他们直属皇帝，由于威廉二世对其军事顾问们的偏爱，他们在这方面得到了支持。"[①] 正是由于这种变化，德国军事与外交政策从俾斯麦主导的稳健防御政策转变为威廉二世时代军方更激进、更有主导权的"世界政策"。在这种政策转向中，俾斯麦辞职仅是偶然事件，根源则在于《德意志帝国宪法》及其政治结构。

　　从俾斯麦辞职、威廉二世推行"世界政策"到 1914 年第一次世界大战爆发之间的历史，亦证明了军队对德国对外军事与外交政策的主导性。比如，德英关系当时被认为是欧洲政治格局中最重要的因素之一。从德国内政看，德英和解的失败和德英关系的恶化，很大程度上是由于德国首相与内阁后来丧失了对英关系的主导权，这种主导权落到了德国海军部的手中。结果是，德国在对英政策上，军事考虑占了很大比重，甚至压倒了整体的外交战略。当时的情形大概是这样的："从贝特曼–霍尔维格担任首相之日（1909 年夏）起，到第一次世界大战爆发，同英国和解是他的外交政策的主导思想。但在追求这个重大政治目标时，德意志帝国领导的权力分配束缚住他的手脚。除了首相的对英政策以外，帝国海军部推行的是它自己的对英政策。……军事部门的地位不在政治领导之下，而是同它平行的。……因此海军部可以日甚一日地推行自己的破坏政治领导意图的对英政策。"[②]

　　德英关系恶化之后，欧洲爆发大战的可能性在增加。从第一次世界大战本身的发动来看，帝国军队不仅是较为明确的主战派，而且还渴望和推

[①] 〔德〕卡尔·艾利希·博恩等：《德意志史（第三卷）：从法国革命到第一次世界大战（1789—1914）》，张载扬等译，商务印书馆 1986 年版，第 426—427 页。

[②] 〔德〕卡尔·艾利希·博恩等：《德意志史（第三卷）：从法国革命到第一次世界大战（1789—1914）》，张载扬等译，商务印书馆 1986 年版，第 475—481 页。

动战争的尽快到来。首相、议会及国会主要政党对战争则更为谨慎，甚至或多或少持反对态度。但后来由于军方主导，对外军事扩张逐渐成了德国外交政策的主要基调。比如，"在世界大战爆发前的几年，更明确地说是从 1912 年 12 月以来，德国总参谋长冯·毛奇就确信，军事形势要求一有可能就进行这场不可避免的战争"。在 1912 年 12 月 8 日德国皇帝与毛奇、海军部国务秘书及其他海军部首脑关于战争的谈话中，毛奇说："我认为战争是不可避免的，而且越早越好。"蹊跷的是，时任帝国首相的贝特曼-霍尔维格竟然都没有参加这次关于战争的重要会议。考虑到俄国军备计划的进度，毛奇在 1914 年 5 月一个备忘录中又"向政府领导提出先发制人的战争设想"。①

在第一次世界大战爆发的前夕，也有大量证据可以说明皇帝、军队、首相、内阁、帝国议会及主要政党在是否开战问题上的不一致性。比如，当"一战"前夕俄罗斯下达总动员令、奥地利岌岌可危之时，德国军方与首相却给奥地利提供了两个完全不同的政治信号。总参谋长毛奇立即通过奥地利武官向奥地利政府传话："德国支持奥地利进行总动员"，"不要接受任何调停尝试"。但与此同时，首相贝特曼-霍尔维格去"试图促使奥地利在贝尔格莱德停止前进"，他还希望为避免大战的爆发争取回旋余地。就首相贝特曼-霍尔维格而言，他"本不想打世界大战"，即便战争已经开始，他也"常常强调要抓住一切可能开始和谈"。至于当时帝国议会最大的政党——社会民主党，他们更不是好战分子。在奥地利皇储被刺事件之后，社会民主党尽管选择投票赞成军事拨款，但他们在议会党团声明中说"党原则上反对战争"。从这项声明中，社会民主党的政治主张完全不同于帝国总参谋部。当 1917 年夏欧洲战局进入胶着状态时，中央党、进步党和社会民主党在国会中形成了一个新的多数派，他们决定由帝国国会主动提出媾和问题。这意味着，即便已经开战，帝国议会及主要政党更

---

① 〔德〕卡尔·迪特利希·埃尔德曼：《德意志史（第四卷）：世界大战时期（1914—1950）》，高年生等译，商务印书馆 1986 年版，第 37—41 页。

希望采纳争取和平的政策。①

　　军方的主导权还表现在战时对内政的干预上。1914 年 10 月开始，帝国成立了最高统帅部，名义上"皇帝是最高军事统帅"，实际上"军事领导权掌握在总参谋长手里"。"一战"中崛起的军队首脑兴登堡和鲁登道夫将军都试图凭借自己的地位去影响乃至控制德国的政治权力。比如，鲁登道夫认为在总体战中，军事领导人应该拥有所有内政外交的决定权。1917 年 7 月，兴登堡和鲁登道夫为了让贝特曼–霍尔维格首相辞职而给德意志皇帝发出了一份最后通牒：如果首相继续留任的话，他们就威胁要辞职。这样，首相于 7 月 13 日被迫辞职。同样，帝国皇帝对新首相人选犹豫不定时，最终选择了受到最高统帅部认可的格奥尔格·米夏埃利斯。②这两个例子都说明帝国军队已经不受政治控制，帝国军队实际上试图反过来要控制政治。

　　上述对于德国历史过程的讨论揭示了两个事实：一是德国军方对对外军事与外交政策的主导权；二是德国军方与首相、内阁、议会及主要政党相比都更为激进与好战——两者的结合导致了德意志帝国的对外军事扩张政策，促成了第一次世界大战的爆发。

　　从上文的讨论也可以看出，尽管《德意志帝国宪法》中包含了赋予25 岁以上成年男性公民选举权，并由他们投票选举帝国议会代表这样的民主成分，但由于整体政治结构的约束，民主因素并非德意志帝国时代的主导力量。1918 年，第一次世界大战的失败导致了德国君主制的垮台，德国由此启动了从不完善的君主立宪制向共和制民主政体的转型，随后于1919 年建立了魏玛共和国。然而，仅仅 14 年时间，魏玛共和国的民主政体又崩溃了，让位于希特勒的法西斯极权统治。

　　为什么德国的民主政体会经历严重的不稳定并最终走向崩溃呢？影响因素当然有很多，但这种民主政体的挫败与前后两个时期德国宪法的结构

---

① 〔德〕卡尔·迪特利希·埃尔德曼：《德意志史（第四卷）：世界大战时期（1914—1950）》，高年生等译，商务印书馆 1986 年版，第 48—49、87—91、108、129 页。

② 〔德〕卡尔·迪特利希·埃尔德曼：《德意志史（第四卷）：世界大战时期（1914—1950）》，高年生等译，商务印书馆 1986 年版，第 115、131—132 页。

关系密切。1919 年以后，尽管德国开始从君主立宪制转向民主共和制，但《魏玛宪法》的很多方面都是对《德意志帝国宪法》的传承。夸张地说，除了君主，魏玛共和国的新政体几乎从德意志帝国的旧制度中继承了所有重要的东西：议会、军队、官僚系统和政党。《魏玛宪法》用总统职位代替了皇帝，但德意志帝国原先政治结构的很多方面都在发挥影响。

一方面，在立法权与行政权关系上，魏玛共和国确立了一种二元制（dualism）的政府形式。《魏玛宪法》规定了最高立法权属于国会，国会议员由普选产生，同时授予总统极大的政治权力。总统也由普选产生，总统是国防军的最高统帅，可以任免总理和部长，还有权解散国会。但是，总统任命的总理和内阁，在国会至少要得到消极支持——国会不对总理和内阁投不信任票。从政府形式来说，魏玛共和国接近于半总统制。

总的来看，魏玛共和国设立了一个拥有强大政治权力的总统职位，这又源于当时德国人对议会制度的不信任。比如，马克斯·韦伯就认为，议会的力量需要制约，如果总统由议会选举就无法成为制约议会的力量。因此，他认为："通过全民选举就能使总统有可靠的基础。"[1]《魏玛宪法》还制定了有利于总统的紧急状态条款，即后来臭名昭著的第 48 条。这一条款规定，总统在必要时可以宣布紧急状态。总统在紧急状态时期可以采取武力恢复法律和公共秩序，并搁置公民的全部或部分基本权利。宪法也规定，国会对这些措施拥有否决权。但如果把这个条款与第 53 条总统可以任免总理，第 25 条总统可以解散国会，以及第 47 条总统为国防军最高统帅联系起来，就会发现《魏玛宪法》的制度设计中就包含了实行总统个人统治的可能性。

魏玛共和国的这种政治结构同样可能导致双重合法性的冲突，即总统的合法性与议会的合法性之间可能的冲突。如果总统和议会在重大人事问题或政策议题上产生冲突的话，整个政治运作就有可能陷入僵局。由于总统有权任免总理和内阁，而且总理和内阁只需要国会的消极支持，国会就没有动力和压力去形成多数派政党或多数派政党联盟。这样的条件下，总

---

[1]　转引自〔瑞士〕埃里克·艾克：《魏玛共和国史（上卷）：从帝制到兴登堡当选（1918—1925）》，高年生、高荣生译，商务印书馆 1994 年版，第 72—73 页。

统职权范围会越来越大，而国会形成多数派内阁的可能性越来越小。而宪法第 48 条赋予总统的紧急状态统治权又为实际的总统统治提供了制度上的可能。①

另一方面，从德意志帝国到魏玛共和国，宪法结构所导致的政党体制上的问题也是其民主政体不稳定的诱因。在德意志帝国时代，与英、法这些议会主权国家相比，德国帝国议会的政治角色较边缘化，政党力量也相对较弱，这一点上文有过分析。比如，俾斯麦甚至引用莎士比亚剧中人物的话来讽刺当时的政党："滚回家去，你们这些废物！"②

而魏玛共和国的政党和政党制度是德意志帝国时代政治力量的延续。按照莱普修斯的看法，德意志帝国早期政党制度的基础在于德国社会中的分裂结构，加上由于帝国会议无权组织政府或内阁，当时的政党更多地扮演各自利益集团代言人的角色，而非一个责任政府的领导者。③ 因此，当时的政党也没有建立政治联盟或进行合并的强大动力。魏玛共和国不仅延续了德意志帝国时期的政党分裂，而且新实行的比例代表制选举制度又强化了这种政党分裂结构。选举数据显示，魏玛共和国期间被选入国会的政党数量通常在 15 个以上。大量小型政党的存在，分散了主要政党的选票和席位，削弱了主要政党在国会的政治力量。选举统计资料显示，从 1919 年到 1930 年，主要政党以外的小型政党获得的席位数比例逐步攀升。这些小型政党在 1919 年国会选举时比例仅为 1.6%，到 1924 年第 2 届国会时攀升到 8.6%，到 1930 年第 5 届国会时则攀升到 13.8%。④

碎片化的政党制度又导致了政府稳定性的降低。魏玛政治的显著特征是每届政府的持续时间较短，政府更迭非常频繁。从 1919 年 2 月 13 日到

① M. Rainer Lepsius, "From Fragmented Party Democracy to Government by Emergency Decree and National Socialist Takeover: Germany", in Juan J. Linz and Alfred Stepan (ed.), *The Breakdown of Democratic Regimes: Europe, Volume 2*, Baltimore and London: The Johns Hopkins University Press, 1978, p. 47.

② 〔美〕科佩尔·S. 平森：《德国近现代史：它的历史和文化》，范德一等译，商务印书馆 1987 年版，第 129 页。

③ M. Rainer Lepsius, "From Fragmented Party Democracy to Government by Emergency Decree and National Socialist Takeover: Germany", in Juan J. Linz and Alfred Stepan (ed.), *The Breakdown of Democratic Regimes: Europe, Volume 2*, Baltimore and London: The Johns Hopkins University Press, 1978, p. 41.

④ Edgar Joseph Feuchtwanger, *From Weimar to Hitler: Germany, 1918–1933*, Basingstoke: Macmillan Press, 1993, p. 326.

1933 年 1 月 30 日希特勒上台，魏玛共和国总共产生了 20 届内阁。平均算下来，每届内阁的持续时间不到 9 个月。[①] 政府不稳定的另外一个标志是政府在国会获得的平均支持率较低。1930 年 3 月 30 日之前国会产生的内阁中，只有不到一半的内阁在国会获得超过半数的支持，而希特勒上台之前的最后四届政府支持率均不足 10%。

这样，在这种政党制度的背景下，二元制政府形式和紧急状态条款使得魏玛共和国逐步由议会统治过渡到了总统统治。1930 年 3 月 27 日，魏玛共和国最后一届议会制政府倒台了，倒台的原因非常简单，参加政府的政党无法就财政政策达成妥协。在国会无法达成妥协的情况下，3 月底，总统兴登堡授权布吕宁组建新政府，布吕宁就联合多个政党组建了魏玛共和国史上第一个总统统治下的政府。实际上，1930 年到 1933 年间的魏玛共和国尽管维持着民主制的形式，但实际上却是威权化程度很高的总统统治——尽管总统是由选举产生的。这种统治的结果为希特勒和纳粹党的兴起提供了绝好的机会，并最终在 1933 年为法西斯极权统治所取代。总之，对德国近现代政治史的讨论揭示出德国近现代宪法在政治上的重要性。

三、日本宪法与国家发展的路径

19 世纪中叶之前，日本还是一个幕府将军独揽大权、各地大名控制地方、天皇有名无实的传统国家。1853 年，美国军官马修·佩里打开了日本的国门。经过短暂的惊慌失措和内部纷争之后，日本从 1868 年开始了史称"明治维新"的大变革。此后，日本经历了一系列的政治经济改革。19 世纪 80 年代，日本政治领导阶层决定试行宪法和政体改革，最后逐步达成以《德意志帝国宪法》为模板起草《大日本帝国宪法》的共识。1889 年，由井上毅、伊藤博文等人牵头起草制定的《大日本帝国宪法》

[①] M. Rainer Lepsius，"From Fragmented Party Democracy to Government by Emergency Decree and National Socialist Takeover：Germany"，in Juan J. Linz and Alfred Stepan（ed.），*the Breakdown of Democratic Regimes：Europe*，*Volume 2*，Baltimore and London：The Johns Hopkins University Press，1978，p. 43.

得以颁布，并在 1890 年开始实施。这部宪法又称《明治宪法》，共 76 条，其中与政治结构有关的主要条款包括：

（1）天皇拥有极大的政治权力，天皇"为国之元首，总揽统治权"，"行使立法权"，"执行法律"，"任免文武官吏"，"统率海陆军"（第 4、5、9、10 和 11 条）。尽管如此，宪法同时规定天皇"行使立法权"应该"以帝国议会之协赞"，"执行法律"应该由国务大臣"辅弼"，同时还"不得以命令更变法律"。（第 5、9 和 55 条）此外，关于臣民权利义务的 15 个条款也构成对天皇及政府权力的约束（第 18—32 条）。

（2）"帝国议会，以贵族院、众议院两院，构成之"，众议院是帝国议会的主要立法机构，"众议院，以选举法所定，以公选之议员，组织之"，帝国议会为实际的立法机构，"凡一切法律，须经帝国议会之协赞"。（第 33、35 和 37 条）这里所涉及的选举法，从 1889 年至 1925 年经过几次变更，总体趋势是公民选举资格的逐步放开。1889 年，日本人口中只有略多于 1% 的人拥有帝国议会议员的选举权；到 1925 年的选举改革，日本 25 岁以上的成年男性公民都获得了普选权。

（3）宪法没有明确规定国务大臣拥有行政权，但规定"国务各大臣，辅弼天皇，负其责任"（第 55 条）。通常认为，这一宪法条款意味着国务大臣拥有相应的行政权。宪法关于军队、战争与和平的条款规定较少，这方面的权力都属于天皇。（第 11、12 和 13 条）此外，宪法还规定设立枢密顾问及枢密院①，他们"应天皇之咨询，审议重要国务"（第 56 条）。

尽管《明治宪法》的具体条款不同于《德意志帝国宪法》，两者的基本政治结构却具有很大的相似性。因此，它们的缺陷也是相似的。首先，同样是双重合法性的问题。《明治宪法》规定天皇拥有统治权和立法权，但又规定"凡一切法律，须经帝国议会之协赞"，而帝国议会又根据选举法由国民选举，这就存在君主与国民双重主权的问题。倘若议会与天皇意见相左，就可能引发两者的结构性冲突。由于政府和军队由天皇统辖且对

---

① 枢密顾问与枢密院是明治宪法规定的职位与机构，法律上被视为天皇的"咨询""审议"机构，实际上是日本政治元老们的议事、决策机构，但并不拥有立法权。枢密院在藩阀政治时代影响更大，后逐渐式微，到 1947 年被废止。

天皇负责，这种双重主权结构还可能引发政府与议会、军队与议会间的结构性冲突。

所以，随之而来就是政府与议会的结构性冲突。从《明治宪法》到"二战"，政府（或内阁）与议会的关系经历过三个不同的发展阶段：藩阀统治时期、政党政治时期和军部专制时期。由于《明治宪法》规定内阁由天皇任命并对天皇负责，所以至少从 1890 年到 1918 年，日本并没有出现英国式的"责任内阁"。这样，在日本启动民主政体转型之初的 20 多年中，内阁与议会的关系一直处于结构性的紧张状态。原因在于内阁的政策、立法、预算需要议会的批准，但议会并无组织与决定内阁之权力。当然，1918 年日本出现了第一个政党内阁，这标志着帝国议会的政治角色得到一定的强化，但二元主权宪法框架下的日本议会在政治权力上完全无法同英国议会相比。

其次，是与议会政治密切相关的政党政治问题。在《明治宪法》实施的前期，帝国议会政治角色弱化的结果，导致日本政党政治角色的弱化。在帝国议会中，各主要政党很长时间内（20 多年）都无权决定内阁之组成，而仅对法律和预算批准拥有有限的权力。如同德意志帝国，最初的日本主要政党扮演的也是政治反对派的角色。这样，主要政党由于长期扮演政治反对派的角色，并无组阁及确定政策的权力，其政党力量长期当中就弱化了。这一时期，日本政党的特点之一是快速的分化与重新组合，这一直影响到今天的日本政治。由于这些原因，再加上下面要讨论的军政关系，日本政党政治到 20 世纪 30 年代就逐渐衰落了。无疑，政党政治的衰落会削弱现代民主政体的稳定性。

最后，是军队的政治控制问题。《明治宪法》规定的政治结构，使得日本军部对帝国议会和内阁具有政治上的独立性，从而构造了一种危险的军政关系。最终，日本军部开始试图支配国内政治以及对外军事与外交政策，其结果就是日本的外部军事扩张与内部民主崩溃。

后来日本政治史的发展就证实了上述逻辑。从 1889 年到 1945 年，日本政治经历了藩阀元老政治、政党政治和军部专制三大时期。在藩阀元老政治时期，主要是几位政治元老把握日本内政外交的大政方针。然而，随着政治元老们的陆续去世，日本政治领域中对军方进行政治控制的力量逐渐消失了。进入 20 世纪 30 年代以后，日本军方的政治支配力量就变得越来越强。

从 19 世纪 90 年代到 20 世纪 40 年代，日本经历了一系列的对外军事扩张：从出兵朝鲜，到中日甲午战争，再到日俄战争，再到全面侵华战争，最后直至发动太平洋战争。这种对外军事扩张政策的国内政治基础，是天皇统率之下的军队越来越多地获得日本外交与对外军事政策的支配权。与元老、内阁、帝国议会及主要政党比，军方都更为好战，更加富有侵略性。这一切的发生与《明治宪法》确定的政治结构有关。升味准之辅认为，《明治宪法》的重要特点之一就是："由于统帅权属于天皇，从而保障了军部对内阁和帝国议会的自主性。这样的军部在本世纪 30 年代成了使政党政治凋落和天皇政治化的推动力。"①

而日本军方从明治时代开始就在进行战争准备。1893 年天皇根据参谋总长的建议，批准了《战时大本营条例》。这一条例意味着"军方预定不久将要进行战争"。条例规定："大本营是天皇亲自主持的战时最高统帅机构，有关战时统帅事项，不受任何国家机关的限制；天皇的战时军令大权，国务大臣完全无辅佐之责，仅有参谋总长辅佐独断行使。而且大本营的幕僚完全由陆海军军官组成，没有文官参加，即使是首相，也不能参与大本营的一起作战计划和作战指挥。"② 这一条例可以被视为宪法相关军事条款的具体化。从条例可以看出，日本这一时期的对外军事决策体制倾向于排除首相、内阁、议会与主要政党的参与，而这种独断权属于天皇领导下的军部。

对外关系的实际决策过程也可以验证日本军部实际上拥有对外军事政策的主导权。固然，进攻东亚大陆是日本于 19 世纪 80 年代拟定的"大陆政策"的既定方针，但军方的好战政策与主动挑衅则极大地加速了这一过程。比如，日本出兵朝鲜与发动中日甲午战争的过程即是如此。1894

---

① 〔日〕升味准之辅：《日本政治史（第一卷）》，董果良、郭洪茂译，商务印书馆 1997 年版，第 222 页。
② 〔日〕信夫清三郎编：《日本外交史（上、下册）》，天津市社会科学院日本问题研究所译，商务印书馆 1980 年版，第 251—252 页。

年，日本内阁和外务部固然已做好出兵朝鲜的准备，但与中国的外交斡旋还在同步进行。而后，在大岛公使与袁世凯达成撤兵协议的条件下，参谋本部依然坚持出兵（当然，这一做法得到了时任外相的陆奥宗光的支持）。随后，日本军队迅速占领朝鲜王宫，由此触发了中日甲午战争。可见，日本军方扮演了战争推进者的角色。[①]

另一个案例是 1928 年 6 月 4 日日本关东军秘密炸死张作霖的事件。事后调查表明，这一事件是日本关东军一位高级参谋指挥实施的，他试图通过炸死张作霖来借机控制东北的统治权。但当时的日本内阁对这一突发事件并不知情。当时的元老西园寺说：“万一终于查明是日本军人干的，必须坚决予以处罚。”田中首相也认为：“若是属实，则将依法严肃处理。”但是，陆军的态度则截然相反。他们“坚持采取不理睬、不处罚的方针”，结果此事就不了了之。[②] 现有资料还可以验证，无论是 1932 年的伪“满洲国”独立事件，还是 1937 年的七七事变，日本军部要比内阁更为好战。[③] 总之，在这一时期，更为好战的日本军方支配了中日外交与军事关系的基本政策。实际上，如果继续考察日俄战争、以珍珠港事件为标志的太平洋战争，都可以发现日本军部的类似角色。因此，这一时期的关键特征是更为好战的军方逐渐获得了外交与对外军事政策的支配权。

与外交与对外军事政策密切相关的是日本国内政体与政治的变动。从 1889 年《明治宪法》颁布到“二战”，日本国内政体的变动可以分为两个阶段：从 1889 年到 20 世纪 20 年代，是以普选权逐步发展为特征的民主强化阶段；从 20 世纪 20 年代末到 30 年代，是民主政治的衰弱与军部统治的建立。而 1936 年的“二二六”事件则标志着日本民主政体的崩溃。实际上，早在“二二六”事件之前的 20 世纪 20 年代至 30 年代中期，日本政治已经显露出两大顽症：一是政党体制的不稳定，政党内部频繁的分化组合成为常态；二是议会、内阁与首相的不稳定性，从 1890 年宪法实

① 〔日〕升味准之辅：《日本政治史（第二卷）》，董果良、郭洪茂译，商务印书馆 1997 年版，第 281—285 页。
② 〔日〕升味准之辅：《日本政治史（第三卷）》，董果良、郭洪茂译，商务印书馆 1997 年版，第 598—608、678—682 页。
③ 〔日〕升味准之辅：《日本政治史（第三卷）》，董果良、郭洪茂译，商务印书馆 1997 年版，第 701—722、758—771 页。

施到 1936 年"二二六"事件，日本共经历数十届议会与近 30 届内阁。通常，议会、内阁与政党是现代民主政体的核心力量。但是，在《明治宪法》框架下，日本议会在政治上趋于边缘化，日本缺少强有力的政党，同时其内阁与政府力量也比较弱，所有这些因素都会不利于新兴民主政体的稳定。

更直接地看，日本民主政体的崩溃与军队失去政治控制有关。上文已经讨论，在《明治宪法》框架下，日本军队的军事领导独立于日本内阁或议会的政治领导。在这种政治结构下，军队很有可能试图控制政治议程。实际情况是，日本军队当中一直有相当比例的军官与士兵，试图以武力或政变方式控制政治系统。两个标志性的事件就是 1932 年的"五一五"事件——一场未遂的军事政变，以及 1936 年"二二六"事件——这场军事政变导致大量文职政治家遇害，后者则标志日本民主体制的崩溃。总之，从日本案例可以看出，《明治宪法》所确立的政治结构同样导致了非常严重的政治后果。

四、研究结论与理论意涵

德国与日本是两个差异很大的国家，但两国近现代政治史却呈现出重要的相似性——都经历过外部军事扩张和内部民主崩溃。本文经研究发现，这种国家发展路径的相似性源于两国宪法的同构性。1871 年的《德意志帝国宪法》所确立的政治结构存在严重的制度缺陷，1889 年的《明治宪法》是对前者的效仿。两国宪法导致特定政治后果的逻辑也是相似的：首先，是宪法存在君主与国民双重主权的合法性冲突；其次，是由此导致的议会及政党政治角色的弱化，以及政府与议会的结构性冲突；最后，是无法构造一种符合民主政体原则的军政关系，军队最终失去政治控制。其政治后果也是相似的：一方面是军队主导的对外军事扩张，另一方面是民主政体的不稳定以及最后的崩溃。

当然，这项关于宪法设计与国家发展路径的研究很难回避两个问题。第一个问题是，在如此复杂的历史情境中，如何确定从宪法到国家发展路径的因果关系？从现有研究看，还存在一些可能导致德国与日本出现相似政治发展路径的共同因素，包括地缘政治的压力、尚武传统以及阶级结构等。本文无意完全取代现有的其他竞争性假说，想强调的是：这里论证的从宪法及其政治结构到政治后果的逻辑是清晰的，因果机制是明确的，证据是可靠的。退一步说，作为一项仅涉及两个案例的比较研究，在研究设计上就难以完全排除其他因素的影响。而且本文无意声称这里所呈现的因果关系是唯一的决定因素，作者仅仅试图用德国与日本两个案例的比较研究来论证从宪法及其政治结构到特定的政治后果之间的因果关系。

第二个问题是，有人会强调德国与日本特定的历史情境对两国宪法和政治结构的塑造。这样，特定的宪法导致特定政治后果的观点意义就不是很大，因为特定的宪法也是由特定的社会条件与历史情境塑造的。这种观点亦有合理的成分，但是，关于新制度主义的政治学研究认为，政治制度具有相对的独立性，完全可以作为一个独立的社会科学变量来处理。[1] 从具体过程来看，无论是《德意志帝国宪法》还是《明治宪法》，都是人为的创造物。《德意志帝国宪法》无疑是俾斯麦等人的人为创造物，而《明治宪法》则是井上毅、伊藤博文等人的人为创造物。换句话说，即便是在同样的历史情境中，他们完全有可能制定出不一样的宪法。[2]

宪法决定了一个国家基本的政治结构，而这项研究凸显了宪法设计与政治制度对于国家发展的重要性。从政治学视角看，《德意志帝国宪法》与《明治宪法》都属于从传统威权政体转向现代民主政体的"转型宪法"。德、日两国案例都揭示，宪法设计的有效与否会直接影响到是否能顺畅地完成国家转型。因此，这项研究也对目前国际上流行的宪法工程学作了回应。总的来说，国内学界对民主模式的多样性以及政治转型过程中的宪法设计与制度安排没有给予足够的重视。而宪法设计与政治制度安排的妥当与否，会直接关系到国家发展路径与转型过程的稳定性。

---

[1] James G. March and Johan P. Olsen, "The New Institutionalism: Organizational Factors in Political Life", *American Political Science Review*, Vol. 78, 1984, pp. 734 – 749.

[2] 〔日〕升味准之辅：《日本政治史（第一卷）》，董果良、郭洪茂译，商务印书馆 1997 年版，第 202 页。

Constitutional Design and National Development: Comparative Study on Modern Germany and Japan

Bao Gangsheng

Abstract: Constitutional design often plays a pivotal role in the process of national development. Germany and Japan experienced military expansion and democratic breakdown in their modern history, because *the Reich Constitution* in 1871 and *the Meiji Constitution* in 1889 had the same political structure which produced negative political consequences. Both of these two constitutions established political regime of constitutional monarchy in some extent. However, there was political conflict of dual sovereign power between the monarchy and the people, which easily led to conflict between cabinet and parliament as well as loss of civilian control over the military. Eventually, the military dominated diplomatic and military policies, which led Germany and Japan to the same way of military expansion and democratic breakdown. Therefore, the political changes in modern Germany and Japan have proved that constitutional design is related to the political development of a country.

Keywords: Constitutional Design; National Development; Military Expansion; Democratic Breakdown

空间分化与类型比较

——国际视角下的国家能力再审视

许　超

清华大学政治学系博士研究生

摘要　国家能力研究不仅需要考虑领土范围内国家与社会的关系，还必须审视领土以外国家与国际社会的关系。以主权为边界，国家能力产生了内外空间分化，在强制、汲取和濡化等能力方面产生重要差异。内外国家能力并非完全区隔，而是存在密切的互动关系。这种互动关系既体现为相互增益，也有可能存在矛盾冲突。根据外部压力和自主性程度，对外国家能力的建构相应分化为四种模式：依附型、隔离型、霸权型和互动型。对于绝大多数国家而言，应致力于明晰国家能力的建构限度和相对自主性，更积极地平衡好内外国家能力的互动关系，在成功建构内外国家能力基础上向着更加开放共赢的全球善治发展。

关键词　国家能力；国际视野；空间分化；自主性

　　国家能力是当代政治学研究的基础概念，围绕国家能力的理论辨析与实证研究构成近几十年来比较政治研究的热门现象。诸多社会科学研究者基于自身领域的限定，对国家能力及其表现方式进行了极为不同的界定和分析，并由此衍生出"找回国家""社会中的国家"等诸多理论观点。^① 这些研究虽然对国家能力的讨论各有侧重，但大多着眼于国家与社会的二元关系，从国家相对于社会的自主性或强弱程度来展开讨论，由此也确立起考察国家能力的基本框架和理论范式。随着全球化与民族国家互动演进的日益深化，将国家能力讨论视野限定在主权国家范围内的国家与社会关系受到越来越多的挑战。虽然近年来全球化进程屡经波折，但如何从全球化背景和国际视野来理解对外国家能力仍然是一个迫切需要回答的时代课题。从已有文献来看，学术界对国家能力的研究重心仍然停留在对内层面，对外层面即使有所涉及也往往停留在将国际因素作为解释变量或背景因素，轻视了内外互动演进过程的分析。基于此，本文尝试对国家能力的相关研究进行文献分析，并比较国家能力的内外差异，结合当代国家能力建设的具体案例分析对外国家能力的不同类型，并剖析这些类型策略如何影响国家发展乃至全球化进程，以此探寻国家能力建设在内外两个维度的运行机制和可行发展路径。

一、国家能力的分析视野

从理论发展脉络来看，"国家能力"研究的兴起归功于 20 世纪 70 年代西达·斯考切波（Theda Skocpol）等人发起的"找回国家"倡议。他们试图重申"国家"作为行为主体和独立变量的重要性，并将国家能力定义为"国家实施官方目标时的能力，尤其是要考察其遭遇强势社会集团的现实或潜在反对，或是面临不利的社会经济环境时的情况"^②。这种定义揭示出国家作为行为主体所具备的"自主性"和"能力"。就自主性而言，国家作为特定组织，并非仅仅是阶级或社会集团利益的反映，而是具有不同于社会需求的独立目标；就能力而论，国家得以实现意志和目标就不仅需要与社会相互隔离，还有能够凭借自身组织结构和资源对社会加

---

① 具体分析参见〔美〕彼得·埃文斯、迪特里希·鲁施迈耶、西达·斯考切波编著：《找回国家》，方力维、宜端、黄琪轩等译，生活·读书·新知三联书店 2019 年版；〔英〕乔尔·S. 米格代尔：《社会中的国家：国家与社会如何相互改变与相互构成》，李杨、郭一聪译，江苏人民出版社 2022 年版。

② 〔美〕彼得·埃文斯、迪特里希·鲁施迈耶、西达·斯考切波编著：《找回国家》，方力维、宜端、黄琪轩等译，生活·读书·新知三联书店 2009 年版，第 10 页。

以调控、渗透乃至强制。这些观点无一例外都在强调国家对社会的主导作用，国家能力就被简化为国家调控社会资源，并与社会保持"隔离"以抗拒社会压力的能力。

从斯考切波等人的概念界定和范式定位可以看出，对国家能力的强调是对既有社会科学理论内在缺陷的弥补。在 20 世纪 70 年代以前，社会科学研究者将国家视为"过时的概念"，转而关注社会需求群体间的利益分配。特别是行为主义革命兴起后，对个体行为、利益集团和社会运动的研究更是取代国家成为社会科学研究的焦点。政治学也不例外，虽然国家长期以来都是传统政治学研究的关键概念，但在现代政治学特别是结构功能主义兴起后，"政治系统"取代"国家"在政治科学分析中的核心地位，相关研究也着重讨论社会对政府的输入和政府的政策输出。[①] 在"回归国家"的倡议者看来，既有理论在研究视角和基本方法上都呈现出明显的"社会中心主义"色彩，忽视了"国家"的重要性，从而难以解释"二战"以后的政治现象和社会变革。[②]

国家能力不是演绎虚构，而是理论对政治现代发展变化的积极回应。自"二战"以后，随着福利国家建设带来的公共社会开支剧增，古典自由主义对国家的"守夜人"定位显然已经无法适应经济社会发展，特别是凯恩斯主义的流行，更让国家对市场进行宏观调控成为欧美发达国家的普遍做法。更为重要的是，帝国的退场并没有带来新兴民族国家的繁荣发展，简单复制西方多元主义的政治模式反而造就了诸多秩序混乱的"政治衰败"现象乃至"失败国家"。[③] 国家能力研究同样是基于对政治现代化发展实践的反思，力图重新揭示国家的主体价值和制度效用。

随着国家能力成为社会科学特别是国家理论研究中举足轻重的热门话题，围绕着国家能力的差异性理解也产生了诸多不同的定义。在林林总总的定义中，占据主流地位的仍然是从国家与社会二元框架来界定国家能

① 参见〔美〕戴维·伊斯顿：《政治生活的系统分析》，王浦劬等译，人民出版社 2012 年版。
② 〔美〕彼得·埃文斯、迪特里希·鲁施迈耶、西达·斯考切波编著：《找回国家》，方力维、宜端、黄琪轩等译，生活·读书·新知三联书店 2009 年版，第 3—7 页。
③ 参见〔美〕塞缪尔·P. 亨廷顿：《变化社会中的政治秩序》，王冠华、刘为等译，生活·读书·新知三联书店 1989 年版，第 33—66 页。

力。其后虽然有如米格代尔（Joel S. Migdal）、埃文斯（Peter Evans）等人尝试以"社会控制"或"嵌入"取代"隔离"来描述界定第三世界中存在的国家与社会关系，强调国家能力体现为国家对社会的控制和改造。^①但这些定义实际上都没有脱离国家与社会分析的二元框架。从总体来看，从"社会中心"到"国家中心"，虽然揭示出国家作为独立行为主体的重要作用，但实际上并没有改变分析的基本定位和二元框架。如阿尔蒙德（Almond, G. A.）对斯考切波等人"找回国家"观点的评论指出，斯考切波等人并没有提出全新的"国家"概念；多元主义也并非像他们所批判的那样完全倒向社会，而是"双向互动，不仅社会影响国家，国家也同样影响社会"^②。阿尔蒙德的评论揭示出国家中心主义和社会中心主义两种研究取向的整体定位，二者的差别并没有"找回国家"倡议者们自己所标榜的那样大，都是在国家与社会的二元框架中展开论述，只不过不同立场的研究者对于二者的重视程度存在差异。更为重要的是，回归国家学派在纠正社会中心主义的还原论倾向的同时，反而更加强化了国家与社会的分析框架。对于国家能力的分析实际上变成讨论国家、资源与社会三者关系的调整和变化。国家能力产生于不同社会群体之间的关系，构成一种互动过程。

这种分析视野既源于社会科学理论的解释偏好，更是由民族国家的规定性所决定的。就前者而言，自亚里士多德（Aristotle）以至于马克思（Karl Marx）都强调内因对国家政治的决定性影响，将理论分析的重点聚焦于共同体内部结构之上。这一点并没有在现代社会科学形成以后得到改变，反而强化了"方法论的国家主义"倾向，即突出强调方法论国家主义的中心地位或优先性，自觉或者不自觉地以民族国家的疆界来划分分析单位，力图在民族国家范围内解释一切社会现象。^③就后者而论，民族国

---

① 〔美〕乔·S. 米格代尔：《强社会与弱国家：第三世界的国家社会关系及国家能力》，张长东、朱海雷、隋春波、陈玲译，江苏人民出版社 2022 年版，第 28 页；Peter B. Evans, *Embedded Autonomy: States and Industrial Transformation*, New Jersey: Princeton University Press, 1995, pp. 202 – 248。

② Gabriel A. Almond, "The Return to the State", *The American Political Science Review*, Vol. 82, No. 3, Sep. 1988, pp. 853 – 874.

③ 关于方法论国家主义及其批评，参见〔德〕乌尔里希·贝克：《全球化时代的权力与反权力》，蒋仁祥、胡颐译，广西师范大学出版社 2002 年版，第 44—48 页；汪家锐：《国家参与全球治理的力量进路——"国际—全球"关联的视角》，中国政法大学博士学位论文，2022 年，第 46—48 页。

家呈现出明显的内聚性特征。这种内聚性与国家的建构目的密切相关，即建立国家是为了保护主权国家领土范围内的公民成员，因而国家的目光是向内的，即使涉及国际问题时也主要是为了防止外来侵略。因此，民族国家的秩序供给和政策制定很大程度上依赖于领土范围内国家与社会关系的调整。正是上述理论和实践的视野塑造了理论家们讨论国家能力的基本范围。这种局限于民族国家内部的分析视野也遭到了国际关系学者的批判和质疑，比较有代表性的有霍布森（John Hobson）等人的观点，他们认为早期国家能力研究所分析的"国家"只有一半的能动性，囿于国际无政府状态预设和国际结构的约束只是被动的接受者和因应者。斯考切波等人没有"找回国家"，反而是"踢出国家"。[①] 这种从国际政治出发的观点虽然难免有以偏概全之嫌，但却揭示出早期国家能力研究者对国际因素的忽视，特别是轻视了国家在国际层面的自主性与能动性。

　　当然在"找回国家"相关研究中，还存在另外一种从国家本身来审视国家能力的定义，比较有代表性的有查尔斯·蒂利（Charles Tilly）等人的观点，"国家能力是指国家机关对现有的非国家资源、活动和人际关系的干预，改变那些资源的现行分配状态，改变那些活动、人际关系"。[②] 上述定义不仅仅局限于国家与社会关系来讨论国家能力，而更加专注于国家本身。当将国家问题化，追溯其起源和行动时，国家能力就不再仅仅涉及社会控制问题，而必须思考和分析国家作为行动者所处的国际环境及谋求国家生存的战争等国际因素。因此国家能力就从内外两个维度同时展开，影响国家后续能力的因素"一方面源自国家权力机构与国内选民之间的关系，另一方面还植根于国家权力机构与国际背景之间的关联"[③]。这种对国际因素或跨国背景的强调正是接续了早期国家学研究者奥拓·欣茨（Otto Hintze）等人开创的传统。在欣茨那里，所谓"国际因素"就是国家能力的"外部排序"，包括国家之间的比较和在国际体系中的排序。[④]

----

① John Hobson, *The State and International Relations*, Cambridge: Cambridge University Press, 2000, pp. 177 – 186.
② 〔美〕查尔斯·蒂利：《民主》，魏洪钟译，上海人民出版社 2015 年版，第 15 页。
③ 〔美〕彼得·埃文斯、迪特里希·鲁施迈耶、西达·斯考切波编著：《找回国家》，方力维、宜端、黄琪轩等译，生活·读书·新知三联书店 2009 年版，第 224 页。
④ Otto Hintze, *The Historical Essays of Otto Hintze*, Oxford: Oxford University Press, 1975, pp. 159 – 162.

这种对跨国背景的强调恰恰展现出现代国家从来不是孤立自存的，而是时刻处于相互影响和彼此竞争的全球体系之中。正是在这一点上，蒂利、卡岑斯坦（Peter Katzenstein）、埃文斯等都从国家间竞争特别是战争、地缘政治和国际经济等角度思考跨国政治经济结构对国家能力的影响。①

因此，阿尔蒙德曾评价欣茨—蒂利构成了"强调国际因素对国家内部政治结构和过程的影响"重要的新传统。② 在全球化背景下，摒除国际因素单纯在民族国家内国家与社会框架中探讨国家能力受到越来越多的质疑，诸多学者开始尝试将国际制度或世界经济作为自变量，来解释国家能力的变化。这种强调国际因素对国内制度的影响被称为"逆转的第二意象"③，丰富了从"国际—国内"视角来分析国家能力的研究视野。当然原本从国家与社会框架来思考的学者并非完全忽视国际视角，例如米格代尔就曾专门讨论过依附论、世界体系等国际视角，并分析了国际环境对国家的赋权。不过在米格代尔看来，这些理论要么是"经济决定论的""将国家置于二等地位"；要么是"浮光掠影式分析""没有深入考察国家治下的人民对其凝聚力的影响"。④ 上述评论在一定程度上揭示出既往对国际因素相关研究的不足，却不足以完全拒斥对国际层面国家能力的讨论。实际上到蒂利、埃文斯等人这里，对国际因素的重视并非忽略或者否定领土范围内国家能力的重要性或国家相对于社会的自主性，只不过是打破单纯在主权国家内部审视国家能力的不足，从跨国的政治经济关系来解释国家能力的来源和影响。这种"国际—国内"视角的相关研究仍然存在两个不足。

第一，大部分研究仍然只是将国际因素作为解释变量或背景因素，被用于解释跨国关系对主权领土范围内国家能力的影响。因此，国际因素对

---

① 参见〔美〕彼得·埃文斯、迪特里希·鲁施迈耶、西达·斯考切波编著：《找回国家》，方力维、宜端、黄琪轩等译，生活·读书·新知三联书店 2009 年版，第 223—337 页。

② Gabriel A. Almond, "The International-National Connection", *British Journal of Political Science*, Vol. 19, No. 2, 1989, p. 240.

③ Peter Gourevitch, "The second Image Reversed: The International Sources of Domestic Politics", *International Organization*, Vol. 32, No. 4, 1978, pp. 881–912.

④ 〔美〕乔·S. 米格代尔：《社会中的国家：国家与社会如何相互改变与相互构成》，李杨、郭一聪译，江苏人民出版社 2022 年版，第 276—284 页。

国家能力的影响往往被视作单向的作用，难以展现对外层面国家能力的主动性。正如霍布森等人对蒂利的批评那样，蒂利虽然将国际体系带入分析，但仍然将其视为无政府状态，这种具有强烈现实主义色彩的研究预设，使得国家只不过借助强制、资本等工具来适应无政府状态而已。[①] 然而在全球化进程中，国家并非是被动接受者，更是具有自主性和发展目标的行为主体，因此国家能力在主权领土以外的建设和影响同样值得重视。

第二，既往研究对国际视角下的国家能力理解往往具有同质化的倾向，这种同质化并不是说先前研究都未能做出类型划分，只不过这些类型划分仍然局限于特定时空条件下围绕国家不同职能或领域所做出的区分。这种划分往往具有主观随意性，极大地降低了国家能力概念分析的外部效度；同时囿于作者的研究视野和专业旨趣，往往遮蔽了不同国家对外国家能力的差异性。随着 "二战" 后殖民体系在世界范围内的土崩瓦解，民族国家这一源自欧洲的特定国家形式成为全球范围内普遍建构的国家形态。因此，各民族国家都致力于从内外两个层面推动国家能力建设。然而基于国家实力的高低和历史发展路径差异，欧美等早发内生现代化国家和第三世界国家实际上在全球化进程中处于不同位置，因此产生了经济基础、国际关系、国内治理结构、外部压力等重要差别。与之相对应，这些国家采取了迥然不同的对外国家能力建构策略、方式、态度和立场。

因此，有必要重新思考国家能力在内外两个层面的具体差异及相互关系，并讨论各国在建构对外国家能力的不同立场、方式和类型选择等，进而比较分析各国在追求内外国家能力建设中，这些不同类型如何发挥作用，影响国家发展乃至全球化进程。

二、国家能力的空间分化

现代国家（或者说民族国家）实现了 "空间的领土化"[②]，在人类历

---

① John Hobson, *The State and International Relations*, Cambridge: Cambridge University Press, 2000, p. 191.
② 杨雪冬、陈晓彤：《国家治理现代化的空间逻辑》，载《中国人民大学学报》，2022 年第 5 期。

史上第一次以政治力量将自然空间以领土边界的方式加以区分，由此也产生了国家能力在领土空间内外的分化。有了主权原则的支持，现代国家的行动逻辑也根据治理空间的差异产生了相应不同。一方面，在主权范围内，现代国家垄断暴力工具，以排他性的合法身份统治领土空间，并作为公共利益代表者和秩序维护者承担起经济发展、政治稳定、文化认同和社会福利等多重职能。国家能力也就相应地表现为如何渗透控制领土范围内人民、社会或资源的能力。这就要求国家既需要强制能力实现领土范围内的非暴力化，也需要汲取能力，实现资源利用，从而有效地渗透和管制社会关系。另一方面，在主权范围以外，现代国家还需要维护和发展国家利益，并获得国家间承认。自《威斯特伐利亚和约》签订以来，主权国家对外行为必须遵循某些既定规则。国家主权对内最高，对外独立且相互平等就逐渐成为世界范围内国家间关系调整共处的重要国家法准则。这种平等原则与领土范围的最高治理主体地位形成鲜明的对比，也让国家能力在领土空间内外产生不同的权力形式方式和特征。从国家能力的基本维度来看，强制能力、汲取能力和濡化能力塑造了现代国家的基本属性，并构成国家得以正常运行的核心能力。基于此，讨论国家能力的空间分化，就有必要对这几个维度内外国家能力差别加以比较和辨析。

第一，强制能力在领土空间内外的暴力化程度存在重要差别。强制能力即国家对暴力合法垄断的能力，其合法建构推动了领土范围内的去暴力化，是现代国家形成的重要标志。[①] 因此，国内层面的国家能力虽仍保留强制职能，却仅仅是起到社会成员的威慑作用，以及对国家安全的威胁者和破坏者加以刑事惩罚，甚至在现代刑事司法体系中"酷刑"也"逐渐被非肉体刑法体系包裹起来"。[②] 警察而非军队在国家权力渗透社会过程中发挥了更为重要的作用，也是承担强制能力的具体机构。然而在国际层面，国家不再是合法垄断暴力的唯一主体，国家间关系构成国际秩序供给的主体关系。相比于领土范围内国家合法垄断暴力实现社会稳定，国际层

---

① 〔德〕马克斯·韦伯：《学术与政治》，钱永祥等译，广西师范大学出版社 2010 年版，第 205 页。

② 〔法〕米歇尔·福柯：《规训与惩罚：监狱的诞生》，刘北成、杨远婴译，生活·读书·新知三联书店 2007 年版，第 17 页。

面远没有建构起稳定有效的安全秩序。霍布斯（Thomas Hobbes）对国际秩序的自然状态想象很大程度上反映了现代国家间关系的现实主义思考。"在所有的时代中，国王和最高主权者由于具有独立地位，始终是互相猜忌的，并保持着斗剑的状态和姿势。他们的武器指向对方，他们的目光互相注视；也就是说，他们在国土边境上筑碉堡、派边防部队并架设枪炮；还不断派间谍到邻国刺探，而这就是战争的姿态。"① 这一论断揭示出现代早期公共权威的缺失造成世界政治的战争状态。在当代世界，虽然联合国等超国家组织的存在，在很大程度上改善了国际层面的无政府状态，但实际上并没能真正实现国际秩序的去暴力化。因此，军事强制能力仍然在对外的国家能力中占据重要地位。当然随着和平与发展成为时代主流，对于大多数国家而言，这种军事能力主要表现为保护性和防御性特征，即对外防止其他主权国家的侵略。

第二，汲取能力在领土范围内外的方式有所不同。汲取能力亦即国家汲取资源的能力，是现代国家得以有效运转的物质基础。在国家内部，汲取能力得以实现的背后是国家对于社会的渗透和权威。国家从社会汲取资源主要以汲取税收的方式实现，因此，汲取能力在国家内部层面主要表现为财政能力。正因为财政对于现代国家的关键性作用，以至于有不少学者将现代国家演进视为从"领土国家"到"税收国家"或"财政国家"，强调必须"从财政角度来考察国家，探究它的性质、形式以及命运"。② 与此同时，汲取与公共产品提供密切相关，国家从社会中汲取税收资源，再以转移支付等方式实现公共物品供给，推动公共服务均等化，而这背后的一切都有赖于公民身份的确认，并且以领土范围为限。对于国际层面而言，汲取能力显然无法通过税收方式获取利益，更多地表现在通过国际贸易等方式获取资源，特别是新自由主义影响下，国民经济逐渐转变为致力于建构"比较优势"的出口导向发展战略。虽然贸易全球化饱受"榨取

---

① 〔英〕霍布斯：《利维坦》，黎思复、黎廷弼译，商务印书馆 1985 年版，第 96 页。
② 〔美〕熊彼特：《税收国家的危机》，见哈罗德·M. 格罗夫斯：《税收哲人：英美税收思想史二百年》，刘守刚、刘雪梅译，上海财经大学出版社 2018 年版；〔美〕理查德·邦尼：《欧洲财政国家的兴起：1200—1815 年》，沈国华译，上海财经大学出版社 2016 年版。

主义"等争议①，但国家如何调整自身在全球政治经贸结构中的位置显得越来越重要。自近代以来，要成为世界上有影响力的国家无一不是实现对全球人力和自然资源的支配或调控，从而将流动的国际资本转化为实现国家利益的手段。

第三，濡化能力或建构认同能力的方式在国家内外也有所不同。芬纳在讨论欧洲现代早期国家建构时曾区分了"国家建设"和"国族建设"的差异②，也就是除了以强制、汲取等国家能力推动国家建设，奠定国家运行的基础之外，还需要建构国族共同体，培养统一的价值观和文化认同。相比于自上而下的强制能力和汲取能力，以认同和价值观来维系秩序稳定显然更需要国家与公民的互动，也具有更加柔性的特质，故而有学者也将这种国家能力称为"濡化能力"③。在主权国家范围内，国家以政治参与、公民教育等政治社会化方式推动塑造公民的价值信仰和国家认同，从而构建起统一的情感基础和忠诚意识。而在国际层面，不同国家的认同与价值观是千差万别的，甚至存在着"文明的冲突"④。但这并不意味着不存在文化认同的塑造和竞争。只不过这种文化认同的塑造方式与国内层面的教育等方式存在不同，而更多体现为文化输出的话语权争夺，或者说软实力的较量。⑤

综上所述，国家能力因应主权边界的空间分化产生重要的内外差异，造成这些差异的重要原因在于国家内外"一"与"多"的不同。从主权国家内部来看，所谓"一"，既体现在"唯一"，也体现在"统一"。"唯一"指向国家作为政治权力的唯一的合法拥有者，在领土范围内享有最高权力。因此，国家以各自方式拒斥或消除其他社会组织或政治实体对国家权力的竞争，并将其他社会组织纳入国家规范和控制之内。"统一"指向的是国家在法律规范、规则标准和文化认同等方面的统一，以国家能力

① 〔美〕马丁·厄普丘奇：《存在一种新榨取资本主义吗?》，许超译，载《国外理论动态》，2021 年第 3 期。
② Samuel E. Finer, "State-and Nation-Building in Europe：The Role of Military", in Charles Tilly（ed.）, *The Formation of National States in Western Europe*, New Jersey：Princeton University Press, 1975.
③ 王绍光：《国家治理与基础性国家能力》，载《华中科技大学学报》，2014 年第 3 期。
④ 〔美〕塞缪尔·P. 亨廷顿：《文明的冲突》，周琪等译，新华出版社 2010 年版，第 184—186 页。
⑤ 〔美〕约瑟夫·奈：《软实力》，马娟娟译，中信出版社 2013 年版，第 74—96 页。

克服地域、习俗等方面的差异，以实现主权国家内部的均质化。然而在国际层面，从主体来看，国家并非唯一的最高合法行为主体，在对外国家能力行使过程中除了要面对彼此平等的主权国家外，还必须应对诸多非政府的行为体，诸如跨国公司、国际非政府组织、全球公民社会组织等。多元的行为主体也使得国际层面国家能力的运行难以确立如领土范围内那样统一的法律规则和行为规范。主权国家的统一化仍然有赖于国家权力体系的强制性、单向度等特质，然而这些恰恰是对外国家能力所难以企及的，多元主体的权力格局使得国家能力在对外行使过程中也必须承认平等共存或者追求协商合作。国家能力在国际层面呈现出的"多"，既体现在面临行为主体的多元，也表现在国家本身能力行使方式选择的多元。后者这种多元既源于主权平等的国际法原则，也与国家能力在国内、国际两个层面的双向互动密切相关。

当然强调国家能力在主权空间内外层面的差异，并不意味着二者之间是截然二分的。二者同样也体现出双向互动关系，这种互动关系既存在相互增益的过程，也存在矛盾冲突的现象。从相互增益来看，国际层面的国家能力仍然以国内层面的国家能力为基础，依靠国家汲取资源作为实力保障。因此，国内层面的国家能力稳定增长往往会带来国际层面的国家能力相应提升。同时，国际层面的国家能力提升能够延伸和转化国家权力，为国家发展营造良好的国际环境和规则体系，甚至领导创建国际机制，谋求世界政治的领导权。然而也不能忽视二者可能存在的消极互动甚至彼此冲突的现象。一方面，国内层面的国家能力并不必然转化为国际层面的国家能力，要实现这种转换离不开国际视野的提升。从历史来看，不少国家出于对外国侵略或干预的警惕心理追求绝对的独立自主，从而拒斥国际层面的国家能力建设，门罗主义乃至于闭关锁国正是这种国家保护主义思路推至极端的代表。另一方面，国际层面的国家能力提升仍然需要考虑国家实力的基础，一味追求国际层面的国家能力提升不仅不能助力国内层面的国家能力，反而会损害国家稳定，消解国家权力合法性。因此，有必要辨析不同国家在建构对外国家能力的不同选择，分析这些选择的影响因素，以及这些选择可能产生的结果。

三、对外国家能力的类型比较

从构成形式来看，现代国家具有某些一致性，都包含着领土、主权、政府和人口等要素，如何保障这些立国要素构成国家能力发挥作用的首要考量。在国家间关系中，维护上述要素不受侵犯是国家利益的直接体现，也在国际关系中发挥着决定性和持久性的影响。因此，对外国家能力实际上都致力于维护和实现国家利益。然而在实践过程中的立场、态度和回应路径却存在重要差别。

影响对外国家能力的因素有很多，国家发展的历史路径、现实实践（包括对内的治理结构以及对外的国际环境）都有可能塑造和影响对外国家能力的建构选择。然而这些因素只是国家本身所拥有的条件，反映出特定时间下国家能力的横截面，其最终的强弱和影响必须放置在同其他国家的比较中才能准确得到衡量。因此，在讨论国家能力时，"国家自主性"是一个不容忽视的重要概念。在国家能力经典研究那里，国家自主性指的是"作为一种对特定领土和人民主张其控制权的组织，国家可能会确立并追求一些并非仅仅是反映社会集团、阶级或社团之需求或利益的目标"①。在国际层面，国家自主性不仅需要考虑社会集团等非国家行为者的比较，同时还得考虑其他国家及国际行为者。因此，思考对外国家能力时，自主性就从内在的国家—社会关系限定性框架中转化为国家与国际社会，从而必须审视国家整体在国际政治和全球治理体系中的地位。这种外在自主性的衡量不是单方面的或者静止的，而是国家和其他国家以及跨国性的非国家行为体相互比较乃至权衡的结果。

本文所讨论的外在自主性，主要涉及国家对国际社会的依赖程度，以及是否反映或追求国际社会或非单纯本国自身利益或需求的目标。根据自主性的强弱，国家在面对全球化进程和国际环境时的能力和偏好也相应地产生分化。当自主性弱时，国家发展高度依赖于外部资源或认

---

① 〔美〕彼得·埃文斯、迪特里希·鲁施迈耶、西达·斯考切波编著：《找回国家》，方力维、宜端、黄琪轩等译，生活·读书·新知三联书店 2009 年版，第 9 页。

同，难以摆脱外部环境而自行其是，因此自主性相对较低的国家可能会选择更为符合国际社会意图的行动策略；当自主性强时，国家能够根据本国利益自主地建构国家能力，抵抗外来干涉。自主性强的国家更有可能不顾及国际社会偏好和其他国家利益而自行其是，坚决维护和实现自身利益诉求。

不同国家的外在自主性存在强弱差异，但都有其国家建设的自主性底线。只有当国家具备一定自主性时，国家的主体性才会得到承认，禀赋国家能力的行为主体才得以实际存在。然而具备外在自主性并不必然导向对外国家能力的积极建设，不同国家在建构对外国家能力中的意愿仍然存在差异。造成这种差异的极为重要的原因就在于不同国家在全球化进程中特别是在全球政治经济结构中所处的位置，从而面临不同的外部压力。因此，基于外部压力的高低，上述自主性强弱的两类国家实际上又可以再分成两种情况。

在自主性相对较弱的一类国家中，一类在全球化进程中发展相对迟滞，国家发展对外部资源或援助高度依赖，在这种情况下，对外国家能力实际上面临较大的外部压力，更容易受到外部环境或国际社会的制约，被迫接受国际社会的规则、要求，受制甚至依附于国际社会。另一类则是发达国家，它们在全球化过程中处于早发位置，因此面临的外部压力更小，然而这并不意味着国家相对于国际社会的自主性就更高。一方面，发达国家通过经济全球化而获益，并依靠资本市场、技术创新等确立起在全球经济格局和分工体系的中心地位。另一方面，它们也谋求国际秩序和规则的塑造，力图推行更容易为国际社会接受甚至主动认同的国际理念和行为准则，因此，更加需要积极地交流合作。这两方面实际上都在推动发达国家与全球社会的密切关联，这种发展模式实际上也让国家与国际社会相互依赖、紧密合作甚至相互嵌入。按照独立目标或隔离程度而言，实际上这种国家的自主性仍然是相对较弱的，但并不意味着其国家能力的相对低效，反而能够更加灵活地建构对外层面的国家能力。

在自主性相对较强的国家中，同样存在两种情况。一种情况往往出现在崛起中的发展中国家。这类国家因为处于全球化的后发位置，往往面临较高的外部压力甚至外部威胁。这种发展中的弱势地位，使得国家发展过程中对外国力量持有深刻的警惕和戒心，因而往往催生出一种拒斥国际交流、警惕对外合作的隔离型国家心态。这种国家往往存在较高的自主性，但基于防止外部干预和侵略的受害者心理往往更加强调和追求一种绝对自主的国家状态。在这种目标影响下，对外国家能力建构往往是低效的甚至是被忽略的，即使存在也往往是防御性的或者说收缩性的，仅仅从自身处境出发设想国际关系乃至全球体系。另一种情况则恰好与之形成鲜明对比。这一类国家基于全球化进程中的优势地位，往往不满足于国际秩序的平等状态，反而力图建构自身在全球体系中的领导甚至霸权地位。因此，这一类国家同样具有较高的自主性，同时又面临较低的外部压力，往往积极推广有利于自身利益的理念和制度，干预他国的发展和治理结构。在早期历史中，这一类国家往往延续了传统帝国模式，诉诸暴力手段，以军事征服和利益掠夺等方式，实现从属国臣服于宗主国的帝国运行机制。[①] 随着两次世界大战的结束，单向度、强制性的支配模式越来越受到国际社会的批判和抵抗，单一国家支配世界或完成国际秩序供给变成不再可能的选项，因此，竞争性的区域霸权成为这一类国家所力图建构的全新目标。

根据外在自主性的强弱及外部压力的高低，上述四类建构国家能力的四种类型实际上得以被纳入到一个 2×2 矩阵当中（见表1）。当然需要承认的是，这四种类型实际上都只不过是为了分析之便而提出的理想类型，在现实中并不存在这样的绝对纯粹状态。同一国家在不同时期、不同领域或不同政策也有可能采取不同的国家能力建构策略，甚至这种不同类型的国家能力建构策略可能同时存在，相互转化甚至彼此冲突。

---

① 对于帝国运行的基本模式，也必须考虑传统帝国与现代帝国（或者说源自于英格兰的自由帝国的差别）。相关辨析参见〔美〕卡鲁娜·曼特娜：《帝国的辩解——亨利·梅因与自由帝国主义的终结》，何俊毅译，华东师范大学出版社2018年版，导论；〔美〕珍妮弗·皮茨：《转向帝国：英法帝国自由主义的兴起》，金毅等译，江苏人民出版社2012年版；郑非：《帝国的技艺：统治不可统治之地》，广西师范大学出版社2021年版，第27—37页。

表 1 对外国家能力建构的不同类型

		国家自主性	
		弱	强
外部压力	高	依附型	隔离型
	低	互动型	霸权型

基于自主性程度和外部压力的不同，对外国家能力建构呈现出明显的不同，这些行为选择也进一步影响到国家发展及对外战略，甚至影响到全球化进程和走向。下文将以不同国家在国际层面或者说全球化过程中的行为选择为分析对象，讨论各国建设对外国家能力过程，四种类型的发展模式是如何发挥作用，进而影响国家发展和全球化进程的。

四、对外国家能力建构类型的选择运用

上述讨论基于自主性程度和外部压力的不同，区分了对外国家能力建设不同类型，试图建构起解释对外国家能力建设行为选择的根源和结果。当然每个国家的国家建构方式都是不同的，每个国家的历史遗产、国内经济结构、国内制度模式也都是不同的。诚然对外国家能力建设的路径和选择千差万别，但无论怎样，就一般逻辑而言，对外国家能力建设离不开它的内外条件，特别是内外国家能力建设以及国家与国际社会的相互关系。这种类型划分与相互关系放置在具体案例中将会得到更为清晰的展现。

（一）依附型

在依附型中，对外国家能力的建构相对被动，不得不依赖于国际社会或其他国家来进行。这是由国家在全球化进程中所处的位置所决定的。这些国家在全球化早期实际上是被动卷入资本主义世界体系，并作为殖民地或半殖民地充当发达资本主义国家的原料产地和商品市场。其后这些国家虽然摆脱了殖民化命运，但仍然很难建立起高效稳定的现代国家体系。经济与政治的连锁关系共同构筑起中心区域对边缘区域的不对称竞争优势。沃勒斯坦（Immanuel Maurice Wallerstein）曾在世界体系论中对这种经济

与政治的构成关系加以描绘："一方面，资本主义世界经济体是以世界范围的劳动分工为基础而建立的，在这种分工中，世界经济体的不同区域（我们称之为中心区域、半边缘区域和边缘区域）被派定承担特定的经济角色，发展出不同的阶级结构，因而使用不同的劳动控制方式，从世界经济体系的运转中获利也就不平等。另一方面，政治行为最初产生于国家结构之内，而这些国家由于它们在世界经济体中的作用不同结构也不同，中心国家中央集权化最甚。"① 这一论断揭示出边缘区域由于后发劣势在全球发展格局中的被动处境，也展现出依附型模式下对外国家能力建构之难，这种困难既源于国内国家能力的薄弱而造成的政治、军事以及经济等实力的不足，也源于"中心—边缘"固化结构所带来的外部压力。然而"世界体系论"或者"依附论"在解释国家能力时的不足在于"深受社会中心主义假设的影响"②，将政治还原为经济社会变量，忽视了国家特别是发展中国家在其中的积极作用。而国家能力讨论的意义恰恰在于重申国家作为独立解释变量的重要作用。对于依附型而言，国家不仅需要对依附体系加以道德批判，更需要强化对外国家能力的建构，在全球化进程中谋求有利位置。自冷战以后，正是通过建构对外国家能力，中国、印度、巴西等诸多原本属于边缘区域的新兴大国正在推动全球体系权力结构发生变化，导致权力中心的转移和扩散，也在深刻塑造和影响着全球秩序的问题议程与解决机制。

不过依附型在建构对外国家能力过程中往往是低效的，难以主动地参与到全球政治经济秩序并从中寻求实现国家利益的机遇。非洲国家实际上就是这种依附型对外国家能力建构的典型代表。相比于现代国家建构对"强制—汲取"的依赖，非洲地区国家得以运作的重要资源来自于国际援助。根据相关数据统计，近年来非洲地区"46个国家国内总收入的10%来自外国和国际组织；在其中的11个国家，这一

---

① 〔美〕伊曼纽尔·沃勒斯坦：《现代世界体系》第一卷，尤来寅等译，高等教育出版社1998年版，第194页。
② 〔美〕彼得·埃文斯、迪特里希·鲁施迈耶、西达·斯考切波编著：《找回国家》，方力维、宜端、黄琪轩等译，生活·读书·新知三联书店2009年版，第5页。

比例超过了 20%"[1]。在大规模的外来援助支持下，非洲国家的国家能力建设普遍低下，既没有动力去提升汲取能力，推动财政增加，也缺乏意识去强化国家机器，建构治理能力。国家机构的发育不健全不仅限制了国内国家能力提升，也制约着对外国家能力建设。对外部援助的高度依赖降低了对外层次国家能力的努力，只寻求如何获得更多的援助金额或者以自然资源换取收入。这种只关注外来援助，特别是高度依赖一两种国际市场需要的自然资源的行为，在大宗商品价格或者汇率发生剧烈波动时，往往带来整个国家的经济不稳定。在某些国家的现代化过程中，这种政治经济现象也被称为"资源诅咒"[2]，政治精英甚至和国外利益集团结盟以谋求榨取本国资源和土地，致使国家成为外部力量的工具。

（二）隔离型

对外国家能力建构的隔离型模式，在早期发展过程中往往与依附型国家面临相似的国际环境，都是被动地卷入到世界体系当中，且承受巨大的外部压力。这种压力既源于外来侵略或干预带来的主权受损，也受制于世界经济体系的不平等格局。因此，反抗帝国主义几乎构成后发国家建构的主旋律之一。基于现代化和全球化进程中的先发与后发，特别是互动关系中的冲突性质和殖民地格局，催生出国际化抗拒运动。[3] 隔离型模式的策略选择与这种抗拒行动一脉相承，对外国家能力建构也往往与反对外来干预，维护国家独立密切相关。从政治来看，对外国家能力主要表现为现代军队建设以反抗外国侵略，维护国家独立自主；从经济来看，则是通过国有化运动、进口替代战略等措施发展民族经济，减少甚至摆脱对老牌资本主义国家的依附；对文化而言，对外国家能力则表现为反思西方普遍主义话语，建构"特殊论"国家叙事，探索本国道路的合法性基础。总体来

① T. Moss, G. Pettersson, and N. Vande Walle, *An Aid-Institutions Paradox? A Review Essay on Aid Dependency and State Building in Sub-Saharan Africa*, CGO working Paper 74, 2006；卢凌宇：《西方学者对非洲国家能力（1970—2012）的分析与解读》，载《国际政治研究》，2016 年第 4 期。
② 〔英〕马丁·厄普丘奇：《存在一种新榨取资本主义吗?》，许超译，载《国外理论动态》，2021 年第 3 期。
③ 参见〔以〕S. N. 艾森斯塔德：《现代化：抗拒与变迁》，张旅平等译，中国人民大学出版社 1988 年版，第 40 页。

看，隔离型国家已经较为完善地完成现代国家建构的使命，也拥有了相对较高的国家自主性，特别是对外层面实现了国家独立，免受外国干涉。然而抗拒外来掠夺、侵略的现代建国记忆，使得这些国家产生一种纠结的双重经验认知：一方面，国家需要对外学习先进国家经验，以丰富现代化过程中的制度、价值乃至物资资源匮乏，以至于很多时候，后发国家社会变革的动力，都"不是来自内部运动，而是外部压力逼迫的结果"①，这就造成"国家目标的外倾"②；另一方面，又拒斥、怨恨乃至对抗这些国家对本国利益的侵略，造成发展路径的内向化。基于这种矛盾认知，国家认同在建构过程中禀赋强烈的民族主义基础。崛起中面对较高的外部压力，加之怨恨的历史记忆使得国家在对外国家能力建构呈现出内趋性的倾向，更为强烈地追求隔离式的绝对自主。因此，隔离型国家能力建构模式往往格外强化对内国家能力建设，而拒绝或者轻视对外国家能力建设，即使有所涉及也往往局限在军事等能力以拒斥干预，维持自存。因此，隔离型国家能力建构模式的对外影响极为有限不说，能够引发的国际社会呼应也几乎可以忽略不计。

这种隔离型国家能力建构的选择既是后发外生现代化国家的处境使然，也与民族国家的结构局限有关。民族国家的合法性基础决定了国家建构的保护性或防御性目的，必得以公民及国家利益防卫为鹄的，而着力保持内部稳定和对外独立。这些目的往往是收缩性的，也使得国家在面临外部压力或者竞争时往往采取收缩战略，以捍卫自身地位和利益不受损害。因此，隔离型或者趋向隔离型的国家能力建构策略不仅仅为第三世界国家所秉持，也为某些发达国家在面临来自强势国家的外部压力时所秉持。美国早期推行的门罗主义正是这种策略的典型。门罗在国情咨文中宣称"同盟各国把其政治制度扩张至美洲，必定会危害我们之和平与幸福"③。门罗主义的核心内容即为排斥原则，既排斥域外大国的外交干涉，也反对

---

① 陈旭麓：《近代中国社会的新陈代谢》，上海人民出版社1992年版，第170页。
② 罗志田：《国家目标的外倾——近代民族复兴思潮的一个背景》，载《近代史研究》，2014年第4期。
③ Monroe Doctrine, *National Archives*, 1823, https：// www. archives. gov/milestone-documents/monroe-doctrine（访问时间：2023年5月1日）。

移植外国的政治制度。在当代，这种隔离型模式则更多地表现为"逆全球化"或者"去全球化"政策。在面临外部风险时，从本国利益出发减少对外国家能力建设，拒斥外部干预在一定程度上能够起到稳定国家内部秩序的作用。然而停止或者拒斥对外国家能力建构的选择既不利于争取有利发展的国际环境，也难以调整或者重构在全球政治经济格局中的位置，最终仍然会阻碍甚至损害国内层面国家能力的提升。

（三）霸权型

与隔离型形成鲜明对比的则是霸权型对外国家能力建构策略。如果说选择前者是为了抵制外来干预和支配，那么后者恰恰是为了影响乃至干预他国以实现自身利益。相比于隔离型，霸权型在建构对外国家能力过程中面临更小的外部压力，因而呈现出更为明显的主动性，积极影响和塑造国际秩序，在全球化进程中占据有利的位置，并利用不平等的竞争优势实现自身利益。在现实主义国际关系理论那里，霸权的产生是国家间权势斗争的必然。"大国总是追求机会去获取凌驾其对手的权势，以霸权为终极目的。"① 建构霸权型对外国家能力构成某些大国实现国家利益的重要手段。美苏两国在冷战时期对国际霸权地位的争夺正是这种对外国家能力建构的典型。美苏两国不断扩张势力范围建构对外国家能力，以军备竞赛方式增强对外强制能力，并通过掠夺式汲取国际资源以增强国家实力，并辅之以国际援助和意识形态输出，以增加对外的濡化能力，从而干预和控制第三世界国家，确立起国家在区域乃至全球的支配性影响力。

除了国家利益最大化的权势冲动，也应该看到霸权型国家能力建构也是对民族国家体系某种反思后的结果。自"二战"以后，传统殖民体系渐次瓦解，全球进入民族国家体系时代，全球化和民主化可谓是一时风头无两的全球性思潮。然而全球化并非带来理想的世界秩序，反而从根本上动摇了国家主权基础上的民族国家体系。既然平等的民族国家并没有实现

---

① 〔美〕约翰·J. 米尔斯海默：《无政府与权势斗争》，见〔美〕罗伯特·J. 阿特等编：《国际政治——常在概念和当代问题》，时殷弘等译，中国人民大学出版社 2007 年版，第 55 页。

国际社会的真正和平，追求各自国家利益仍然是各个民族国家的行动指南，因此国际社会中实际无法避免国家之间的权势竞争。特别是在全球化进程中，国家主权和国家能力范围正在被重新定义，以霸权方式参与全球化进程就成为诸多大国回顾历史发展后的重要选择。这种以霸权应对国际体系无政府状态的现实主义思考，延续了国际政治经济学家金德尔伯格（Kindleberger）、吉尔平（Robert Gilpin）等人的"霸权稳定"理论，强调霸权在国际政治经济稳定中的重要作用。① 然而从具体实践来看，这种霸权式国家能力建构同样未能解决国际秩序供给问题，反而造成国内国际的双输局面。何以会如此呢？是因为霸权式国家能力的建构尝试，必然会造成国家能力的治理困境：其一，在国家治理中，过度强调对外扩张，谋求霸权地位，必然会消耗国内资源，加剧对资源汲取的需求，造成财政困境。当国家对社会资源的汲取远超社会自身的供给和应付能力时，国家汲取能力的有效性乃至国家行动的整体效果都会大打折扣。由此，对外国家能力建构与对内国家能力提升就会产生相互冲突，随着霸权扩张程度的加深，必将进一步损害对内国家能力的合法性基础，国家政策失效的可能性也会越大。其二，在全球治理或者国际政治中，霸权式国家能力建设也并没有如设想般完成国际秩序供给，实现国家利益。一方面，以霸权式强制能力以暴制暴，实际上很难真正遏制地区冲突，反而会引发军备竞赛，造成大国博弈的战争危机；另一方面，汲取资源及文化输出的单边政策，越来越难获得国际社会的呼应，更不用说主动接受。因此，霸权式国家能力建构往往是一厢情愿的，难以有效建立起真正的合作，特别是面对日益复杂的全球问题和治理风险的不确定性，更是让国家能力赤字的状况日益凸显。像苏联那种干预其他民族国家内政，强制推行意识形态的霸权式对外国家能力建构，最终导致的是内外国家能力的双重失效，最终导向国家崩溃的悲惨境地。

不过对霸权式国家能力的反思并不意味着对民族国家主权平等原则的回归，还有可能导向更为极端的帝国建构。美国自"9·11"事件以后围

---

① 参见〔美〕金德尔伯格：《1929—1939 年世界经济萧条》，宋承先、洪文达译，上海译文出版社 1986 年版；〔美〕罗伯特·吉尔平：《跨国公司与美国霸权》，钟腾飞译，东方出版社 2011 年版。

绕全球战略的帝国式探索正是这种反思走向极端化的典型表现。在传统国际关系中，帝国和霸权并没有严谨的学术分类，诸多学者都将两者等而视之。① 然而回归到二者的定义仍然能看到发现帝国相较于霸权的重要差别。一方面，帝国具有天然的自主性甚至普世性特征，具有绝对的主宰力。在帝国的范围内不存在平等的行为体，往往划分出中心与边缘的等级权力体系。霸权则只能在形式上平等的国家间关系中谋求主导性地位。另一方面，帝国基于多元构成往往采取差异政治策略，实现帝国范围的和平与秩序。霸权则往往通过协调国家间关系来实现均衡获得和平，致力于支配性影响和控制，而非诉诸吞并。②

建构帝国显然要比霸权式国家能力建构具有更强烈的支配野心，甚至具有重构国家的冲动。这一点清晰地体现在乔治·W. 布什（George Walker Bush）的全球战略中。"关于美国大战略和重构当今单极世界的宏大的新观念正广为流传。它们要求美国单边和先发制人地使用武力，甚至预防性地使用武力，若有可能便靠志愿国的联盟获取便利。但说到底不受国际社会的规则和规范约束。在极端形态上，这些观念构成了一幅新帝国图景，美国在其中自封为树立标准、确定威胁、使用武力和分配正义的全球性角色。"③ 从实践来看，这种将霸权型国家能力建构极端化的帝国路径实际上并没有解决原本霸权模式存在的问题，反而进一步加剧了国家能力的内外困境。一方面，帝国的全球战略谋划，并没有改变组成单位的基本结构。换言之，民族国家仍然是美利坚帝国的结构性基础，因此单一国家供给全球秩序的国家能力赤字问题并未得到缓解，反而愈演愈烈。另一方面，帝国式国家战略重新激发起发展中国家的屈辱记忆，进一步引发其他国家的拒斥乃至抵制，加剧建构对外国家能力的成本和有效性。国际秩序的冲突加剧和特朗普式战略收缩从内外两方面凸显帝国战略的现实困境。

---

① 〔美〕汉斯·摩根索：《国家间政治》，徐昕、郝望、李保平译，北京大学出版社 2006 年版，第 83—86 页；〔美〕查默斯·约翰逊：《帝国的悲哀》，任晓、张耀等译，上海人民出版社 2005 年版，第 30 页。
② 关于帝国和霸权的具体区分，亦可参见俞可平：《帝国新论》，载《清华大学学报（哲学社会科学版）》，2022 年第 2 期。
③ 〔美〕G. 约翰·伊肯伯里：《美国的帝国野心》，见〔美〕罗伯特·J. 阿特等编：《国际政治——常在概念和当代问题》，时殷弘等译，中国人民大学出版社 2007 年版，第 490 页。

　　然而帝国实践的受挫并不意味着建构帝国的尝试彻底终结，特别是在国际秩序供给乏力之际，对帝国的呼求就会越发热烈。面对帝国的卷土重来，相比于对帝国殖民主义的道德批判，更应该探寻帝国兴起的问题意识和现实诉求。恰如帝国研究专家伯班克（Jane Burbank）所言："考察帝国的历史并不暗示要去褒扬或谴责它们。相反，我们应去理解这些帝国在它们各自时代出现时的发展前景，揭示那些改变过去、创造现在以及可能塑造未来的必要之举与行动。"[①] 换言之，如果不能客观地讨论对外国家能力的合宜建构，实现稳定国际制度保障，帝国的往而复来就会成为民族国家体系的永恒困境。固然帝国的统治逻辑在民族国家时代已成明日黄花，但依然会出现"民族国家时代的帝国依赖"现象。[②] 因此，建构合理的对外国家能力，反思帝国衰亡的客观规律，探索全球化时代基于民族国家基础的国际安全秩序体系，仍然具有重要现实意义。

（四）互动型

　　互动型的对外国家能力建构既表现为国家与国际社会的互动，更为主动地推动国家对外交流，谋求国际社会合作，积极参与全球治理；也体现在国家能力的内外互动，协调配合。这种类型既包括部分发达国家谋求全球化红利的某些探索，更体现在某些发展中国家抓住国际机遇的战略选择，特别是所谓"东亚四小龙"的经济社会发展正是这一类型的鲜明体现。在国家与国际社会互动中，它们在 20 世纪后半叶采取更为开放的出口导向战略，利用全球市场的比较优势和发展空间，推动国内工业化的转型升级，谋求国际贸易的有利位置。在国家能力的内外互动中，一方面，互动型国家依靠内部国家能力支撑，强化对外国家能力建设，从而在全球政治经济格局中占据有利地位。东亚地区发展的重要经验就是发挥国家在经济社会发展中的积极作用，即使是出口导向依然离不开国家的监督管理和补贴激励。另一方面，互动型对外国家能力建构，不仅为国家发展赢得

[①] 〔美〕简·伯班克等：《世界帝国史：权力与差异政治》，柴彬译，商务印书馆 2017 年版，第 7 页。
[②] 任剑涛：《民族国家时代的帝国依赖》，载《中国法律评论》，2019 年第 4 期。

有利的国际环境，在合作竞争中获得参与创建国际机制和行动框架的机会；还有力推动国内产业结构升级，提升国家的财政基础和汲取能力，增强国家权力的合法性。同时，国家能力的内外互动为对外国家能力的建构设定了行动半径，避免了过度扩张带来的能力赤字和财政负担，更为稳健地推动国家能力的内外互动增权。

相比于霸权型的单向度、强制性特征，互动型模式表现出更加明显的灵活性，这种灵活性很大程度上源于互动性国家建构模式的"相对自主性"。从自主性角度而言，在互动型模式中，无论是国内国家与社会的隔离程度，还是国家与国际社会的独立程度都相对较低，然而这种较低的自主性却并不必然意味着国家能力的软弱。诸多国家能力研究的后来者都曾反思早期研究中对自主性和能力的简单化约，"自主性是国家能力的必要条件，但并不表示这便足以取得成果……加强自主性并不一定能增强成功实现目标的能力"①。所以维斯（Linda Weiss）和霍布斯又提出"治理式互赖"理论来论证有效的国家不仅需要有隔离性，还必须具有嵌入性，强调国家与社会互动的重要性。②这种从"嵌入"和"隔离"两个维度来界定"相对自主性"不仅在国内层面发挥作用，在国际层面同样具有重要意义。国家与国际社会之间并非仅仅是非此即彼的"零和博弈"，更有可能通过协商合作促使双向强化。因此，对于对外国家能力而言，国家的合作协调能力逐渐超越于军事强制、资源汲取能力而具有更为重要的作用。艾森斯塔特（Eisenstadt Shmuel Noah）曾从容纳变迁角度分析国家能力，即"取决于各个政党及其领袖协调各种相互分歧的利益集团的能力，以及使社会运动中较强的要求和取向制度化的能力"③。当视野拓展到国际层面，国家对外同样需要容纳变迁的能力，将国际利益分歧和趋向加以协调以及制度化，从而确保国际安全秩序的稳定运行及国际发展合作的积

---

① 〔美〕琳达·维斯、约翰·M. 霍布斯：《国家与经济发展：一个比较及历史性分析》，黄兆辉、廖志强译，吉林出版集团有限责任公司 2009 年版，第 269 页。
② 〔美〕琳达·维斯、约翰·M. 霍布斯：《国家与经济发展：一个比较及历史性分析》，黄兆辉、廖志强译，吉林出版集团有限责任公司 2009 年版，第 188—199 页。
③ 〔以〕S. N. 艾森斯塔德：《现代化：抗拒与变迁》，张旅平等译，中国人民大学出版社 1988 年版，第 70 页。

极拓展。特别是面临全球性风险或公共危机之际，这种互动型对外国家能力建设探索，对于参与全球治理，增进全球公共利益来说尤为必要。

这不仅仅是国家发展的战略选择使然，同时也是全球化发展的逻辑必然。虽然极端全球主义者的"民族国家过时论"[①] 已然被实践发展证实为凭据不足的判断，但全球化的确已经成为国家能力建设的基本背景，更是建构对外国家能力的内在要素。国家不仅要建构对外国家能力以适应全球化浪潮的冲击，更必须主动调整自身战略参与全球治理，推动国家治理与全球治理的良性互动。[②] 而这恰恰更需要协商互动的对外国家能力，探索国家间合作乃至全球公民社会合作的"全球善治"理想状态。[③] 因此，对外国家能力建设不仅仅考虑国家的能力，更需要思考国家与多元治理主体的关系，相互信任，以制度化和协商化推进合作，共同提升。探索对外国家能力的互动式建设既符合人类发展的共同利益，在风险社会和全球性问题日益凸显的情形下，也是追求国家良性发展的利益所在。

五、结论与讨论

围绕自主性程度和外部压力，不同国家的对外国家能力建构策略相应地区分为四种类型。从这四种类型的具体实践来看，不同的选择行为影响着现代国家发展乃至全球化进程。一方面，对内国家能力堪称国家稳定的前提，也在一定程度上构成对外国家能力建构的资源基础。唯有对内国家能力得以稳健发挥作用，自主性才得以保障，从而使得国家在国际环境中得以生存和行动。另一方面，对外国家能力建构成为国家发展的关键途径。只有与外部世界积极互动，避免极端排外情绪或盲目帝国情结，推进

[①] 比较有代表性的有〔日〕大前研一：《民族国家的终结》，见 D. 赫尔德等：《国将不国？——西方著名学者论全球化与国家主权》，江西人民出版社 2004 年版，第 183—189 页。

[②] 参见蔡拓：《全球治理与国家治理：当代中国两大战略考量》，载《中国社会科学》，2016 年第 6 期；刘贞晔：《全球治理与国家治理的互动：思想渊源与现实反思》，载《中国社会科学》，2016 年第 6 期；汪家锐：《国家参与全球治理的力量进路——"国际—全球"关联的视角》，中国政法大学博士学位论文，2022 年。

[③] 俞可平、费海汀：《退而回到帝国体系，还是进而走向全球善治？——俞可平教授谈全球化时代的帝国研究和全球秩序》，载《俄罗斯研究》，2023 年第 1 期。

国际制度规则的改革发展，共建基于共同利益基础的协商合作治理体系。当然这种互动合作是以相对自主性为限度的，既需要自主性基础确保国家利益得以明确主张，又要避免自主性超限而导致的国际合作失败，甚至引发外部冲突。这种相对自主性的合宜把握有赖于国家内外善治的理想建构。对于绝大多数国家而言，应致力于明晰国家能力的建构限度和自主性程度，更积极地平衡好内外国家能力的互动关系，在成功建构内外国家能力基础上向着更加开放共赢的全球善治发展。

Spatial Differentiation and Comparison of Types
—State Capacity Revisited in International Perspective

Xu Chao

Abstract：The study of state capacity needs to consider not only the relationship between the state and society within the territorial sphere, but also examine the relationship between the external state and the international community. Using sovereignty as a boundary, state capacity produces an internal and external spatial differentiation, and has important differences in the capacity of coercing, absorbing, and impilating, etc. Internal and external State capacity are not completely separate, but interact closely. This interaction is characterized by mutual gains and possibility of contradictions and conflicts. Depending on the external pressure and the degree of autonomy, the construction of external state capacity is accordingly divided into four models: dependent, isolated, hegemonic and interactive. For the vast majority of countries, they should clarify the limits and relative autonomy of their national capacities, keep the balance between internal and external national capacities more actively, and develop towards more open and win-win global good governance on the basis of the successful construction of internal and external state capacities.

Keywords：State Capacity；International Perspective；Spatial Differentiation；Autonomy

复杂性与国家能力概念的反思：
一种能力谱系的观点

赵 吉

上海交通大学国际与公共事务学院助理教授

摘要 国家能力是维系国家机器和社会要素运转与变革的能力。通过引入复杂适应系统的基本分析框架，一方面将国家视为一个适应外部竞争，不断调整其内部治理方式的权威性组织；另一方面将国家视为由内部社会生发涌现而不断变革与演化的复合性主体，由此确定国家能力作用的国际、国家和社会三大场域。结合国家运转的安全、发展与认同三大目标，可以将国家能力划分为战略谋划能力、动能转换能力、愿景塑造能力、秩序维护能力、资源汲取能力、价值共享能力、组织联动能力、创新创造能力、意识聚合能力，由此发展出国家安全的能力谱系。基于复杂适应系统观念的国家能力研究强调各种能力间相互关联的机制，有助于开展国家能力的比较与态势评估，可为进一步发展国家能力学说提供整体性的框架。

关键词 国家能力；复杂适应系统；能力谱系；国家安全

一、更新阐释国家能力概念的必要性

20 世纪 70 年代，在"找回国家"思潮的影响下，国家能力成为政治学研究中最为关键的核心概念之一。从纵向时间来看，国内对国家能力的研究总体上有两波热潮。第一波热潮是 20 世纪 90 年代伴随着分税制改革而展开的国家能力研究，如王绍光、胡鞍钢将国家能力定义为实现国家意志和完成国家任务而动员人力、物力、财力的能力。[①] 第二波热潮主要集中在党的十八大之后，党和国家高度重视国家治理体系和治理能力现代化，围绕着国家治理能力的概念，国家能力又重新被重视起来。例如黄清吉基于国家社会和国家国际两个维度，指出国家能力是国家从社会集聚资源并将之转化为可运行的力量，以实施对社会的统治和管理，应对他国竞争和挑战的整体效能。[②]

　　而从学术脉络来看，对国家能力的分析也分属不同的知识传统。例如张长东的引介中将国家能力与国家权力进行了澄清，认为韦伯的论述奠定了国家能力理论的基础，即利用国家的组织能力和官僚体系来实现政府职能。从托克维尔的角度来看，国家权力是指一个国家的组织结构如何塑造社会，以及一个国家的整体活动模式如何塑造社会行动者的行为和需求，从而塑造国家能力。[③]《找回国家》一书也尝试改进对国家结构和能力的概念化，斯考切波也尝试区分韦伯和托克维尔的国家观点，认为韦伯"将国家理解为具有不同能力来应对控制和指导挑战的组织"，而托克维尔的观点则"关注国家结构和行动对政治模式的间接影响"。还有部分学者逐渐吸收迈克尔·曼（Michael Mann）的权力理论，认为基础性国家权力就是基础性国家能力。[④] 而唐世平等学者则是从对迈克尔·曼权力理论的反思出发，认为国家能力概念既包括"国家属性"（stateness/statehood），即合法垄断暴力的强制能力和汲取能力；也包括政治、行政的各个领域，扩展到国家在各领域中的信息收集、决策以及政策执

① 王绍光、胡鞍钢：《中国国家能力报告》，辽宁人民出版社 1993 年版，第 2 页。
② 黄清吉：《论国家能力》，中央编译出版社 2013 年版，第 25—29 页。
③ Zhang Changdong, "State Capacity and State Power in Contemporary China", *China Review*, Vol. 21, No. 3, 2021, pp. 1 - 20.
④ 王绍光：《国家治理与基础性国家能力》，载《华中科技大学学报（社会科学版）》，2014 年第 3 期，第 8—10 页。

行。① 从整体来看，学者们都已经关注到国家在汲取（extraction）、协调（coordination）和遵从（compliance）能力方面面临的不同挑战，并把国家能力当作国家、公众和官僚之间关系的产物。②

对国家能力划分的研究中，米格代尔（Joel S. Migdal）的观点具有较大影响力，他将国家能力分为提取、渗透、规制（调节社会关系）和分配（以特定方式配置或运用资源）四大能力。③ 国内学者中最具代表性的观点为王绍光教授，他早先提出八项国家能力，认为强制能力、汲取能力、濡化能力是近代国家的基本能力，认证能力、规管能力、统领能力和再分配能力是现代国家的基本能力，把吸纳与整合能力作为民主国家的基础。④ 而近年来他又将国家能力的范畴扩展为九项，虽然在总体上只增加了调适能力，但从对国家能力的分类上也提出了新的观点，认为强制能力、认证能力、汲取能力、濡化能力是所有国家能力里面最基础的，规管能力、统领能力、再分配能力、吸纳与整合能力、调适能力，是进入现代以后国家必须要具备的能力。⑤ 基本上，王绍光教授对国家能力的研究具有很强的延展性，并且在不同时期对于一些维度重要性的判断也有所变化。还有一些学者尝试探讨信息革命下国家信息能力的扩张，国际竞争中国家话语主体建构的话语能力。⑥ 如果过度细分国家能力，虽有助于理解各领域的问题，但在理论的抽象性上不足，导致对国家的简单线性切割。

另外，部分学者开始基于特定情境研究国家能力。例如探讨常规模式和危机模式下国家能力的动态变化。⑦ 这种思考是有益的，但需要进一步

---

① 唐世平、高岭、李立、陆逸超：《国家能力：走出理论荒野》，载《学术月刊》，2022 年第 11 期，第 68—83 页。

② Elissa Berwick and Fotini Christia, "State Capacity Redux: Integrating Classical and Experimental Contributions to an Enduring Debate", *Annual Review of Political Science*, Vol. 21, 2018, pp. 71–91.

③ 参见〔美〕乔尔·S. 米格代尔：《强社会与弱国家：第三世界的国家社会关系及国家能力》，张长东、朱海雷、隋春波、陈玲译，江苏人民出版社 2009 年版。

④ 王绍光：《国家治理与基础性国家能力》，载《华中科技大学学报（社会科学版）》，2014 年第 3 期，第 8—10 页。

⑤ 王绍光、唐磊：《好的民主制度需要强的国家能力——王绍光民主研究访谈录》，载《政治学研究》，2023 年第 5 期，第 72—81 页。

⑥ 陈汝东：《论国家话语能力》，载《北京大学学报（哲学社会科学版）》，2011 年第 5 期，第 66—73 页。

⑦ 陈慧荣、麻丹凤：《国家能力新视角：治理模式的因应变化》，载《上海行政学院学报》，2023 年第 4 期，第 4—15 页。

探索的问题在于不同模式下所需的是不同的国家能力，还是不同国家能力的调适性匹配。徐勇、陈军亚教授以消除贫困为情境，分析了以国家动员能力、国家组织能力、国家改造能力、国家发展能力和国家整合能力为基础的国家善治能力，实际上做出了较好的研究尝试，即根据国家的目标而阐释国家能力及其组合方式。这一研究的启示是，未来应当更多强调国家本身的实践目的而非应然逻辑，更强调国家能力的组合性而非分割性。

归结来看，当前对国家能力的研究，如下方面的问题仍然值得关注。第一，国家能力的概念中的"国家"指代谁的问题。既有对国家能力的研究往往是从国家作为暴力垄断机构或者管理机构的角度来看待国家能力，也有从马克思主义的视角把国家视为与社会（真正）日益相脱离的组织来看待的。因此只关注具有暴力性或专断性的国家，只关注国家机器的能力，而既不关注国家的社会属性，也不关注国家作为国际体系中的单元属性，就难以还原整体性、实践性意义上的国家能力。单纯把国家等同于国家机器，而忽视国家本质上是难以分割的全要素政治共同体，这样建构起来的国家能力概念只能沦为抽象的学术推理，而不符合政治实践的逻辑。

第二，国家能力中的"能力"意指对象的问题。总体来看，对国家能力的研究中，经济学者占据了大多数，因此也促使国家能力的经济发展面向得到了更多的关注。但是国家能力同一个国家取得相对独立之后发生发展与演变的过程紧密相关，而国家建成初期往往是在摆脱外部干预或战乱的情况下出现的，因此维系安全的能力是国家能力中最具本源性的能力。特别是在长期和平与现代化的进程中，学者们似乎已经淡忘了安全相对于发展在国家政治实践中的优先性。如果从目标来划定国家能力，安全相对于发展更具有第一性。更为基础的安全和更高愿景的认同，都应该被考虑在内。

第三，绝对能力和相对能力问题。国家能力并非是一个线性递增的概念，一国国家能力提升，也意味着其他受影响的国家，能力发展相对缓滞。绝对国家能力强调一个国家自身的实际强度和资源，而相对国家能力关注一个国家在国际体系中相对于其他国家的地位和竞争力。绝对国家能力的观点强调国家的独立实力和资源，而不考虑其他国家的情况，例如一个国家的军事预算可以被视为该国绝对国家能力的指标。而相对国家能力是指一个国家相对于其他国家，或相对于本国不同时期的能力变化。这种观点关注国际体系中的竞争和相互作用，将国家能力放在与其他国家的比较中来评估，或者放在长周期历史中进行比较。

第四，国家能力的"能量守恒"问题。物理学中强调能量守恒定律，认为能量不能凭空创生，也不能消灭，只能转移（物体间同种类）和转化（不同种类），而转移和转化的能量数量不变（种类会变），特别是在一个密闭系统内（没有能量输入和输出），能量总量不变，也即守恒。这对我们的一个重大启示是，不同维度的国家能力之间存在着复杂的关系，或此消彼长或共同促进。政治体系之中国家能力与国家实力的最大区别，就是国家能力总是在主体或关系之间衡量的，而国家实力则是绝对的数值。因此国家能力的本质是在一个复杂巨系统中的权威转移。由此，单纯地提升国家机器的能力反而可能会损耗孕育于社会之中的国家能力，国家能力的提升在国际地区间也存在一定的竞逐关系。

综上所述，对于国家能力的研究应当既超越对"国家机器能力"的片面理解，也避免对国家能力简单的无限延展。应当展示国家在现代政治实践中的多面性特点，从"世界—国家—社会"的多维度层次和国家运转的多元性目标指向上认知国家能力，以系统化谱系化的思维来理解国家能力。

二、以复杂适应系统看待国家能力的论域

从复杂性的特点来研究国家能力并不是新近出现的事情。亨廷顿在《变革社会中的政治秩序》中就提出复杂社会里的政治共同体依赖于某些政治组织或者程序的力量，而这种力量的强弱受制于所获得的支持的广度和制度化的程度，并且他已经关注适应性、复杂性、自主性和内部一致性

是制度化水平的关键表征。① 随着复杂性理论的持续发展，一种以复杂适应系统为分析范式的观点将有助于对国家能力研究的进一步深化。

（一）国家能力的复杂适应性分析

理解国家能力的两种主要学术范式，一种是"韦伯式"的集约化能力要素，高度依赖于公共部门的内部组织和自治；而另一种传统则是"托克维尔式"的广泛能力要素，侧重于国家与社会的联系。但这两种传统最终都诉诸这样一种假设，即国家能力的获取需要内部组织来定义和执行它们的任务，并妥善管理国家（机器）的外部关系，以满足社会需求并成功地驾驭社会政治环境。

与一般的政治学的思维方法不同，系统科学方法是从理解人类及其环境作为相互作用的系统这一观点出发的。② 圣菲研究所的复杂适应系统理论把构成系统的基本要素视为适应性主体（adaptive agent）。所谓具有适应性，就是指它能够与环境以及其他主体交互作用，主体在连续不断的交互作用过程中，不断地学习或积累经验，并根据学到的经验改变自身的结构和行为方式。正如有学者所说的，复杂适应系统是基于"系统元素（或能动者）之间以及系统元素（或能动者）与环境之间交互所产生的复杂行为"③。一个复杂适应系统通过与环境的互动和学习，改变它的行为以适应环境的变化。由此而言，不仅在微观层面，整个宏观体系的演化，包括新层次的产生、分化和多样性的出现，以及新聚合而成的更大主体的出现等，都是在适应性转化中逐步派生出来的。④ 因此复杂适应系统理论充分强调了社会中能动者的自主性、适应性和自反性，揭示了微观个体之

① 参见〔美〕塞缪尔·P. 亨廷顿：《变革社会中的政治秩序》，王冠华、刘为等译，上海人民出版社 2008 年版。

② Skyttner, L. , *General System Theory：Problems，Perspective，Practice，2nd ed.* , Singapore：World Scientific Publishing, 2005, pp. 1 –524.

③ Rammel, C. , Stagl, S. and Wilfing, H. , "Managing Complex Adaptive Systems-Aco-evolutionary Perspective on Natural Resource Management", *Ecological Economics* , Vol. 63, No. 1, 2007, pp. 9 – 21.

④ Malcolm Alexander, "We Do Complexity Too！Sociology, Chaos Theory and Complexity Science", in S. Lockie et al. （ed.）, *The Future of Sociology*, Canberra：TASA-The Australian Sociological Association, 2009, pp. 11 – 12.

间及其与环境之间的交互作用如何推动整体有序的宏观社会结构的出现。

利用复杂适应系统（Complex Adaptive Systems，CAS）的理论和框架来理解国家能力可以提供更全面和动态的视角，一方面可以从系统的观念出发，将国家能力置于不同层次的关系之中，从而形成对国家能力的总体性认识；另一方面可以从复杂性理论出发，避免线性思维和机械论思维对国家能力的过度简化。从复杂性理论的视角来看，国家能力适宜复杂适应系统理论分析的主要原因有如下四个方面。

一是国家能力的多元性和多维度。复杂适应系统理论强调内部元素的多元性，而国家能力的影响因素也是多元的，单纯从应用领域看就包括政治、经济、军事、文化、技术等多个方面。从最根本的性质上来讲，国家能力的论域之所以被称为是复杂的，是因为对国家能力总体的行为状态和动力学机制的认识上存在困难。[①] 将国家能力看作多维度构成的复杂巨系统，更有助于形成对国家能力的总体性认知。

二是国家能力牵涉自组织和适应性。复杂适应系统理论认为系统内部的各个组成部分可以自组织和适应环境的变化。作为国家机器的政府、产业发展、公共文化等都有自身发生、发展与演变的规律，这些造就了国家能力的适应性。国家能力的研究中国家与广义社会、国家与国际体系之间的适应性转化过程是不可忽略的要件。国家也可以根据变化的环境来调整其策略和政策，因此国家能力不仅是单纯的实力呈现，还可能存在技术性、策略性的制约因素。

三是国家能力指向非线性关系。复杂适应系统理论强调非线性关系，即系统中的变化不一定是按照线性规律发生的。在国家能力的研究中，一种政策或行动的结果可能会导致不可预测的影响，因为多个因素之间的关系通常是复杂而非线性的。当然诸多学者都更关注国家能力的测量问题，但是我们必须承认，对于国家能力的研究不能按照量化线性思维过度简化，各种复杂方法或测量方式其目的都是为了更接近对国家能力的科学评估。但国家能力并非是依据客观指标而能被标准化的概念，总体上对国家

---

① Phillips F.，Drake D.，"Special Issue：Navigating Complexity"，*Technological Forecasting and Social Change*，Vol. 64，2000，pp. 1 - 6.

能力应该呈现为一种态势的判断。

四是国家能力的动态演化。复杂适应系统理论关注系统的演化过程，国家能力也是一个动态演化的概念。这也就是说不能静止地看待国家能力，在不同的时空场景下，相似能级的国家能力可能会造成完全不同的结果。因此国家能力是一种国家与内部社会、外部国际社会相适应的过程中所表现出来的能力。这种视角也可以帮助我们更全面地理解国家能力的多维度、动态性质，以及国家在不同环境下的自适应能力和竞争力，也能够更好地捕捉和分析国际政治和国际关系中的复杂性。

（二）审视国家：国家能力系统分析的基石

国家能力的实践逻辑与复杂适应系统理论中的相关解释具有极强的一致性，这也为在整体上引入复杂适应系统理论，重新理解国家带来了某种可能性。理解国家是理解国家能力的前提，当前对国家各种能力学说的过度发展本质上是重视了能力要素，而忽视了这一概念的国家本位。正是国家本体的属性，决定了国家各种能力重要性的价值排序。根据复杂系统一般性理论，这里尝试从 10 个方面对国家复杂系统的特征进行一种质性的表达[①]。

第一，国家中存在着大量的要素，不仅包括量级不同、各种类型的组织能动者[②]，无论是政府部门、政党，还是各种社团性组织、公民团体都是重要的能动者。

第二，形形色色的能动者通过权力关系、利益关系、情感关系而发生相互作用，并且随着时间的变化这些关系也会产生相应的变化。

第三，能动者会与大量的要素发生相互作用，包括权力权威、利益、军事、资本、市场、政治思潮等，并且一些能动者会显得更为积极主动，使得国家中的相互作用更为频繁。

---

① 这些特点取自 Nicolis and Prigogine（1989）、Serra and Zanarini（1990）以及 Jen（1990）的类似描述，参见〔南非〕保罗·西利亚斯：《复杂性与后现代主义——理解复杂系统》，曾国屏译，上海科技教育出版社 2006 年版，第 4—6 页。
② 这里的能动者概念并非指代个体，在讨论国家议题时能动者更多指代组织。

第四，影响国家能力的相互作用并不遵从线性规律，微小的互动可能引起巨大的后果，而大规模的互动未必产生强有力的影响，这表现为国家能力与国家治理绩效之间的一种张力。

第五，国家内的相互作用往往与地理尺度相关，更多的互动是在小尺度即近距离范围内产生的。但是却可能产生全局性的影响。随着信息技术的发展，特别是移动互联网的发展，尺度对相互作用的影响相对变小。

第六，能动者的行为最终会通过一系列过程和环节产生反馈，但是这种反馈可能是正反馈也可能是负反馈。

第七，国家是一个开放性系统，从互动的角度划分其边界是困难的，甚至国家存在与领土边界不相一致的互动边界、影响力边界。风险社会国家也极易受到政治、行政、经济乃至气候、风险事件的深刻影响。

第八，国家总会受到权力、资本、社会力量的影响，国家即是这些因素的中介性结构，又是这些因素持续作用的结果，最终在保持不断变化的同时又维系一种动态的稳定。

第九，国家作为一个演化系统而言，其时间维度不可忽视，过去的行为会对现在产生影响，当下的改变也会对未来产生影响。

第十，国家中的能动者在行动者并不能完全知道其他能动者的行为及心理，能动者总是在对局部的信息做出响应。

基于上述的分析，国家本身不是静态的，而是动态演化的；国家治理虽然存在相对稳定的体系，但是依然不能过度依赖"结构—功能"的范式对国家能力展开分析。复杂适应系统理论提供的对国家认知的途径，本质上是对国家运转实践的尝试，而非对国家的制度抽象或者功能抽象。基于对国家复杂系统属性的揭示，可以发现真实的国家远比抽象的国家更复杂，推进国家能力分析应该从国家运转的基本实践逻辑展开，还原其中可能存在的复杂性情境。

三、建构国家能力谱系的尝试

基于复杂适应系统的逻辑，国家能力的分析应当最大化合乎国家运转的实践逻辑，应当还原国家作为一个开放系统其内部按照基本原则所展开的各种相互作用，以及其与内外部环境相互作用的整体性谱系。对于前者，就是回答国家内部各能动者按照何种基本简单的规则相互作用，最终涌现出整体的结果，因此要关注国家运转的目的；对于后者，要关注国家在运转过程当中所交互作用的场域，既包括社会环境也包括国际环境。本文尝试建构的国家能力概念的内涵，正是基于国家运转目的的生发和国家交互场域的延展交错，从而形成一种对国家能力谱系式的揭示。

（一）国家运转目的：国家能力的类别划分

即便国家中存在众多的能动者，但是这些能动者在行动时，总是带有目的性。一般而言，安全、发展和认同在塑造国家的核心利益、稳定和发展方面起着至关重要的作用，可以作为国家最基本的目的价值链条。

1. 安全：国家建构的基础性诉求

事实上，主要的国家起源诠释理论，都未曾忽视安全之于国家的重要价值。马克思主义将国家理解为一种调和阶级矛盾，防止一个阶级消灭另一个阶级的力量。国家作为一种精致的系统的暴力，其必须承担起对社会管理等职能。霍布斯的《利维坦》中，也强调防止自然状态中人和人之间的互相伤害而建立起的国家，国家建立的首要目的就是保障安全。除此之外，国家起源的治水国家说、暴力战争说本质上也都关涉人类生存的安全问题。从这种意义上，维系人的安全及由此衍生出的国家安全是国家存在的首要目的。

安全是国家存续的首要条件，一国维护国家主权和领土完整已成为判断国家能力最为基本的条件。领土本身是由国家建构的一种政治空间概念，反过来国家也必须能够保卫自己的领土，防止外部威胁和侵犯，以维护国家的主权和领土完整。早在古希腊时期，亚里士多德就提出国家的领土需要能够为他的居民提供闲暇的生活，如果国家的领土太小，就无法使生活在其中的人过上自给自足的生活，这也是城邦的目的。[①] 伴随着两次世界大战以及当前复杂的国际局势，对内保障国内稳定，防止内部动荡、冲突和恐怖主义等威胁也成为现代国家最为重要的目的。

当然国家的安全目的，并不仅仅限于被动的保卫，也存在积极的拓展，包括防止军事威胁。现代国家需要强大的军事力量来威慑潜在敌人，确保国家不受侵害。在和平时期敌对国家或潜在敌对国家之间在军事装备方面展开的质量和数量上的军备竞赛已成为一种常见的场景。而在国际社会中，安全也是国际地位和声誉的重要组成部分。国家的安全表现也会影响其他国家对其的态度和合作关系。英国外交大臣杰克·斯特劳，认为国家已无法控制领土并为其国民提供安全保障，无法维持法治、推进人权和提供有效的治理，无法提供公共商品如经济增长、教育和保健就是失败国家。[②] 失败国家不能保本国政治独立，不能维持自己作为国际社会成员资质的国家，也就无从谈起有效的国际合作，更远的延伸来看，国家还必须确保其公民在国内外都能够享有安全，不受犯罪、恐怖袭击等威胁的侵害。

2. 发展：国家运转的核心关切

发展是国家繁荣的关键。一个国家的发展水平直接影响着其公民的生活水平和国际地位。经济发展为国家提供了更多资源和机会，有助于提高国家的竞争力。从政治学的角度来看，发展也与国家的政治稳定和社会和谐密切相关。一个富裕和公平的社会有助于减少社会冲突和政治动荡，并且发展的过程中可以减少社会不平等，从而增强政府的合法性和稳定性，这都充分说明发展与安全本质上是紧密联系的国家目的。关于对发展的辩证观点，邓小平曾提及"对于我们这样发展中的大国来说，经济要发展得快一点，不可能总是那么平平静静、稳稳当当。要注意经济稳定、协调地发展，但稳定和协调也是相对的，不是绝对的。发展才是硬道理。这个

---

① 参见〔古希腊〕亚里士多德：《政治学》，吴寿彭译，商务印书馆 2009 年版，第 5—7、360—362 页。
② 庄礼伟：《后冷战时代的失败国家课题》，载《东南亚研究》，2003 年第 1 期，第 51—55 页。

问题要搞清楚"①。发展可以被认为是解决了安全问题之后，最为重要的目标。甚至在发展的过程中也可能孕育着挑战安全的不稳定因素，但是在某些风险可控的时期，发展依旧可以作为最重要的目标。

从国家促进发展的目的来看，最基本的就是提供社会福祉，包括更好的教育、医疗、社会福利等服务。除此之外，科技和创新也成为发展的一种目的，在当前的国际竞争中依靠科技和创新赢得竞争优势，已经成为一种重要的国家战略。当然，通过发展提高社会公平和包容性，消解社会矛盾也是一种重要的目的。除此之外，发展还直接关系到国际地位，经济发展水平直接关系到国家在国际事务中的地位和影响力。现代国际体系中发达国家通常更有话语权和影响力，也能依托其巨大的经济实力捍卫国家利益。

3. 认同：国家维系的重要维度

认同涉及国家统一、稳定和社会凝聚力。国家通常由不同地区、文化和民族组成，而国家认同则是一种整合性力量。许多国家在历史上面临过分裂和内部分歧的挑战，而国家认同的强化通常是解决这些问题的关键。在经济全球化的现时代，人员、信息与货物的跨国流动，使人们的身份认同、文化认同和国家认同日益成为一个必须时刻思考和做出选择的问题，人们都会遇到文化认同、民族认同和国家认同的问题。② 有学者认为国家认同不是简单的国家观念或国家意识问题，而是国家建设本身的问题。③ 因此，认同与国家本身就是两种相互塑造的力量，认同维系着国家，国家也着力实现国家认同。

从国家维系的角度来看，国家认同最重要的功能就是通过共同价值观，增强社会凝聚力，减少内部冲突和分裂。特别是对于广泛存在的多民族国家，在多民族国家政治共同体内的民族群体之中表现为一种"集体

---

① 邓小平：《在武昌、深圳、珠海、上海等地的谈话要点》（1992 年 1 月 18 日—2 月 21 日），见《邓小平文选》第 3 卷，人民出版社 1993 年版，第 377 页。
② 韩震：《论国家认同、民族认同及文化认同——一种基于历史哲学的分析与思考》，载《北京师范大学学报（社会科学版）》，2010 年第 1 期。
③ 林尚立：《现代国家认同建构的政治逻辑》，载《中国社会科学》，2013 年第 8 期。

忠诚冲突"，即各个民族群体对自身认同与对国家认同之间的矛盾，国家认同建设便成为事关国家统一和稳定的政治工程。[①] 总之，认同有助于防止分离主义和独立运动的兴起，维护国家的统一和稳定。国家运转的一个重要目的就是认同，是促使作为社会主体力量的人，对政治法律、历史文化信仰的选择。

安全、发展和认同是国家运转最重要的目的，它们相辅相成，共同构成了一个国家的核心利益和稳定基础。安全保障国家的生存和稳定，发展提供了国家的繁荣和竞争力，而认同强化了国家的凝聚力和国际地位。从国家运转的实践观点看，这三者也成为国家能动者行动最基本的目的和规则。

（二）内外交互：国家能力的场域划分

从实践逻辑看，一个国家的出现是作为与其他国家划定边界独立主权而展开的。因此，国家与外部其他国家和世界体系之间的相互作用是最基本的场域，可以称为国际场域。在此基础之上，以国家作为整体，基于权力的运转而形成的互动性场域，可以称为国家场域。按照马克思主义的观点，国家作为一种与社会相脱离的力量，社会与国家之间存在一种"永恒的张力"。因此作为与国家能力相对应的社会能力的概念，其本身也是考虑国家能力时应当重视的部分。由此，国家能力的谱系当中，不仅包括其国家场域中的能力，还包括与这个国家直接相联系的社会场域中的国家能力。

复杂适应系统理论强调了系统内各个组成部分之间的相互作用、互动和反馈，以及系统在不同尺度和时间上的动态性。基于此，可以对上述三个场域进行分析。

首先，国际场域是由多个国家组成的系统，具有复杂的相互依赖关系和相互作用。国际关系被视为一个动态的自适应系统，各国之间的互动和决策会对整个国际系统产生深远影响。例如，国际贸易、外交政策、国际

---

① 周平：《多民族国家的国家认同问题分析》，载《政治学研究》，2013 年第 1 期。

法规和国际组织都是国际场域的关键组成部分。这些组成部分之间的相互作用和反馈可以导致国际体系的演变和变化。

其次，国家场域是国际系统中的个体国家，也是世界复杂适应系统中的子系统。每个国家都有其独特资源禀赋和历史人文，这些特征决定了国家的行为和决策。国家场域内政府、政党、社团和公民等各方在国内事务上的互动和协调，最终以战略或政策的形式产生积极作用。当然国家内外的因素互相影响，国际政治经济环境会对国内政策和社会产生影响。但这种影响并非完全是单向度的，一些大国的国内政策也会产生直接的国际政治经济的影响。

最后，社会场域本身也是国家内部复杂系统的基底，包括了各种社团组织、文化思潮、价值观念、关系网络等。社会场域内部的各种元素之间存在着复杂的相互作用和反馈。社会场域不仅仅是被动地通过决策政策、宣传教育等途径进行引导和塑造，也能够在广泛的参与和互动中，对国家的政治和经济决策产生影响。因此从国家机器的角度来看，社会场域本身不构成国家其本体的能力要件。但是从复杂适应系统的角度看，社会场域也是国家的子系统，不能忽视其在国家能力中的关键性功能。

当然，这三个场域之间是相互依存和相互影响的关系。国际场域的变化可以通过国家政策和国内社会场域的变化来传播和反映。国家场域内部的变化也可以通过国际压力和国内社会的反馈来塑造。社会场域的演变可能会对国家的政治经济产生影响，进而影响国际关系。这种相互作用和反馈使得国际场域、国家场域和社会场域之间的关系变得复杂而动态。

四、国家能力的谱系：一种探索性分析

谱系可以用来指代事物发展变化的系统，也可以用来指代一些"家族相似性"概念。构建国家能力的谱系是为了更好地理解、评估和发展国家能力，因此建构分析谱系的横纵坐标就显得尤为关键。从复杂适应系统的角度来看，国家能力的谱系可以帮助我们更好地理解国家内外因素之间的相互作用和反馈，以及这些因素如何影响国家的适应能力和发展

路径。从复杂适应系统的角度，结合国家运转的目的和国家实践中的交互场域的交叉，可以更全面地分析国家能力的多层次和多维度内涵（如下图）。

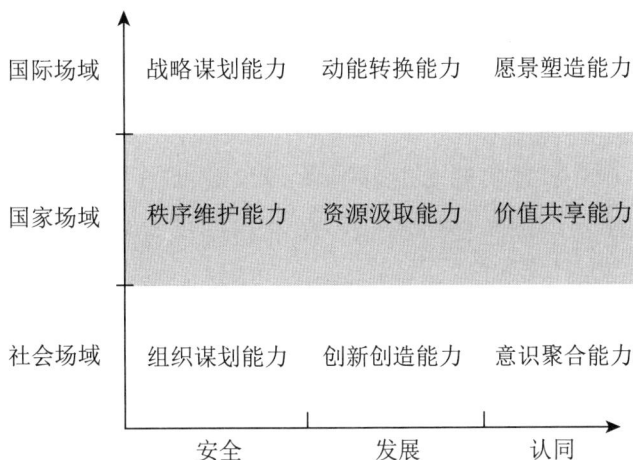

国际场域	战略谋划能力	动能转换能力	愿景塑造能力
国家场域	秩序维护能力	资源汲取能力	价值共享能力
社会场域	组织谋划能力	创新创造能力	意识聚合能力
	安全	发展	认同

图 1　国家能力的谱系图

来源：作者自制。

（一）战略谋划能力

国家维系安全的战略谋划能力对于主权国家至关重要。这种能力不仅涉及国家的国防和军事战略，还包括了国家的外交政策、经济安全、政治稳定等多个领域。战略本身是个整体且具有综合性，但战略的出现和人类社会经历的军事战紧密相关。[①] 从重要性来看，战略谋划能力可以帮助国家识别和评估潜在的安全威胁，制定应对策略，保护国家免受外部和内部威胁的侵害。并且国家战略谋划有助于明确国家的长期目标和利益，以便合理分配资源和采取行动来实现这些目标。当前国际社会形势纷繁复杂，战略谋划能力的本质就是帮助国家适应这种局势复杂性，灵活应对各种挑战，包括军事安全威胁、经济安全、社会安全等维度。

国家的战略谋划能力其本质就是承认复杂系统思维，关注到政治、军事、经济、社会、文化等多个领域相互依赖的关系，综合考虑与设定国家

---

① 王家福：《国际战略学》，黑龙江人民出版社 1986 年版，第 1—10 页。

战略的能力。国家战略谋划需要具备动态性，以适应外部环境的变化。国际政治经济格局和技术进步等因素都在不断演变，国家需要不断调整战略来适应这些变化。

国家的战略谋划涉及政府、军队、政党、社会团体、媒体等各方的互动和协作。这些不同力量在面对挑战时需要一种共生性协调行动，形成一个适应性系统。因此国家的战略谋划能力通常需要一定的协调和组织能力作为基础。一个国家必须拥有能够协调各政府部门和利益相关者的机构和流程，确保战略的一致性和协调性。在机制流程之外，更重要的就是决策层的领导和执行力，这对于成功实施国家战略至关重要。

实践来看，各国在围绕着国家的战略谋划方面都建立了相应的机构。如美国拥有强大的国家安全委员会（National Security Council）和国家情报委员会（National Intelligence Council）等机构，负责战略制定和信息分析。这些机构协调着美国的国家安全政策，并提供政策建议。当前在强化国家战略谋划能力方面，最终重要任务便是能够灵活调整战略以适应不断变化的国内外环境和威胁，整合各种政策、资源和能力，以实现战略目标的一致性和协调性，并能够制定和实施长期战略，而不仅仅是应对短期挑战。

（二）秩序维护能力

国家秩序维护能力是一个主权国家的核心职责之一，对国家的稳定和繁荣至关重要。秩序维护能力是指一个国家在维持社会秩序、预防和应对社会动荡、犯罪和冲突等问题时所具备的能力。这一能力涵盖了政府机构、法律体系、执法机关、社会安全网络等多个方面。

国家对社会的秩序维护能力包括以下几个方面的要素：一是法治体系，一个国家必须拥有健全的法治体系，包括宪法、法律和法规，以确保社会行为受到法律的约束和保护；二是暴力机关，国家需要拥有有效的暴力机关，如警察、法院和监狱系统，以确保法律的执行和公正；三是社会安全体系，除了强大的社会治安网络外，还应当包括强大的维系社会稳定的社会网络和情报系统；四是支撑性要素，包括社会保障、医疗保健、失业救济等政策和机构，以减少社会不安定因素。

秩序维护能力主要实现四个方面的复合性目标。一是社会稳定。通过打击犯罪、维护公共安全和保护人权，国家能够防止社会动荡和冲突的发生，创造一个安全、有序的社会环境，有利于人民的生活和经济活动。二是建构法治环境。一个健全的法治环境有助于促进公平正义，维护合法权益，鼓励法律合规行为，提高社会信任度，促进经济和社会的健康发展。三是巩固社会发展。只有在相对稳定和安全的环境下，才能够吸引投资，创造就业机会，提供教育和医疗服务等，从而推动发展与认同的实现。四是塑造国际声誉。国际社会通常会评估一个国家的内部秩序，以判断其稳定性和可靠性，这对于国际合作、外交关系和国际投资都有重要影响。

国家面临的社会环境是动态变化的，国家秩序维护能力也需要不断适应外部环境的变化，包括新的犯罪模式、社会需求的变化、国际事件的影响等。当然，国家秩序维护能力本身也具有延展性，需要考虑不同尺度的因素，例如国际层面的国际犯罪、跨境恐怖主义等问题，以及地方和中央政府之间的协调。

（三）组织联动能力

组织联动能力是指社会各种组织和团体之间协作、合作以及共同抵御风险的能力。风险社会之中，社会面临高度的不确定性，特别是在面临自然灾害、公共卫生危机、社会动荡等突发事件时，社会的组织联动能力可以协助政府提供必要的支持。除此之外，有效的组织联动有助于社会各界共同解决社会问题和争议，减少社会冲突和分裂。当然这种组织联动可以指代某种程度的社会团结，可以指代基于利益的博弈与协作，但无论在何种意义上作为靠自组织的力量合理分配和利益的协调，或者依靠强大动员而形成的团结与整合，将有助于应对国家更多的复杂性挑战。

组织联动能力主要取决于社会层面的三项基础。一是协作和合作，社会要具备协作和合作的能力，能够共同参与解决问题和应对风险，以实现共同的利益和目标。"个体化"的时代将个人从对人的依赖关系中解放出来，使其获得前所未有的自主性和独立性的同时，也使得社会团结面临着重大的挑战。无论是自由主义还是共同体主义都面临着重建社会团结的挑战。① 二是信息的交互，组织之间需要能够共享信息、数据和知识，才能够更科学化、智慧化地了解问题、制定决策和推动行动。社会的信息交互受到阻隔也将制约国家安全的社会基础。三是资源整合，最大限度地整合财务资源、人力资源、物资和技术，建立起更坚强的社会防线。

组织联动能力的维系主要依靠多元主体的组织化和团结。社会是一个多元化的系统，包括政府、政党、非政府组织、企业、专家等，这些组织在社会运作中具有不同的功能和职责，需要一种组织化的联动。这种联动不仅仅依赖于政府的行动，还包括各种社会力量的自发参与。当前各国都进入了历史中城市化水平最高的时期，依托于城市发展合作，政府部门、城市规划机构、企业和社区组织之间的联动能力显著增强。在一些相对发达的国家中政府、慈善机构和志愿者组织的联动也日益普遍，但如何克服和超越把个体的自由和独立建立在个人与他人的分离、组织与组织的对立和分裂前提之上的个体主义意识形态依旧是一个长期议题。

（四）动能转换能力

国家发展的动能转换能力是指国家能够灵活应对不断变化的外部环境，实现发展方式之间的平稳过渡和持续增长的能力。首先，动能转换能力提供了最为重要的适应性和韧性。国家发展的动能转换能力使国家能够适应不断变化的外部环境，包括国际政治经济格局的变化、科技进步、自然灾害等因素。这些有助于国家在面临危机和经济崩溃等风险时，具有更多可替代性的方案。其次，动能转换能力是提高国际竞争力的核心。国际竞争日益激烈，国家只有不断调整经济结构、提高产业竞争力，才能够不断拓展市场，提高国际竞争力。当然国家发展的动能转换能力与创新密切相关，科技进步已经成为动能转换的重要变量。最后，动能转换的目的是实现可持续发展。特别是在全球推动绿色发展、低碳排放、资源有效利用

---

① 贺来：《"个体化"的反思与"社会团结"的可能性》，载《浙江社会科学》，2021 年第 9 期，第 101—107、158—159 页。

等议题时，能否实现国家发展的动能转换将变成源于国际的制约性力量。

总体来看，国家发展的动能转换能力主要的影响因素包括如下方面：一是政策和制度的适应性。国家是否具备制定灵活的政策和法规的能力，以适应经济、社会和环境的快速变化。二是科技创新能力。国家需要强大的科技支撑来推动生产研发，以提高生产率、提供新的增长动能，并应对新兴产业的竞争。三是持续性的人力资本和教育，特别是吸引和培养高素质人才，满足新兴产业的需求。四是科学的产业结构。国家需要摆脱单一产业的依赖，降低风险。

动能转换能力为国家发展提供了强大的适应性和灵活性。中国在过去几十年里实现了从农业到制造业的快速发展，现在正致力于从制造业向创新驱动的服务业和高科技产业的转型，这种强大的动能转换能力成为解释中国发展奇迹的重要窗口。但据世界银行的研究，从 1950 年到 2008 年，200 多个发展中经济体中，只有两个从低收入经济体变成高收入经济体即中国台湾和韩国；在 1960 年的 110 个中等收入经济体中，到 2008 年也只有 13 个变成高收入经济体（其中 8 个是西欧周边的欧洲国家或石油生产国，另外 5 个分别是日本和"亚洲四小龙"），其他的发展中经济体长期陷于低收入或中等收入陷阱，没有真正缩小与发达国家的差距。林毅夫教授从新结构经济学出发提出主要是发展思路的结构性问题，认为发展中国家必须要把现在有的（要素禀赋）、能做好的（比较优势）做大做强，发挥政府发挥因势利导作用。[①] 这种新结构经济学的理论支撑，也为将国家发展的动能转换能力纳入考量提供了支撑。

（五）资源汲取能力

国家的资源汲取能力是指国家有效获取和管理各种资源的能力，包括自然资源、人力资源、财政资源等。国家的资源汲取能力对于国家的可持续发展和经济繁荣至关重要，资源是国家经济的基础，有效的资源汲取能力可以帮助国家获得足够的能源和资金，从而提高国家经济

---

① 林毅夫：《新结构经济学的理论基础和发展方向》，载《经济评论》，2017 年第 3 期，第 4—16 页。

发展水平。王绍光教授对新中国成立之初依靠制度创新确保税收人员和纳税人遵从国家统一的意志的汲取能力开展的研究，是这一领域的重要代表。[①]

以往学术界提及国家的汲取能力，更多是从财税角度进行的，但这是一种对汲取的窄化。实际上国家从社会中的汲取包括众多方面，一是税收，国家通过征收税收来获得财政资源，包括所得税、消费税、企业所得税等，用于资助政府的各项开支，包括公共服务、基础设施建设、社会保障等。二是政府收益和经济利润，国家通过国有企业的经营盈利来获取财政资源。国家还可以拥有土地出让费、资源开发权益等。三是国家还可以通过非税收入来源来获取财政资源，例如政府收益、特许经营费用、罚款等。这些非税收收入通常是政府的一种财政收入补充来源。国家还可以通过债务融资来获取财政资源，发行国债、借款等方式融资用于支持国家开支和项目。而对于国家实践中的汲取行为，还包括对自然资源的开采和管理。国家需要能够有效地管理和使用自然资源，包括矿产资源、能源资源、水资源和土地资源等，并通过相关制度性安排保障可持续利用。特别是在能源和资源的汲取方面，技术及运用技术的组织也是推动关键技术、核心产品和新技术智慧赋能，这已经成为现代国家能源资源汲取和保障能力的关键。

当然国家汲取发展资源时应遵循一些关键原则。一是公平原则，不偏袒特定群体或利益集团。资源的分配应该以公平、正义和平等为指导原则。二是透明度和问责制，国家在汲取社会资源时应保持透明度，向公众提供信息和数据，同时应建立相应的问责机制，确保资源的使用不受滥用或腐败行为的影响。三是可持续性原则，资源的汲取和利用应考虑长期可持续性。国家应制定策略和计划，确保资源的有效管理。四是韧性原则，资源的汲取不应过于依赖某一种资源或产业，应鼓励多样性和均衡的资源配置。这有助于减少资源的脆弱性，提高抵抗外部冲击的能力。五是公益与效率的平衡，资源的汲取应优先考虑社会公益更多用于支持社会福利、

---

① 王绍光：《国家汲取能力的建设——中华人民共和国成立初期的经验》，载《中国社会科学》，2002 年第 1 期，第 77—93、207 页。

教育、医疗保健、环保等领域，但也需要确保资源的经济效率，以确保资源得到充分利用。

总体来看，国家的汲取能力具有强大的经济社会效能。前些年，我国出台并实施了大规模的扶贫政策，将资源投入到减贫和发展贫困地区，通过资源配置、基础设施建设和社会保障来改善贫困人口的生活，实现了全面建成小康社会的奋斗目标，这依靠的也是国家强大的汲取能力。因此汲取并非是单向度的，国家对社会的汲取背后，也会面向社会进行公益的输出。当然，不同国家在资源汲取能力方面差异较大，不同国家的资源汲取策略会根据其独特的情况和优先事项而有所不同，但是对各类资源的合理管理、社会公平、可持续发展愿景已经成为一种共识。

（六）创新创造能力

社会的创新创造能力是指社会领域中个体和集体产生新思想、新观念、新方法，以及提供新产品、新服务的能力。创新创造能力有助于国家推动经济增长，创造就业机会，提高国民生活水平。当前国际竞争日益激烈，创新创造能力是国家在全球市场上取得竞争优势的关键。国家需要不断推动科技创新、产品创新和商业模式创新，以在国际舞台上保持竞争力。与此同时，创新创造能力也有助于国家解决社会问题，包括医疗保健、教育、环境保护等领域。依靠新技术和新方法的引入，可以大幅度提高社会管理效率和人民生活质量。按照复杂适应系统理论的观点，社会创新创造能力也有助于国家提高适应性，从最活跃的细胞中为国家的发展提供动能。

当然，社会的创新创造能力有众多影响因素。第一，社会领域的创新意识和文化。社会的创新创造能力首先建立在个体和组织的创新意识和文化之上。这包括鼓励尝试新方法、接受失败、持续学习和思维开放性等因素。第二，知识和技术基础。创新需要知识和技术的支持。社会需要具备良好的教育体系、研发机构和信息技术基础设施，以促进知识传播和技术创新。第三，创新网络和合作。社会中的人际网络和合作关系对创新至关重要。创新通常涉及跨领域的合作，因此建立合作伙伴关系和知识共享渠道是必要的。第四，健全的法律和知识产权保护。知识产权保护和法律体系的完善有助于保护创新成果，激励人们进行创新。

创新不仅仅依赖于政府或企业的行动，还包括各种社会力量的自发创新。从复杂适应系统的理论看，创新需要不断适应外部环境的变化，包括市场需求、技术进步、社会趋势等因素。因此创新创造能力往往需要一些支撑性条件，如多样性和包容性。创新不仅涉及技术创新，还包括社会、文化和组织方面的创新。社会需要鼓励各种形式的创新，包括社会创新、文化创新和政策创新，由此才能够提供一种动态可变的可能性。当然创新创造不仅要推动短期变革，还要考虑长期可持续性和适应性。

社会的创新创造能力是国家能力的重要部分。硅谷是全球最著名的创新生态系统之一，汇聚了大量科技创新企业、风险投资和研发机构，推动了技术创新和产业发展，甚至成为美国在国际竞争中占据科技优势的重要策源地。过去 10 年间，我国在电子支付领域也取得了重大创新，这推动了移动支付和电子商务的快速发展，也在一定程度上成为推动社会进步和发展的关键要素，提升了国际竞争实力。

（七）愿景塑造能力

国家认同的愿景塑造能力是指国家能够塑造和传达共同的愿景，以激发本国人民的认同感的能力。国家认同是在国际场域中，一个国家区别于其他国家可以将社会各界人士团结在一起，超越个人和群体利益，为共同的国家共同体而感到荣誉的一种目标。从其重要性来看，共享的愿景有助于政治稳定。有学者提出，政党愿景不仅是政党激励和动员社会成员的重要手段，还可以整合党内外政治利益。[①] 类似地，国家愿景可以提供政治合法性和社会稳定的基础，减少政治冲突和动荡。而国家认同的愿景也影响国家的国际形象。一个清晰、积极的国家愿景可以提高国家在国际社会中的声誉和地位。当然国家认同不仅仅是一种意识，也能够带来强大社会

---

① 谷宇：《亚洲主要政党塑造、运用政党愿景治理党理政的经验与启示》，载《当代世界与社会主义》，2014 年第 2 期，第 93—97 页。

改造和变革能力，激发人们干事创业的热情。

愿景塑造能力需要依靠国家领导者，通过制定愿景、确定历史传统、塑造价值观的方式，来塑造和强化国民对国家的认同和凝聚力。从实践逻辑来看，愿景塑造能力的提升需要从如下方面进行关注。第一，国家领导者需要制定明确的国家愿景和使命，反映国家的核心价值观和长期发展目标。第二，领导者需要积极传播国家的核心价值观，强调国家的文化、历史和特色。第三，促进社会团结和人民的多元一体性。政府需要采取措施，确保各种文化和宗教团体都能在国家认同中找到自己的定位。第四，要维护国家的声誉，以吸引国内外的支持和认同。

国家的愿景塑造能力最重要的内核在于价值观的一致性。核心价值观是一个民族赖以维系的精神纽带，是一个国家共同的思想道德基础。任何一个社会都存在多种多样的价值观念和价值取向，要把全社会意志和力量凝聚起来，必须有一套与经济基础和政治制度相适应并能形成广泛社会共识的核心价值观。培育和弘扬国家的核心价值观，有效整合社会意识，是社会系统得以正常运转、社会秩序得以有效维护的重要途径，更是一个国家的重要稳定器。构建具有强大感召力的核心价值观，关系社会和谐稳定和国家长治久安。

从比较政治的视野来看，新加坡政府通过鼓励多元文化和宗教包容性，成功地构建了一个多元文化国家，确保各个群体都能融入国家认同。南非政府通过真相与和解委员会，也促进了国家认同的建设，尽管国家曾经分裂和种族冲突频发。这些表明各国都在强调愿景塑造能力，以在纷繁复杂的国际世界中提升国内团结。近年来我国不断加强和铸牢中华民族共同体意识，推进民族团结，促进各民族交往交流交融，增进相互了解和友爱，也奠定了坚实的国家团结基础。

（八）价值共享能力

国家对社会的价值共享能力是指国家政府和机构在促进社会中各成员之间价值观念、资源和机会的分享和公平分配方面的能力。1995 年，美国哈佛大学的资深教授马克·H. 莫尔（Mark H. Moore）在《创造公共价值：公共部门的战略管理》一书中提出了公共价值，认为政府的首要任务不是确保政府组织的延续，而是作为创造者，根据环境的变化和他们对公共价值的理解，改变组织职能和行为，创造新的价值。[①] 这种观点就说明了价值创造本身就存在于一个复杂适应性过程当中。当前对政治和公共政策的理解之中，最具代表性的是政治系统分析学者伊斯顿"对价值的权威性分配"，这是一种价值效用论的观点；有学者还论证价值具有被增加和创造的可能性。[②] 对于政治系统而言，无论是关乎国家的政治哲学还是公共行政的价值选择，都指向一种价值共享能力，即创造出一系列可被整个权力体系及社会所认同的价值。

从现代国家的建设实践来看，国家对社会的价值共享，主要表现在如下几个方面：一是社会公正。国家政府需要确保资源（如财富、教育、卫生和住房）的分配是公平的，不受种族、性别、阶层或地理位置的歧视。有学者提出公正和福利是人类社会的两个等价的根本价值目的[③]，在发展的过程之中如何更好地分配就成为一种重要的价值选择。二是机会均等性。政府应该提供平等的机会，以使每个人都有获得教育、就业、参与政治等方面的机会，而不受社会背景的制约。三是社会多元包容。社会应当是具有包容性的，不排斥任何群体；并且应尊重和保护社会中不同文化、宗教和价值观的多样性，鼓励文化交流和互相理解。四是鼓励有序参与。政府应鼓励公民参与并推进民主的实现，以促进社会的合作和共享价值观。

维系国家的价值共享能力需要一个完整的体系。首先是政策和法律框架的完善，相当于西方早期制度经济学家康芒斯所说的"显性制度"。国家需要建立政策和法律框架，以确保资源分配公平性和机会均等性。其次是政府的政策兑现。政府需要通过政策制定、预算分配和资源投入来体现其对引领性价值的实践。最后是监督和反馈机制的建立。社会力量需要监

---

① Mark H. Moore, *Creating public value: Strategic Management in Government*, Cambridge, M. A.: Harvard University Press, 1995.

② 何艳玲：《"公共价值管理"：一个新的公共行政学范式》，载《政治学研究》，2009 年第 6 期，第 62—68 页。

③ 万俊人：《社会公正为何如此重要?》，载《天津社会科学》，2009 年第 5 期，第 4—8 页。

督政府的政策和行动，通过选举、协商、社会媒体和投诉等渠道展开监督。除此之外，广义的制度也需要被重视，如种具有行为约束力的社会规范体系，包括社会风俗礼仪、伦理道德，乃至健全的宗教信仰体系等等。

　　当今世界竞争的主阵地就在于价值论证，美国不仅擅长对外的价值输出，也善于对内的价值共享。美国的宪法注重保障其民主制度、三权分立和法治原则等内容的同时，其教育体系也在很大程度上塑造了国民的价值观，并且媒体也在传播和强化这些价值观。美国的新闻媒体、电影、电视剧等文化产品，通常都会强调个人主义、竞争精神和自由民主等价值观。英格尔哈特教授（Ronald Inglehart）等人组织的世界价值观调查（World Values Survey，WVS）通过跨国家、长期地比较分析人们的价值观、信仰和社会规范等内容，从工作时间、劳工组织、社会问题、社会规范、政治价值观、社会距离、就业问题、环境问题、家庭与教育问题、政治态度、国家民主、性别问题和婚姻问题等维度展开调查。这充分说明，对于价值共享能力，往往需要结合该国的历史背景、社会文化和政策制度等因素进行综合分析。而未来，如何将国家所倡导的价值观上升为全体社会公民普遍认可的主导价值观，则成为国家能力重要的挑战。

（九）意识聚合能力

　　意识聚合能力指的是在社会中通过共享的价值观、信仰和社会规范等，使人们形成共同的认知和行为模式。这种能力的提升有助于促进社会合作、决策制定、共识建构和文化传承。社会作为一个相对开放的子系统，其本身的思想发展受到众多不确定性因素影响。而意识聚合能力则是在人们的意识思想不断膨胀扩张、转变转化的过程中，在动态中实现稳定的关键。有学者研究表明，社会结构与社会意识的发展会促进国家治理的模式发生显著变化。[①] 只有社会具有强大的意识聚合能力，才能够形成更强的国家认同和社会认同。

---

① 樊鹏：《中国社会结构与社会意识对国家稳定的影响》，载《政治学研究》，2009 年第 2 期，第 54—67 页。

　　总的来说，社会的意识聚合能力是确保社会稳定、促进社会发展的重要因素。无论是政党、国家还是社区，都需要通过提升这种能力来引导公众的思想和行为，进而推动社会的和谐与进步。实现意识聚合需要创造一种普遍的社会规则，包括：一是多元观点的包容，社会应该能够容纳各种不同的观点、信仰和价值观，并能依托强大的主导意识聚合或吸纳多元的观点；二是持续的合作，社会需要能够在不同的群体之间建立共识和合作，通过共同参与等方式以解决共同的公共问题和挑战；三是稳定的文化传承和教育，社会的意识聚合能力也包括传承文化、历史和知识的能力，以便将这些价值观代际传承，最终实现一种稳定的社会认同。

　　评价社会场域的意识聚合能力，不仅要关注如何聚合，也要关注如何保障社会文化的多样性。一方面要提升社会的开放性和包容性，社会应该对不同观点和信仰持开放态度，鼓励各种观点的表达和交流，在多元的基础上实现聚合。另一方面是要不断提供公共空间和对话平台，社会需要通过公共空间和对话平台以促进不同群体之间的交流和讨论，保护多元文化和多元信仰，以维护文化多样性。事实上，任何一个国家都需要建设与国家相向而行的社会意识形态。在一个相对开放的国家之中，民间社会意识形态都会出现多元化、多样化的状态。伴随着影视媒体、数字化信息和互联网技术的迅速发展，导致意识形态传播方式影像化或感性化，会促使意识形态空前活跃和繁荣。这也从侧面说明，提升社会意识聚合能力也日益成为国家能力的重要方面。

　　中国共产党对社会思潮的引领就是社会意识聚合能力的一种体现。它并非仅靠某个或某几个部门就能实现，而是需要建立起全面、广泛、协同的宣传思想战线，生成主体合力，以增强整合社会利益、凝聚价值共识的能力，实现对社会思潮的有效引领。

五、进一步的讨论

　　总体而言，本文基于复杂适应系统的理论，与既有的国家理论相结合，尝试发展一种基于国家实践逻辑的国家能力谱系。这一理论主要努力的方向是将国家能力理解为一种相对且演化的能力，强调国家能力中复合的目的和多元的层次。笔者认为国家能力也需要同时放在世界场域、国家场域和社会场域当中进行分析，由此在分析国家能力时，单纯地强调某一种能力的扩张，未必能够在总体上强化国家能力。与此同时，根据国家运转的目的，国家的能力事实上能够从围绕维系安全、促进发展塑造认同的实践过程当中进行勾画。

现实的国家总是同时面临着目的的复合性选择，并在其现实国家运转中总会伴随着安全、发展和认同等目的不断生产和再生产新的中观层次的目标，这些目标可能相互矛盾甚至冲突，但也是彼此关联，不可分割地存在于国家的实践之中。事实上，理论逻辑尚不能把它们分离开来，也无法用静态化的方式呈现。本文运用的是一种谱系的思维，这就意味着在不同层次不同领域体现出来的国家能力之间，伴随着相互交织的可能性。也就是说，国家目的会以复合的状态展示出来，而交互的领域和层次又会相互贯穿影响，从而使得国家能力的分析变得更为复杂。回到本文最初的设定，基于一种复杂适应系统的观念，本身就抛弃了将国家能力视为一种简单线性可精确测量的指标的思考方式，而是强调国家能力的态势。相比较既有的学术研究，这一谱系的思维方式更有助于关涉国家能力中最为核心的基础影响因素，从而在比较中反思国家能力的短板，也提供了更多重要的国家能力分析维度。

当然，本研究还是一种初步的探索性尝试，并非是对各种国家能力一种深入的论证，而是在总体上对国家能力的态势分析进行的一种谱系粗描。基于此，未来进一步展开讨论时，还可在以下方面予以优化。一是在国家能力谱系构建时，需要进行历史分析，追溯国家能力的发展历程，包括政权的演变、政策制定的变化和国际的变化等。二是基于政治学的视角，强化分析国家能力领域内部的权力关系，包括政府部门、政治精英、社会组织等不同力量之间的冲突和协调。这有助于理解国家能力的形成和运作机制。三是开展异质性分析。国家能力领域存在区域的异质性，不同地区、领域和不同的时间节点有不同的情境和特点，在某一时期最为关键的国家能力未必在所有的时期或领域都显得重要。未来的国家能力研究应该考虑到这种异质性，以建立适合于各国自身的多层次、多维度的谱系。更为重要的是，推进跨学科研究，构建国家能力的谱系需要跨学科的研究，涉及政治学、社会学、经济学、历史学等多个领域的知识，在不同学科视角之上逐步还原国家能力的复杂性面貌，从而逐步增强国家能力理论的解释力。

Rethinking the Concept of State Capacity Based on Complexity Theory: A View of the Spectrum of Capacity

Zhao Ji

Abstract：State capacity is the ability to maintain the operation and change of national machinery and social elements. By introducing the basic analysis framework of complex adaptive system, on the one hand, the state is regarded as an authoritative organization that adapts to external competition and constantly adjusts its internal governance; On the other hand, the state is regarded as a complex subject that emerges from the internal society and constantly changes and evolves, so as to determine the three fields of international, national and social functions of state capacity. Combining the three major goals of security, development and identity of national operation, state capacity can be divided into strategic planning capabilities, kinetic energy conversion capabilities, vision shaping capabilities, order maintenance capabilities, resource absorption capabilities, value sharing capabilities, organizational linkage capabilities, innovation and creation capabilities, and consciousness aggregation capabilities, thus developing a spectrum of state security capabilities. The study of state capacity based on the concept of complex adaptive system emphasizes the mechanism of the interrelationship between various capacities, which is helpful to carry out the comparison and situation assessment of state capacity, and can provide a holistic framework for the further development of the theory of state capacity.

Keywords：State Capacity；Complex Adaptive System；Ability Spectrum；State Security

从统一到分裂：区域治理结构视阈下也门无效国家整合及启示[*]

夏　路

厦门大学公共事务学院政治学系、

福建省社科研究基地国家治理能力建设研究中心教授

摘要　1990 年也门通过和平的一体化模式实现了国家统一，但之后深陷国家治理危机，战乱不断、动荡不安、整合失效。本文尝试从区域治理结构视阈解析也门从和平统一到分崩离析的无效国家整合，论证"区域治理结构影响也门统一后无效国家整合"的研究假设。区域治理结构是以区域国际组织为中心的体系，涉及自结构、内结构、外结构三个层次，包含区域国际组织的成员特征、区域国际组织的制度设计、区域国际组织与统一国家、区域国际组织与地区大国、区域国际组织与霸权兴衰、区域国际组织与霸权外交共六项内容。在也门无效国家整合进程中，区域治理自结构中的"阿盟的成员特征"和"阿盟的制度设计"，影响着也门南方分离主义与也门部落地区主义；区域治理内结构中的"阿盟与小国也门"和"阿盟与盟主沙特"，影响着也门易变联盟主义与也门对立宗教主义；区域治理外结构中的"阿盟与美国霸权"和"阿盟与美国外交"，

---

*　本文系教育部人文社会科学研究一般项目"区域治理结构视阈下的有关整合问题研究"（项目号：20YJAGJW003）、福建省社科研究基地国家治理能力建设研究中心重大项目"区域治理结构视阈下国家统合比较"（项目号：FJ2020MJDZ003）的阶段研究成果。

影响着也门失败民主主义与也门国际恐怖主义。通过分析可见，也门的无效国家整合不仅是行为体自身政治发展的逻辑，更是区域治理结构综合作用的结果。以上教训和启示对国家统一及整合的理论与实践都具有重要的参考价值。

关键词 统一与分裂；区域治理结构；也门；国家整合

冷战结束以来，也门是唯一通过和平的一体化模式实现统一的国家，也是唯一经历了"分—统—分—统—分"的"历史循环"的民族国家，其国家统一及整合问题尤为值得关注。

"红海之峡"也门位于阿拉伯半岛的西南端角，濒临红海与亚丁湾。历史上，无论是在近代欧洲帝国主义时代还是在冷战美苏霸权主义时代，也门均具有极为重要的地缘战略意义。冷战结束后，从地缘经济来看，也门领土与阿拉伯富油地区紧密相连，也门领海为世界最繁忙的石油运输要道，全球7%的石油运输需要过境亚丁湾海域；[①] 从地缘政治来看，也门地域对伊斯兰革命的兴衰、对恐怖主义的进退都尤为关键。[②]

1990年5月22日，阿拉伯也门共和国（Yemen Arab Republic，YAR，北也门）与也门民主人民共和国（People's Democratic Republic of Yemen，PDRY，南也门）宣布和平统一，改国名为也门共和国（Republic of Yemen，RY），设北也门首都萨那为政治首都，设南也门首都亚丁为经济首都。原北也门领导人阿里·阿卜杜拉·萨利赫（Ali Abdullah Saleh）担任总统，原南也门领导人阿里·萨利姆·比德（Ali Salim al-Beidh）担任副总统。统一前夕，长期执政北也门的全国人民大会党（General People's Congress，GPC）与长期执政南也门的也门社会党（the Yemeni Socialist Party，YSP）实现了合作。9月，也门统一后成立了最大的反对党伊斯兰改革集团党（Islamic Gathering for Reform）。1994年，全国人民大会党与

---

① Alexandra Lewis, *Security, Clans and Tribes: Unstable Governance in Somaliland, Yemen and the Gulf of Aden*, New York: Palgrave Macmillan, 2015, p. 1.

② Robert D. Burrowes, *Historical Dictionary of Yemen, Second Edition*, Maryland: The Scarecrow Press, Inc., 2010, p. lix.

也门社会党二者矛盾激化。5 月 4 日晚，南北双方出动战斗机相互轰炸原双方首都等重要城市，内战爆发。21 日，南方领导人比德宣布南方脱离也门共和国，成立独立的也门民主共和国（Democratic Republic of Yemen, DRY）。7 月 7 日，北方军队全面控制亚丁，通过武力模式再次完成国家统一。9 月，也门议会通过宪法修正案，将总统委员会制改为总统制。组建以全国人民大会党为主、以伊斯兰改革集团党为辅的联合政府。也门社会党因败北而成为在野党。10 月，萨利赫当选为总统，并于 1999 年、2006 年成功连选，直至 2012 年卸任。1997 年，因利益分配不均，伊斯兰改革集团党退出联合政府。2011 年也门政局动荡后，也门社会党、伊斯兰改革集团党等反对党加入共同会晤政党联盟（The Joint Meeting Parties, JMP）。[1] 12 月，该联盟与全国人民大会党共同组建——全国和解政府——联合执政。2012 年 2 月，阿卜杜拉布·曼苏尔·哈迪（Abdrabuh Mansur Hadi）作为唯一候选人当选也门总统后，努力推进政治过渡进程，着手重组军队和安全部门。2015 年 1 月，长期盘踞北部的胡塞武装组织（Houthi Movement，也称"胡塞人"）占领萨那总统府，宣布成立总统委员会和全国过渡委员会来治理国家。联合国称不予承认。哈迪总统逃往也门南部，于 3 月宣布将亚丁设为临时首都，但不久流亡沙特。2017 年 5 月，主张南方独立的分离主义组织南方过渡委员会（Southern Transitional Council）宣称已控制大部分也门南部领土。2020 年 7 月，该委员会宣布放弃自治宣言，并于 12 月与也门政府组建联合政府。至此，也门南部大部分地区实现了名义上的统一，但"长期以来统而不合，徒有其名"[2]。2022 年 4 月，哈迪宣布结束自己的总统职务，将权力移交给一个由 8 人组成的新的总统委员会。目前，也门经济社会困顿，内部政治混战，外部地缘竞争，人道危机严重，陷入分裂的旋涡[3]，已沦为"失败中的国家"（a

---

[1] Vincent Durac, "The Joint Meeting Parties and the Politics of Opposition in Yemen", *British Journal of Middle Eastern Studies*, Vol. 38, No. 3, December 2011, p. 343.

[2] Stephen W. Day, *Regionalism and Rebellion in Yemen: A Troubled National Union*, New York: Cambridge University Press, 2012, p. 63.

[3] Christopher Boucek, Marina Ottaway (eds.), *Yemen on the Brink*, Washington, D. C.: Carnegie Endowment for International Peace, 2010, pp. 1 – 2.

failing state)，或被称为"失败国家"（a failed state）[1]。

从 1990 年统一至今，也门的国家整合先后经历了四个阶段的历程：和平统一过渡与也门政治纷争，南北双方内战与北方军队获胜，再次统合困难与也门政局骚动，政治转型失败与也门政府流亡。也门是如何从和平统一陷入无效国家整合？本文尝试从结构性取向而非行为体取向的区域治理结构视角出发，论证"区域治理结构影响也门统一后无效国家整合"的研究假设。

一、区域治理结构：新理论范式的构建

（一）行为体取向：文献综述

国内外学术界关于也门统一后国家整合的重要文献涉及：第一，关于南北政治与也门国家整合。罗伯特·D. 伯罗斯（Robert D. Burrowes）从也门北方视角[2]、诺埃尔·布雷霍尼（Noel Brehony）从也门南方视角[3]，分别解析了也门统一的动力与失败的教训。第二，关于经济发展与也门国家整合。希拉·卡拉比科（Sheila Carapico）从南北也门整合视角[4]、克劳斯·恩德斯（Klaus Enders）从海湾战争视角[5]、杨建荣从历史进程视角[6]，分别探讨了也门统一后的经济发展。第三，关于社会文化与也门国家整合。沙里夫·伊斯梅尔（Sharif Ismail）从国家社会竞争与协调视角[7]、克

[1]　Robert D. Burrowes, *Historical Dictionary of Yemen*, *Second Edition*, Maryland: The Scarecrow Press, Inc., 2010, p. xi.

[2]　Robert D. Burrowes, "The Yemen Arab Republic's Legacy and Yemen Unification", *Arab Studies Quarterly*, Vol. 12, No. 4, Fall 1992.

[3]　Noel Brehony, *Yemen Divided*: *The Story of a Failed State in South Arabia*, New York: I. B. Tauris & Co Ltd, 2011.

[4]　Sheila Carapico, "The Economic Dimension of Yemeni Unity", *Middle East Report*, No. 184, Sep. -Oct. 1993.

[5]　Klaus Enders, Sherwyn Williams, Nada Choueiri, Yuri Sobolev, Jan Walliser, *Yemen in the 1990s*: *From Unification to Economic Reform*, Washington, D. C.: International Monetary Fund, 2001.

[6]　杨建荣：《也门经济研究》，对外经济贸易大学出版社 2001 年版。

[7]　Sharif Ismail, *Unification in Yemen*: *Dynamics of Political Integration* 1978 - 2000, Mphil Thesis Submitted to Faculty of Oriental Study, Oxford University, 2010.

里斯托弗·鲍吉克（Christopher Boucek）从社会文化视角①、斯蒂芬·W.
戴（Stephen W. Day）从地区主义视角②、尤齐·拉比（Uzi Rabi）从部落
主义视角③，分别解析了也门统一前后的国家治理。第四，关于精英领袖与
也门国家整合。约瑟夫·科斯汀尔（Joseph Kostiner）从政治精英群体视
角④、萨拉·菲利普斯（Sarah Phillips）从领导人萨利赫总统视角⑤，分别
解析了也门从统一转向国内战争的原因。第五，关于综合因素与也门国家
整合。查尔斯·邓巴（Charles Dunbar）从内外环境视角⑥、托马斯·琼埃
（Thomas Juneau）从国内多因素视角⑦，分别探讨也门沦为失败国家的原因。

　　以上文献对也门统一后的国家整合进程展开了深入研究，但在以下三
个方面亟待推进。首先，整体范畴的系统研究有待拓展。以往研究多从政
治、经济、社会、宗教、个人等单一因素切入，即便是多因素综合分析，
也只是将以上因素叠加合并，难以整体性、系统性地解析也门整合问题。
其次，结构取向的互动研究有待加强。以往研究都是从行为体取向而非结
构性取向的视角展开分析，而解析国家统一与整合这类变革性问题需要结
构性取向的互动探索。最后，区域层次的专项研究有待补充。以往研究零
星关注到区域大国沙特、区域国际组织阿盟与海湾阿拉伯国家合作委员会
（简称"海合会"）、海湾区域安全及美国地区战略等区域因素，但未从区
域层面对也门整合开展专项学术研究。

（二）结构性取向：区域治理结构

　　基于以往研究文献的成绩与不足，也源于区域周边环境对统一后也门

---

① Christopher Boucek, Marina Ottaway (eds.), *Yemen on the Brink*, Washington, D. C.: Carnegie Endowment for International Peace, 2010.

② Stephen W. Day, *Regionalism and Rebellion in Yemen: A Troubled National Union*, New York: Cambridge University Press, 2012.

③ Uzi Rabi, *Yemen, Revolution, Civil War and Unification*, London: I. B. Tauris & Co Ltd., 2015.

④ Joseph Kostiner, *Yemen: The Tortuous Quest for Unity*, 1990 – 1994, London: The Royal Institute of International Affairs, 1996.

⑤ Sarah Phillips, *Yemen and the Politics of Permanent Crisis*, New York: Routledge, 2011.

⑥ Charles Dunbar, "The Unification of Yemen: Process, Politics, and Prospects", *The Middle East Journal*, Vol. 46, No. 3, Summer 1992.

⑦ Thomas Juneau, "Yemen: Prospects for State Failure—Implications and Remedies", *Middle East Policy*, Vol. XVII, No. 3, Fall 2010.

国家整合的极其重要的影响，本文尝试构建结构性取向的区域治理结构理论新范式，论证"区域治理结构影响也门统一后无效国家整合"的研究假设。

区域治理结构是指地理位置毗邻、历史交往密切、人文传统相近、经济相互依存、政治互动频繁而形成地区共识的主权国家，通过政府间合作的形式达成的一种国际机制进程。区域治理结构是以区域国际组织为中心的体系，包括自结构、内结构与外结构三个层次。

区域治理自结构包括区域国际组织的成员特征、区域国际组织的制度设计。前者涉及组织成员历史文化是否同质，组织成员政治经济是否同质；后者涉及组织制度是否紧密，组织一体化合作是否启动。区域治理内结构包含区域国际组织与统一国家、区域国际组织与地区大国。前者涉及组织成员是否包括统一国家，组织领导者是否为统一国家；后者涉及组织成员是否包括区域大国，组织领导者是否为区域大国。区域治理外结构包括区域国际组织与霸权兴衰，区域国际组织与霸权外交。前者涉及组织是否隶属于上升霸权阵营，组织是否听从隶属霸权的安排；后者涉及组织是否受霸权多边外交影响，组织的领导者是否与霸权结盟。[①]

在统一后的也门国家整合进程中，区域治理结构具体表现为以阿盟为基点的互动结构。1945年3月，约旦、叙利亚、沙特阿拉伯、伊拉克、黎巴嫩、埃及和也门（以观察员身份）7国组建阿拉伯国家联盟（League of Arab States，LAS，简称"阿盟"）。至1993年，阿盟成员扩充至22个，包括亚洲与非洲所有的阿拉伯国家。2011年与2017年，阿盟先后终止了叙利亚和卡塔尔的会员资格，目前共有成员20个。

在也门案例中，区域治理自结构涉及阿盟的成员特征、阿盟的制度设计；区域治理内结构包括阿盟与小国也门、阿盟与盟主沙特；区域治理外结构包含阿盟与美国霸权、阿盟与美国外交。

---

① 夏路：《区域治理结构与国家统一模式——对越南、德国与也门的比较》，载《国外社会科学》，2016年第2期，第22页。

二、区域治理自结构与也门无效国家整合

统一后也门国家整合中的区域治理自结构包括：阿盟的成员特征、阿盟的制度设计。

（一）也门南方分离主义：阿盟的成员特征及其影响

1990 年也门一体化统一后不久，冷战在全球落幕，中东地区原来被美苏对峙掩盖和压制的宗教、种族、文化矛盾与冲突如同被打开的潘多拉盒子相继爆发。成员历史文化同质的阿盟，由于政治经济处于异质状态，内部爆发了战争——伊拉克对科威特的公然入侵与吞并——这是阿盟自建立以来面临的最为严重的内部危机。由此引发了阿盟成员关系的两大巨变：阿盟从成员一致对外到成员间战争、阿盟从成员关系分裂到成员间制裁。

阿盟声明要求伊拉克军队立即从科威特撤退，但也门、约旦等 6 个成员对此投了弃权票。1991 年初，以美国为首的多国部队空袭伊拉克，随后美国及阿盟对也门进行了严惩。数月内被遣返的也门劳工数高达 88 万，占统一后也门人口数量的 7%。也门直接侨汇损失高达 31 亿美元[①]，国际援助金额骤减 98%[②]，引发经济结构的突变。加之 20 世纪 90 年代初阿盟成员中的索马里、埃塞俄比亚相继发生内战，大量的难民涌入地缘邻近的也门，给刚刚完成统一的也门国家整合造成了极大的困难与负面的影响。

可见，在区域治理自结构的"阿盟的成员特征"中，阿盟成员历史文化同质、阿盟成员政治经济异质。由此，阿盟成员间军事冲突的爆发、阿盟框架下寻求解决之道的失败，使得也门或主动或被动地卷入地区战乱与纷争，也门南方分离主义随之高涨。

---

① Nora Ann Colton, "Yemen：A Collapsed Economy", *Middle East Journal*, Vol. 64, No. 3, Summer 2010, pp. 414 – 415.

② William A. Rugh, "Yemen and the United States：Conflicting Priorities", *The Fletcher Forum of World Affairs*, Vol. 34, No. 2, Summer 2010, p. 115.

也门南方与北方的分歧首先呈现为外交领域的不同立场。在也门统一后不到三个月爆发的海湾战争中，代表也门北方力量的萨利赫总统坚决支持伊拉克萨达姆，而也门南方前领导人则态度相反。其原因在于：在历史上，曾作为冷战时期中东唯一社会主义阿拉伯国家的南也门，与伊拉克分属不同阵营；在现实中，南方代表不满统一后的也门因支持伊拉克而被国际社会制裁。

也门南方与北方的分歧集中表现在经济领域的分配不均。在遭受国际制裁、资源严重紧缺的情况下，萨利赫将经济投资集中于发展水平原本相对较高的北方，并将南方的石油收益源源不断地输入北方。对南方而言，国家统一不仅没能改善地区经济，反而进一步加剧了地区贫困，分离主义"南方运动"（the Southern Movement 或称 Southern Mobility Movement）由此孕育而生。1992 年油气资源在也门南方的勘探发现，进一步刺激了南方分离主义行动。

也门南方与北方的分歧公开体现为政治领域的派系争斗。统一之初，来自北方的萨利赫以军人部队与安全部门为基础，通过家族政治与部落力量逐步建立了效忠于自身的制度与机制。1992 年，受到排挤的南方代表副总统比德曾两次出走萨那。1993 年 8 月，在也门统一后的首次大选后不久，比德再次出走萨那，誓言今后不再重返不友好的北方首都。

也门南方与北方的分歧最终爆发为军事领域的国内战争。1994 年 4 月 22 日，在《萨那协议》签署 4 周年纪念日的当天，阿比扬省的南北军队发生武装冲突，导致 4 人死亡与 20 人受伤。也门国防部长将之称为"未宣布的战争状态"（undeclared state of war），而早有部署准备的北方军队随即以统一军队为名，强调为国家统一而战。[1] 1994 年 5 月 5 日，也门爆发全面内战。21 日，比德宣布南方独立，新建也门民主共和国。7 月，人数众多、部署充分、受到伊朗支持的北方军队击溃南方军队，通过武力模式再次完成国家统一。

随着北方军队大批进驻南方，北方精英在南部占领了土地，获得了特

---

① Noel Brehony, *Yemen Divided: The Story of a Failed State in South Arabia*, New York: I. B. Tauris & Co Ltd, 2011, p. 195.

权，并着力打击分离主义的"南方运动"。10 月，萨利赫再次当选也门总统。为展现南北和解，他选择了出生于南方部落但在南也门时期流亡北方的哈迪作为副总统。1997 年，随着全国议会选举的失败，"亚丁政治精英"被迫从全国层面转向地方层面实现突破。[①] 2011 年 1 月，在哈迪取代萨利赫当选新总统时，"南方运动"反对哈迪参选并组织了多起破坏选举的暴动。2017 年，在阿联酋的支持下，遭哈迪罢免的亚丁省省长祖贝迪联合南部约 30 名部落与军政首领组建南方过渡委员会，寻求南部地区独立。2018 年 1 月，该委员会与流亡沙特的哈迪政府军展开激战。他们在攻克亚丁后，升起了统一前的南也门国旗。

（二）也门部落地区主义：阿盟的制度设计及其影响

作为阿拉伯各国联系纽带的区域组织阿盟，由于缺乏政府间主义与超政府主义的制度设计，组织效力在冷战后一落再落，对也门的影响力也逐渐式微。首先，阿盟组织机制处于松散状态。实施"一国一票一致同意"基本决策制度的阿盟，在阿拉伯世界发生重大事件时无法迅速地作出集体回应。在 1990 年伊拉克入侵科威特事件中，也门就曾对阿盟的反伊决策提出了疑义。其次，阿盟自贸区缺乏实质进展。无论是 1998 年启动的阿拉伯自由贸易区，还是 2005 年实施的大阿拉伯自由贸易区，二者都因经济水平悬殊而无法实施。也门、索马里等 8 个贫困国家无力执行降税计划，"阿拉伯一体化的程度低是不争的事实"[②]。最后，阿盟次区域机制不断强化。1981 年沙特等 6 个君主制阿盟成员国组成了海湾合作委员会（Gulf Cooperation Council，GCC），旨在实现成员国的统一化和联邦化。该组织后改名为海湾阿拉伯国家合作委员会（Cooperation Council for the Arab States of the Gulf，简称"海合会"）。2001 年，也门被批准作为非正式成员参与海合会。在 2011 年也门动荡中，是海合会而非阿盟较为强势地介入了各方斡旋。

---

① Stephen W. Day, *Regionalism and Rebellion in Yemen：A Troubled National Union*, New York：Cambridge University Press, 2012, pp. 163 – 168.

② Michael C. Hudson, *The Middle East Dilemma*, New York：Columbia University Press, 1998, pp. 8 – 25.

可见，在区域治理自结构的"阿盟的制度设计"中，阿盟制度设计较为松散，阿盟一体化合作开启但合作度低。由此，阿盟区域组织尚处于起步期，阿盟政治经济一体化的缓慢，使得区域机制未能有效地推进也门的现代国家构建，也门部落地区主义因之凸显。

也门是"弱国家、强部落"的典型代表，其思想观念与行为方式都与现代民族国家相去甚远。[1] 也门部落居民占全国人口的80%，多生活在贫困的农村，统一后被划分在七大行政地区，这与部落部族的分布并不一致，引发了严重的地区冲突。在南部，原南也门的人民对统一后的政治对待不公与经济支持不足抱怨纷纷；在东部，富油的马里卜省部落与红海沿岸的荷台达商人对政府的歧视政策怨声载道；在北部，源于萨达省宰德派部落的胡塞武装组织因与政府利益纷争而叛乱频繁；在全国范围内，恐怖主义乘势兴起，给也门政府带来巨大的安全难题。[2]

也门部落力量南北分化明显。从力量对比上看，北方部落因曾依存于北也门共和政权而保持了独立空间与较强实力，南方部落则在南也门社会主义制度下受到了严格的限制。从定居数量上看，北方部落数量是南方数目的6倍之多。200多个较大的部落中，北方占168个，南方占25个，其他的游牧部落足迹遍布南北。从宗教信仰上看，南北双方分属于伊斯兰教不同派系。北方多为什叶派的宰德派，南方多为逊尼派的沙斐仪派。从联盟分布来看，实力强大的部落联盟都集中于北方，如巴基尔（Bakil）、哈希德等。

也门部落力量卷入南北纷争。1990年5月，南北也门统一后，出身哈希德部落桑汉（Sanhan）部族的萨利赫继续通过与北方部落交好来增加实力，此举引起了南方力量的强烈不满。1994年5月，也门爆发南北内战时，萨利赫承诺若能打败南方，也门部族可以保留缴获的武器，此举在很大程度上确保了哈希德等部落对北方的支持。此后，以萨利赫领导的全国人民大会党为主，以哈希德大酋长领导的伊斯兰改革集团党为辅，形成

---

① Uzi Rabi, *Yemen, Revolution, Civil War and Unification*, London: I. B. Tauris & Co Ltd., p. 102.
② William A. Rugh, "Yemen and the United States: Conflicting Priorities", *The Fletcher Forum of World Affairs*, Vol. 34, No. 2, Summer 2010, pp. 116 - 117.

了也门的双核心政治模式，即国家与部落相互妥协、相互共享。但好景不长，1997 年 4 月，在第二次议会选举中，因不满占据 2/3 以上多数席位的全国人民大会党的排挤，伊斯兰改革集团党宣布退出政府而成为在野党。

也门部落力量最终倒戈政府。2009 年也门政府在石油问题上侵犯了哈希德部落利益，引发了部落力量对政府当局的不满。2010 年爆发的严重水危机，进一步加剧了部族之间的冲突，恶化了部族与政府的关系。在 2011 年"阿拉伯之春"的浪潮中，哈希德部落联盟支持反对派并炮轰总统府。也门部落联盟组织在萨那成立，逼迫萨利赫交权。哈迪接手也门中央政府后，亦面临棘手的部落问题。在北方，拥兵自重的哈希德部落联盟不仅坐观哈迪政府与胡塞武装组织交手，而且还暗中支持胡塞民兵。在南方，哈迪希望努力获得南方部落的支持，但南方部落力量分散且未能组建起现代政党，难以给过渡政府提供强有力的后盾。加之哈迪曾经"叛逃"南也门的历史，其在南方亚丁的支持率持续低迷。

由上可见，区域治理自结构中的"阿盟的成员特征"和"阿盟的制度设计"，很大程度上影响了也门南方分离主义与也门部落地区主义，从而导致了也门统一后的无效国家整合。

三、区域治理内结构与也门无效国家整合

统一后也门国家整合中的区域治理内结构包括：阿盟与统一国家也门关系、阿盟与区域大国沙特关系。

（一）也门易变联盟主义：阿盟与小国也门及其影响

也门统一后奉行中立、和平与不结盟政策，与采取松散机制的阿盟之间难以碰撞出区域一体化合作的火花。与此同时，地缘政治险要、国家实力弱小的也门，虽然较少地参与阿盟多边机制，但却一直实施着与历任盟主结盟的外交政策——1945 年至 1979 年，也门与阿盟第一任盟主埃及结盟；1980 年至 1991 年，也门与阿盟第二任盟主伊拉克结盟；1991 年至

今，也门与阿盟第三任盟主沙特结盟。

可见，在区域治理内结构的"阿盟与小国也门"中，也门参与了阿盟进程但积极度不高，阿盟的领导者不是也门。由此，阿盟盟主的多番更迭、三易其主，引发了小国也门与阿盟历任领导者的易变联盟主义，很大程度上导致了也门经济衰落与政治纷争。

和平统一后，也门与伊拉克的结盟及其失败，造成了国内经济危机与军事冲突。由于冷战时期北也门与伊拉克政治军事联系频繁，加之双方在石油领域合作紧密，因此，在1990年海湾战争爆发时，刚实现统一的也门成为国际社会中唯一公开支持伊拉克的国家。作为时任联合国安理会中的非常任理事国，也门为萨达姆政权高管的亲属提供庇护，并派出了也门"志愿军"参战，最终遭到了阿盟及国际社会的严厉制裁。海湾战争爆发前，也门里亚尔（Yemeni Riyal）兑换美元的比率为5∶1，1990年至1991年间贬值到30∶1。① 1990年下半年，也门官方统计的失业率为10%，但非官方统计的失业率高达30%—40%。四年后，也门经济形势进一步恶化：1994年的汇率估价相对于1990年上涨了572%；通货膨胀率从1991年的33%暴增到1994年的120%；外债占国民生产总值（GNP）比值从1990年的100.1%上涨到1994年的189%，高达89亿美元；国际收支逆差占国内生产总值（GDP）的比例从1990年的12%上涨到1994年的16%。②

1994年也门南北内战期间，阿盟理事会向也门派遣了斡旋代表团，但均以失败告终。内战之后，也门也曾尝试通过参与阿盟区域经济一体化来恢复国民经济，但都收效甚微。1998年，也门签署了阿盟倡议的《阿拉伯自由贸易区协定》，但因经济困顿没有能力执行降税计划。2005年大阿拉伯自由贸易区（the Greater Arab Free Trade Area，GAFTA）正式启动时，也门在外交上表示支持该进程，但考虑关税收入减少会直接导致国内财政枯竭，最终既无能力也无意愿参与其中。

武力再统一后，也门与阿盟现任盟主沙特的结盟及博弈，导致了内部

---

① Uzi Rabi, *Yemen*, *Revolution*, *Civil War and Unification*, London：I. B. Tauris & Co Ltd. , p. 62.
② Nora Ann Colton, " Yemen：A Collapsed Economy", *Middle East Journal*, Vol. 64, No. 3, Summer 2010, pp. 415 – 417.

政治矛盾与军事冲突。沙特是对也门影响最大的外部力量，双方在政治制度、领土划界、边界石油等领域存在矛盾与冲突。1994 年，也门南方余部败退边境并投靠沙特的举动，引发了两国大规模的兵力集结。之后，沙特一度通过美国等西方国家的压力来限制萨利赫权力，力图让战败的南方也门社会党（the Yemeni Socialist Party）重返政坛。2000 年，沙特与也门正式签署边界条约，双方关系逐渐升温。2001 年 "9·11" 恐怖主义袭击事件后，同为美国反恐盟友的沙特与也门逐渐结成联盟，但双方关系依旧矛盾重重。"沙特的也门政策是不透明的、临时性的、矛盾性的，但可以一言以蔽之，即沙特最重要的目标是将也门危机控制在也门境内，并防止危机在两国边境上的蔓延。"[①]

2009 年，阿拉伯半岛基地组织（Al-Qa'ida in the Arabian Peninsula, AQAP）在也门南部组建，剑指沙特王室。在此背景下，沙特与也门加强了安全合作。2011 年 "阿拉伯之春" 时，在沙特首都利雅得疗伤的萨利赫受沙特政府施压，不得不接受 "海合会化" 的阿盟的调停，将权力和平移交给副总统哈迪。2015 年 3 月，新上台不久的哈迪总统在胡塞武装组织的军事打击下逃亡沙特。2016 年 7 月，萨利赫从沙特返回也门，与胡塞武装组织结成同盟。2017 年 12 月，萨利赫遭胡塞武装组织袭击身亡。继任的哈迪政府流亡沙特时，沙特组织了联军对胡塞武装组织进行军事打击。此后，也门各方军力难分伯仲、不愿和解，战争长期处于胶着、陷入泥沼，导致国家混乱、民不聊生。据联合国 2018 年统计，在也门冲突的四年中，货币贬值 300% 以上，约有 1.6 万人在冲突中丧生，200 万人流离失所，2220 万人急需援助，救援比例占全国人口的 75%，也门正陷入 "前所未有人道主义的危机之中"[②]。

（二）也门对立宗教主义：阿盟与盟主沙特及其影响

冷战结束后，随着伊拉克萨达姆政权的战败与倒台，中东第一大产油

---

① Sarah Phillips, *Yemen and the Politics of Permanent Crisis*, New York: Routledge, 2011, p. 76.

② United Nations, *Humanitarian Medical Air Bridge in Yemen*, https: // osesgy. unmissions. org/sites/default/files/hc_statement_airbridge_16september2018_final_003. pdf（访问时间：2019 年 1 月 10 日）。

国以阿拉伯民族为主、信奉伊斯兰教逊尼派的沙特，在美国的支持下脱颖而出，成为阿盟新一代盟主。沙特在阿拉伯世界推行"双环外交"政策。其中，"外环"为沙特与阿盟的协作互动，"内环"是沙特与海合会的紧密合作，二者均意在应对来自以波斯民族为主、信奉伊斯兰教什叶派的伊朗。

可见，在区域治理内结构的"阿盟与盟主沙特"中，阿盟成员包括区域大国沙特，阿盟的领导者逐渐花落沙特。由此，阿盟新任盟主沙特是影响也门局势最为重要的邻国，沙特领导着"海合会化"的阿盟强力介入也门局势，使得也门成为沙特与伊朗在"中东新冷战"的地缘关键，触发了也门的对立宗教主义。

也门是信奉伊斯兰教的国家，北方以什叶派的宰德派为主，南方以逊尼派的沙斐仪派为主，人数比例约为四六开。历史上，两派因为教义接近而纷争较小。来自什叶派的宰德派总统萨利赫，时而联合逊尼派，时而依靠什叶派，力图在教派斗争中左右逢源。20世纪80年代以来，受沙特逊尼派的瓦哈比教（Wahhabis）的影响，也门的萨拉菲运动（Salafi Movement，意为"虔诚的先辈"）迅速壮大。为打击王权旧部宰德派力量，萨利赫对该运动持积极扶植态度，导致许多底层的什叶派的宰德派信徒为获得津贴转而皈依了逊尼派的萨拉菲派。萨拉菲运动在传教宣传中"直指宰德派与伊朗的联系"，很大程度上激化了也门社会宗教冲突。①

1990年南北也门统一后，随着南方逊尼派的沙斐仪派加入到国家政权，什叶派的宰德派在也门的传统地位受到挑战。海湾战争中，什叶派的也门萨利赫支持逊尼派的伊拉克萨达姆，而同为逊尼派阵营的沙特与也门南方政治力量则并肩站在了反伊阵营。1992年，也门萨达省的什叶派巴达尔·丁·胡塞（Badr al-Din al-Houthi）创立了宰德派复兴运动——青年信仰者组织（Believing Youth），旨在团结什叶派，打击逊尼派的萨拉菲派。彼时，萨利赫为了压制南方力量，采取了联合青年信仰者组织的政策。1994年也门内战爆发期间，为打击南方独立势力，萨利赫转而求助

---

① Laurent Bonnefoy, "Violence in Contemporary Yemen: State, Society and Salafis", *The Muslim World*, Vol. 101, April 2011, p. 338, 341.

于阿盟新盟主沙特。依托沙特逊尼派的瓦哈比派的宗教影响力，来自南方的副总统哈迪领导南方的瓦哈比派全力支持也门北方，强力打压争取独立的南方左翼力量。

国家再统一后，在中央层面，被称为"什叶派中的反什叶派"的萨利赫总统在国家中的地位进一步巩固。在地方层面，在南方，逊尼派中的瓦哈比派力量超过沙斐仪派；在北方，随着 1997 年伊斯兰改革集团党退出也门政府，什叶派的宰德派力量被进一步边缘化。2000 年，日益激进的宰德派青年信仰者组织主张效仿伊朗建立政教合一的什叶派神权也门。2004 年 9 月，青年信仰者组织创始人的儿子侯赛因·巴德雷丁·胡塞（Hussein Badreddin al-Houthi）被也门政府军击毙后，组织改名为"胡塞武装组织"，继续对抗萨利赫政权及其支持者美国。沙特在也门支持逊尼派的萨拉菲运动、打击什叶派的胡塞武装组织的举动，被伊朗视为对其中东地缘战略的巨大挑战。考虑到胡塞武装组织所属的宰德派与伊朗官方信仰的十二伊玛目派同属什叶派，伊朗对胡塞武装组织进行了大力的支持。由此，也门萨达省不仅成为国内冲突的焦点，更"演化为沙特与伊朗交战的场所"[1]。

在 2011 年的"阿拉伯之春"中，沙特对什叶派出身的萨利赫施压交权，转而支持同派同宗的逊尼派副总统哈迪。然而，也门逊尼派的内部斗争也异常激烈，偏向沙特的哈迪政府得不到国内同派的信任。哈迪大力排挤也门什叶派的举动，进一步触发了伊朗对反政府的什叶派胡塞武装组织的资金供给、武器援助与舆论支持。[2] 2014 年 9 月，胡塞武装组织攻占总统府，哈迪政府流亡沙特。"也门国内高烈度的武装冲突外溢到也门与沙特边境，加剧了以沙特为首的逊尼派阵营与以伊朗为首的什叶派阵营的地区对峙。"[3] 而 2016 年沙特与伊朗断交所引发的中东"新冷战"又进一步

---

[1]　Ayman Hamidi, "Inscriptions of Violence in Northern Yemen: Haunting Histories, Unstable Moral Spaces", *Middle Eastern Studies*, Vol. 45, No. 2, March 2009, p. 170.

[2]　Barak A. Salmoni, Bryce Loidolt, Madeleine Wells, *Regime and Periphery in Northern Yemen: The Huthi Phenomenon*, the RAND Corporation, 2010, pp. 69 - 70.

[3]　Barak A. Salmoni, Bryce Loidolt, Madeleine Wells, *Regime and Periphery in Northern Yemen: The Huthi Phenomenon*, the RAND Corporation, 2010, pp. 265 - 266.

增加了也门局势的紧张。目前，以哈迪流亡政府与逊尼派沙特为一方，以胡塞武装组织与什叶派伊朗为另一方，也门陷入战争僵局。

通过分析可见，区域治理内结构中的"阿盟与小国也门"和"阿盟与盟主沙特"，很大程度上影响了也门易变联盟主义与也门对立宗教主义，从而导致了也门统一后的无效国家整合。

四、区域治理外结构与也门无效国家整合

统一后也门国家整合中的区域治理外结构包括：阿盟与美国霸权、阿盟与美国外交。

（一）也门失败民主主义：阿盟与美国霸权及其影响

1990 年也门统一时正值苏联解体与冷战结束前夕，彼时的美国实力强大，称霸全球。美国在中东的战略经历了拓展期、全力期、收缩期共三个阶段。

老布什与克林顿政府时期是美国在中东的拓展期，美国实施了"东遏伊朗伊拉克，西促巴以和谈"为核心的中东政策。海湾战争中，阿盟没有以集体身份加入美国对伊拉克的军事打击行动。阿盟成员中只有沙特、阿联酋、卡塔尔、叙利亚等少数国家与美国一起参与了对伊作战。阿盟对美国的巴以和平决议没有强烈的反对。小布什政府时期是美国在中东的全力期。"9·11"事件后，美国加大了对中东的关注力度。阿盟对美国主导的中东反恐战争给予了大力支持，对美国的大中东民主进程也给予了一定的回应。奥巴马政府至今时期是美国在中东的收缩期。经济危机中的奥巴马政府希望摆脱反恐战争和中东和平两大议题之间的矛盾紧张关系。[1] 美国考虑借助阿盟成员国的选择性介入政策在中东发挥影响，而阿盟特别是海合会成员希望借力美国削弱以伊朗为核心的什叶派联盟。

---

[1]　Richard N. Haass and Martin S. Indyk (eds.), *Restoring the Balance: A Middle East Strategy for the Next President*, Brookings Institution Press, 2008, p. 1.

可见，在区域治理外结构的"阿盟与美国霸权"中，阿盟不隶属于上升霸权美国阵营，阿盟并不听从于霸权美国的安排。由此，在君主制国家较多的阿盟中，作为美国"中东标杆"的也门的民主主义以失败告终，加剧了国家的纷争战乱。

中东民主计划下的美国与也门关系可分为三个阶段。在 1990 年至 2000 年的第一阶段，处于中东拓展期的美国与也门外交交恶，美国的民主政策对也门影响甚微。苏联从也门撤退后，美国减少了对也门的战略关注，但默认并支持了北也门与南也门的一体化统一进程。统一后不久，也门在海湾战争中支持伊拉克侵略的外交举动，引发了美国对也门的严厉惩治。美国撤走了对其的 7000 万美元援助。① 1994 年也门内战时，美国对也门关注度的提升主要源于其盟友沙特对边境安全的担忧。1998 年，在中东实施拓展政策的美国，逐渐将地缘要塞也门重新纳入区域战略轨道。美国与也门举行了冷战后的首次联合军演，美国对也门的援助也逐渐恢复，但此期间并未将也门纳入中东民主外交的重点国家之中。

在 2000 年至 2008 年的第二阶段，处于中东全力期的美国与也门逐渐走近，也门被美国视为中东民主政治的重镇。2000 年 4 月，萨利赫应克林顿之邀访问美国。2001 年 11 月，萨利赫在"9·11"事件后访美，双方关系在反恐战略中进一步提升。2003 年，为推进民主政治与自由贸易，美国帮助也门加入世界贸易组织（WTO）。2004 年，八国峰会（G8）在美国召开，小布什推出了关于民主政治的"大中东和北非伙伴关系计划"，萨利赫应邀参会。2005 年美国重申支持也门民主，将其作为唯一的阿拉伯国家纳入"千年发展计划"。2007 年萨利赫访美时，美国再度表达了对也门民主的关注。也门宣称自己正在迈向"新兴民主"（emerging democracy），但反对者批评也门只是"装饰性的民主"（ornamental democracy）②，认为这给"也门未来的一系列严重问题埋下了隐患"③。

① Simon Henderson, "Fighting al-Qaeda: The Role of Yemen's President Saleh", *Real Clear World*, January 7, 2010.
② Lisa Wedeen, "Seeing Like a Citizen, Acting Like a State: Exemplary Events in Unified Yemen", *Comparative Studies in Society and History*, Vol. 45, No. 4, Oct. 2003, p. 684.
③ Sarah Phillips, *Yemen's Democracy Experiment in Regional Perspective: Patronage and Pluralized Authoritarianism*, New York: Palgrave Macmillan, 2008, p. 1.

2008 年至今的第三阶段，处于中东撤退期的美国通过间接方式参与也门民主改革，但未能获得成功。2009 年 2 月，也门尝试推动总统制向议会民主制转变，但无果而终。2009 年，也门被联合国列为"人类发展与法治规则指标"的底端与"腐败指数"的顶端。① 因不满萨利赫在"阿拉伯之春"中的政治举措，美国削减了对也门的军事训练费用与军事援助支持，金额从 2010 年的 1.76 亿美元降到 2011 年的 3000 万美元。② 2012 年 1 月，遭受袭击的萨利赫前往美国治疗。2 月初，萨利赫返回萨那，正式将权力移交给副总统哈迪。月中，哈迪作为唯一候选人在选举中当选为新总统。③ 美国对此表示欢迎，并希望"也门模式"成为中东"和平政治转型"的一种民主模式。④ 但批评者认为这场选举只是精英阶层之间设立的一个陷阱，是美国制造的阴谋。2014 年 1 月，哈迪总统将国家体制从共和制修改为联邦制，但利益分配的不均立即遭到各方力量的强烈不满。随着哈迪政府的流亡，美国支持的也门民主主义改革以失败告终。

（二）也门国际恐怖主义：阿盟与美国外交及其影响

冷战结束后，美国在中东的政策不仅延续了以往维持地区霸权、稳定石油供应、确保以色列安全的传统目标，而且还新增了推进西方民主的价值理念。在此过程中，阿盟未与美国结盟，但阿盟的新任盟主沙特与美国结成了同盟。作为美国中东战略中的支柱，沙特在波折中维持着与美国的盟友关系，两国外交经历了从亲密，到紧张，再到缓和的转变。

在 1990 年至 2000 年的美国中东拓展期中，美沙关系合作紧密。石油贸易与海湾战争促使二者结成军事联盟。此时的阿盟在地区政治中作为不大，阿盟盟主沙特与美国关系才是中东国际政治的重点。2001 年至 2008 年美国在中东地区的全力之期，美沙关系跌入低谷。由于沙特涉及

---

① Noel Brehony, *Yemen Divided: The Story of a Failed State in South Arabia*, New York: I. B. Tauris & Co Ltd, 2011, p. xix.

② Karen De Young, "President Obama Executive Order Gives Treasury Authority to Freeze Yemeni Assets in U. S. ", *The Washington Post*, May 16, 2012.

③ 董漫远：《也门乱局：影响及走向》，载《国际问题研究》，2015 年第 5 期，第 92 页。

④ Bruce Maddy-Weitzman, "The Arab League Comes Alive", *Middle East Quarterly*, Vol. XIX, No. 3, 2012, pp. 71 – 78.

"9·11"事件，为实施反恐战略，美国对君主制的沙特强力推行"大中东民主计划"，一度使得双方关系降至冰点。彼时，沙特主导的阿盟对美国在伊拉克战争中的霸权主义行为批评不断。2008 年至今美国在中东地区的撤退之期，美沙关系得以改善。陷入反恐战争泥沼、遭遇金融风暴打击的美国，着力强化与沙特及阿盟的合作。尽管如此，"阿拉伯之春"后，沙特等国更多的是借助海合会或阿盟协调安全政策，以期减少对美国的依赖。

可见，在区域治理外结构的"阿盟与美国外交"中，阿盟受到霸权美国双边主义而非多边主义的影响，阿盟领导者沙特与霸权美国结盟。由此，在阿盟盟主沙特因涉嫌恐怖主义而与美国关系跌入低谷的背景下，作为美国反恐要塞的也门在"自主反恐模式"下未能彻底打击国际恐怖势力，使得国家深陷混战。

也门是"基地组织"头目本·拉登的故乡。经济贫困与政治动荡的也门成为恐怖主义的滋生蔓延之地。在也门，与"基地组织"相关联的恐怖主义包括：亚丁伊斯兰军、阿比扬解放军、也门伊斯兰圣战组织、青年信仰者组织、阿布·哈夫斯·马斯里旅、阿布·阿里·哈尔西旅等。[①] 2000 年，美国"科尔号"驱逐舰在亚丁港遭遇恐怖袭击，即给刚刚改善关系的美也关系蒙上阴影。

2001 年"9·11"事件为美国与也门关系的改善提供了契机。在沙特涉嫌策划对美国的恐怖主义袭击的背景下，一度被美国忽视的地缘战略要塞也门再度回归到美国的视线之内。美、也签署《安全合作谅解备忘录》后，也门允许美国特种部队和中央情报局派遣人员进驻，并邀请美军培训也门的反恐部队。2002—2004 年，美国再度提升了与也门的合作层次。美国取消了自海湾战争以来的对也门的禁运，还向其提供了大量的经济援助与武器售运。[②] 2005 年 11 月，萨利赫访美后，美国将当年对也门的援

---

① 夏路：《锁定红海之峡：浅析美国在也门的地缘政治战略》，载《美国问题研究》，2011 年第 1 期，第 74 页。

② William A. Rugh，"Yemen and the United States: Conflicting Priorities", *The Fletcher Forum of World Affairs*, Vol. 34, No. 2, Summer 2010, p. 112.

助提高至 3500 万美元，金额为 2004 年的 3 倍。此外，美国还向也门海岸警卫队赠送了 15 艘巡逻艇，并对其进行了军事培训。[①]

　　奥巴马上台后将也门定为与伊拉克、阿富汗并列的三大反恐战场之一。但与其他战场派出美军参战的方式不同，美国在也门是通过合作的方式来构建安全。[②] 2009 年"基地组织"将其在沙特和也门的机构合并，组成阿拉伯半岛基地组织，总部设在也门东部。同年，该恐怖组织计划袭击美国客机未遂事件，进一步增强了美国在反恐战略中对也门的关注。美国计划通过也门之友（Friends of Yemen）这一组织，在 5 年内为也门提供 12 亿美元的军事援助。[③] 2010 年，也门进一步要求美国将此金额从之前的 12 亿美元提升至 445 亿美元。[④] 2011 年 1 月，希拉里作为首位到访也门的美国国务卿，声称两国在面对"基地组织"共同威胁时应加强更紧密的合作。

　　然而，对于萨利赫而言，也门参与美国反恐行动的优先打击对象并不是"基地组织"，而是来自南方的分裂运动、北方的胡塞武装组织叛乱以及威胁其领导地位的部落联盟。[⑤] 美国对此强烈不满，奥巴马表示期盼与哈迪合作而非与萨利赫合作。2012 年 2 月，在美国的支持下，哈迪从萨利赫手中接过权力，并在就职演说中发誓与"基地组织"作战到底。可是，美国支持的哈迪政府依然未能稳定也门的局势。2018 年 10 月，美国国防部长公开呼吁也门内战双方应通过联合国调停框架谈判并实现停火。这是哈迪政府流亡 4 年后美国首次针对也门局势做出的表态，在很大程度上显示了美国在也门反恐的失败以及影响的式微。12 月，在联合国斡旋下，也门政府和胡塞武装组织就多项重要议题达成一致，但停火协议未能持续。2019 年 4 月，美国国会两院首次一致引用《战争权力法》终止美

① 石清风：《越狱计划准备一年、也门政府权力缉捕：23 名"基地"重犯挖地道逃走》，载《环球时报》，2006 年 2 月 6 日。
② Stephen W. Day, *Regionalism and Rebellion in Yemen: A Troubled National Union*, New York: Cambridge University Press, 2012, p. 203.
③ Laurent Bonnefoy, "Violence in Contemporary Yemen: State, Society and Salafis", *The Muslim World*, Vol. 101, April 2011, p. 324.
④ Sarah Phillips, *Yemen and the Politics of Permanent Crisis*, New York: Routledge, 2011, p. 83.
⑤ William A. Rugh, "Yemen and the United States: Conflicting Priorities", *The Fletcher Forum of World Affairs*, Vol. 34, No. 2, Summer 2010, p. 117.

国参与境外的也门内战。但特朗普旋即动用总统否决权将此项国会议案否决。2021 年 1 月，特朗普在总统卸任前夕宣布将胡塞武装组织列为恐怖组织。次月，拜登在总统就职后的首个外交政策演讲中表示：美国将不再支持沙特所主导的多国联军在也门的军事行动，包括停止对其的相关武器出售计划，并呼吁也门交战各方通过和谈来缓解冲突。尽管拜登政府对也门的外交政策相较于特朗普政府有很大的转变，但并未对也门战事产生实质性影响。

如上观之，区域治理外结构中的"阿盟与美国霸权"和"阿盟与美国外交"，很大程度上影响了也门失败民主主义与也门国际恐怖主义，从而导致了也门统一后的无效国家整合。

五、结语

1990 年至今，从和平统一到再度分裂，也门的无效国家整合不仅是行为体自身政治发展的逻辑，更是区域治理结构综合作用的结果。（见图 1）

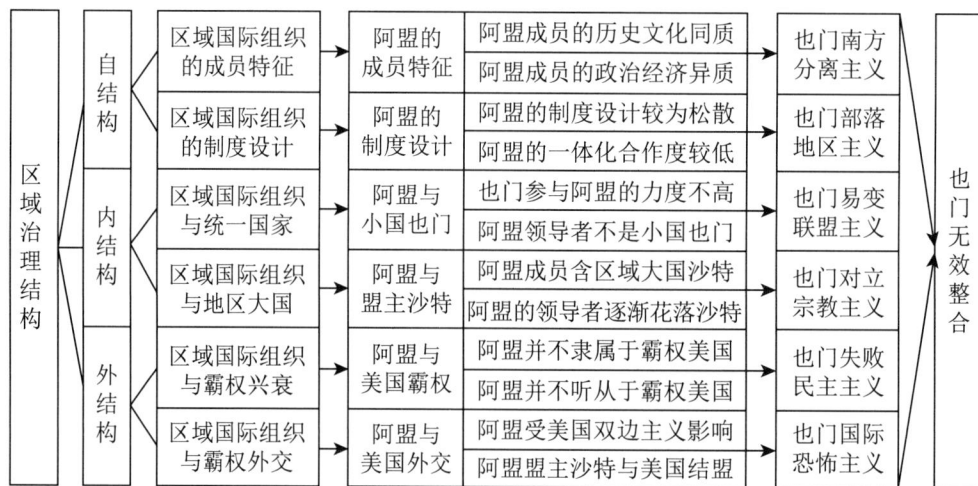

图 1　区域治理结构与也门无效整合

也门无效国家整合中的区域治理自结构包括：阿盟的成员特征与阿盟的制度设计。在"阿盟的成员特征"中，阿盟成员历史文化同质、阿盟成员政治经济异质。阿盟成员间军事冲突的爆发、阿盟框架下寻求解决之道的失败，使得也门或主动或被动地卷入地区战乱与纷争，也门南方分离主义随之高涨。在"阿盟的制度设计"中，阿盟制度设计较为松散、阿盟一体化合作开启但合作度低。阿盟区域组织尚处于起步期，阿盟政治经济一体化的缓慢，使得区域机制未能有效推进也门的现代国家构建，也门部落地区主义因之凸显。

也门无效国家整合中的区域治理内结构涉及：阿盟与小国也门、阿盟与盟主沙特。在"阿盟与小国也门"中，也门参与了阿盟进程但积极度不高，阿盟的领导者不是也门。阿盟盟主的多番更迭、三易其主，引发了小国也门与阿盟历任领导者的易变联盟主义，很大程度上导致了也门经济衰落与政治纷争。在"阿盟与盟主沙特"中，阿盟成员包括区域大国沙特，阿盟的领导者逐渐花落沙特。阿盟新任盟主沙特是影响也门局势最为重要的邻国，沙特领导着"海合会化"的阿盟强力介入也门局势，使得也门成为沙特与伊朗在"中东新冷战"的地缘关键，触发了也门的对立宗教主义。

也门无效国家整合中的区域治理外结构包含：阿盟与美国霸权、阿盟与美国外交。在"阿盟与美国霸权"中，阿盟不隶属于上升霸权美国阵营，阿盟并不听从于霸权美国的安排。在君主制国家较多的阿盟中，作为美国"中东标杆"的也门的民主主义以失败告终，加剧了国家的纷争战乱。在"阿盟与美国外交"中，阿盟受到霸权美国双边主义而非多边主义的影响，阿盟领导者沙特与霸权美国结盟。在盟主沙特因涉嫌恐怖主义与美国关系跌入低谷的背景下，作为美国反恐要塞的也门在"自主反恐模式"下未能彻底打击国际恐怖势力，使得国家深陷混战。

综上，可以论证"区域治理结构影响也门统一后无效国家整合"的结论。国家统一与整合是一个繁复的国家整合的持续进程，不仅只是统一国家单个行为体的政治发展逻辑，更是区域治理结构综合作用的结果。区域治理的自结构、内结构、外结构很大程度上影响了统一之后国家内部的政治妥协、经济发展、社会和解、军事合作与外交选择。以上教训和启示对国家统一及整合的理论与实践都具有重要的参考价值。

From Re-unification to Re-division:
Yemen's Ineffective Integration and Its Implications
in the Perspective of Regional Governance Structure

Xia Lu

Abstract: Yemen was reunified by integration model in 1990, however, it was mired in the crisis of ineffective integration soon after. This article tries to analyses Yemen's ineffective integration from peaceful re-unification to national re-division in the logic of Regional Governance Structure. Regional Governance Structure is a system of self-structure, internal-structure and external-structure. There are six indexes: the regional organization's members, the regional organization's institutionalizations, the regional organization and the reunified state, the regional organization and the regional power, the regional organization and the global hegemony situation, the regional organization and the global hegemony diplomacy. In Yemen ineffective integration process, as to the level of regional governance self-structure, member characteristics of the LAS (League of Arab States) and institution designs of the LAS effected the Yemen's southern separatism and tribal regionalism. As to the level of regional governance internal-structure, the relationship of LAS—Yemen and the relationship of LAS—Saudi Arabia effected the Yemen's changing federalism and opposing religionism. As to the level of regional governance external-structure, the relationship of the LAS—U. S.'s hegemony and the situation of the LAS-U. S.'s diplomacy effected the Yemen's failed democracy and international terrorism. All the works help us draw a conclusion: "Regional Governance Structure affects Yemen's ineffective integration after its peaceful reunification." These will count for national reunification theories and practices to some extent.

Keywords: Re-unification and Re-division; Regional Governance Structure; Yemen; National Integration

国家理论

目前国际社会有影响的
治理评估指数及其对中国的启示[*]

杨雪冬

清华大学政治学系教授

张萌萌

对外经济贸易大学国际关系学院副教授

摘要 构建评估指数将复杂多样的治理问题具象化、数量化和可视化，已成为一种适用于各领域的重要治理手段。20世纪90年代以来，随着冷战结束和全球化的发展，社会生活各领域均出现了评估指数构建和使用的新浪潮，西方国家和国际组织开发出了多种评估各国治理水平的指标体系，其中部分指标体系在国际社会产生了广泛的影响，也引起了较大的争议，大量发展中国家虽不满于这些指标对自身的评价，但也无力改变评价所带来的舆论和认知后果。本研究考察治理指数的发展历程及主要功能，对具有国际影响力的治理指数进行分类和比较，并对建构以中国经验为基础的治理评估指数提出若干建议。

关键词 治理指数；指数比较；中国经验；指数建设

---

[*] 本报告是清华大学"政治发展评估指标体系"课题组的阶段性成果。执笔人是张萌萌副教授、杨雪冬教授。在写作过程中，得到了清华大学博士生赵家坤、硕士生胡天宇的帮助。

　　从 20 世纪 30 年代，在西方社会出现了所谓的"社会指标运动"，一系列的指标被开发出来，以测量社会发展程度和公共政策实施，目的越来越明确，方法越来越系统。[①] 这种思路在 70 年代扩散到国际领域。进入 21 世纪，出现了各类指标与排名的繁荣。公私机构纷纷投入其中，对全球社会生活的各个方面进行评估，形成了蔚为大观的"指标产业"，吸引了大量资源，也推动了数据、方法和分析工具的迅速发展。据联合国开发计划署的一份调查报告表明：当前关于治理方面——如政治腐败、公民自由、性别平等、人权、经济竞争力、新闻自由、政治稳定、环境表现、人类发展——的指数共有 165 种之多。在 165 种指数当中，83% 的指数是在 1991 年到 2006 年间研发的，50% 的指数是在 2001 年到 2006 年间研发的。[②]

一、治理指数发展的历程及其主要功能

　　"二战"结束后，随着一大批前殖民地国家取得独立，开始现代国家制度建设，政治发展问题就开始成为学术研究的重点。加之冷战激发的制度间相互竞争，又使得何种政治发展道路更优、哪些制度设计更好，更迫切需要获得理论上的证明。而以统计方法为代表的定量研究方法的不断发展和改进，为将政治发展这个抽象而复杂的现象具象化提供了技术条件。目前仍被视为三大民主指数（政体指数、自由指数和民主多样性指数）中有两项始于 20 世纪六七十年代。

　　冷战结束后，西方社会陷入了"历史终结"的欣喜之中，制度发展似乎有了统一而"唯一"的衡量标准，治理评估也随之进入了第一波浪潮。这个时期出现的评估指数致力于倡导自由民主模式，探索评价"不可评价"的社会与政治现象[③]，比如民主（政体指数）、自由（自由指数）

① C. W. Cobb, C. Rixford, *Lessons Learned from the History of Social Indicators*, San Francisco：Redefining Progress, 1998.

② 〔以〕奥代德·勒文海姆：《考核国家：国际"治理指数"的福柯式视角》，载《探索》，2016 年第 4 期。

③ S. Bell, S. Morse, *Sustainability Indicators：Measuring the Immeasurable?*, London：Earthscan, 2008.

或腐败（腐败感知指数）。学术界与实务界的"科学化"与"量化"的热潮，以及冷战结束以后非政府组织，尤其是国际发展与援助机构影响力的不断提升，援助分配原则的可操作化改革，极大地推动了治理评价指数的发展。以民主规范为指导原则的国际组织和援助国家主体在很大程度上决定了指数的重点关注领域和评价标准。

21世纪的第一个十年是治理评价指数发展的第二波浪潮。评价指标更加偏向于客观评估方法，数据来源和评估维度都更加多样化，并将关注的重点转向治理实践。第二代指数致力于弥合评估与决策之间的鸿沟，比如世界银行推出的"营商环境指数"。与早期第一代指数相比，评估对象（在政治上）更加易于接受，从客观性和透明度方面也都有很大的改进。20世纪末主流发展理念的挫败，发展中国家的政策反馈以及对于第一代指数的批评都推动了这一阶段的快速发展。各种私人和公共机构加入指数评估的行列，覆盖了不只政治制度，还包括更为广义的治理以及社会发展的方方面面。在这一时期，一方面创建机构更为多样，测量对象更为多样，另一方面对于评估对象也出现了更有针对性的分类。一些指数只集中关注特定类型的国家，比如失败国家指数（后更名为"脆弱国家指数"）。相较于早期指数，这一时期的指数更具有针对性。二代指数的构建目的和诉求不仅仅是极度简化和抽象的排名，而更加致力于做出具体的诊断并提出解决的办法。①

21世纪的第二个十年迎来了政治评估指数的第三波浪潮。这个时期出现的指数一般被称为第三代指数。基于对二代指数的全面评估与反思，评估界对第三代指数提出了更高的要求，但从结果来看，高质量新指数的产出远不及预期，一代和二代指数仍然是政治评价指数的主导者。在构建方法上，由于发展理念的复杂化、量化技术的发展以及数据来源的进一步丰富，出现了多个复合其他指数的集成指数，其中最为引人注目的是世界

---

① Stephanie E. Trapnell, "Actionable Governance Indicators: Turning Measurement Into Reform", *Hague Journal on the Rule of Law*, Vol. 3, No. 2, 2011, pp. 317 –348; Tero Erkkilä, "Global Governance Indices as Policy Instruments: Actionability, Transparency and Comparative Policy Analysis", *Journal of Comparative Policy Analysis: Research and Practice*, Vol. 18, No. 4, 2016, pp. 382 –402.

银行的全球治理指数（WGI）。该指数综合大量与治理相关的指标数据，用以诠释国家间的治理水平差异。指标构成和数据来源的多元也造成了评价标准和理念的混杂，民主制度、政治原则、绩效表现在一些指数中彼此重叠，这一特点在三代指数中尤其突出。同时，服务决策和发展实践仍然是这一阶段的首要任务。

这些评估方法和指标体系横跨整个社会科学领域。其发展主要得益于三方面原因：首先，在理论方面，20 世纪 90 年代以来经济学的新制度理论转向推动了制度研究的全面发展，测量制度与发展结果之间的关系成为学术热点；其次，在技术方面，测量和评估程序更加成熟，基础数据日益丰富；最后，在需求方面，各国政府、国际组织和商业机构对指标信息的需求不断增长。

为什么一国政府会关注某一个评估指数的排名或打分？指数只是对现有信息的重新组合和诠释，却释放出强大的规范力量。指数的魅力在很大程度上归功于其通过打分和排名制定标准，进行比较，进而构建声誉的能力，通过重新配置和诠释比较性信息来激发人们对于国家能力和地位的关注，这种关注进而转化为压力，影响和推动政策实践。这一过程始于对某个问题的命名，提出一个概念，进而设立评估标准，以象征的力量通过影响话语最终影响决策。指数具有强大的议程设置功能，按照其自身偏好设定优劣标准，通过有效的政治传播，形塑公众、组织和决策者对于制度合法性的思考。

（一）知识建构

评估指数建构了一套将各国复杂多样的政治发展具象化、可视化、可比较的知识体系。指数所使用的数据不一定是第一手的，但在数据基础上进行的评估却是全新的。发展领域的各种概念和标准，往往缺乏普遍的共识。评估指数通过系统性的指标框架，将发展现象的各种性质、强度、数量进行标准化定义。尽管这种定义往往引来争议和批评，但讨论本身对于知识的形成和积累就是有意义的。对于民主、发展、廉政、法治概念的争论几乎存在于所有相关指数的讨论中，这种讨论能够进一步推动知识的形成。收集新的数据固然是重要的，但找到一个框架，整理和检验各种信息，检视各种诠释数据的角度，讨论可能的因果关系同样重要。

一套指数的形成往往借助众多专家的贡献。指数构建的过程，也是相关领域的专家形成共识的过程，这种共识往往是更为广泛的社会和政治共识的基础。各国专家与决策者形成的网络能够进一步跨越地理边界，影响广泛的国际政治。

指数提供了对象国家国内政治的丰富信息。公开发布意味着包括一般公众、利益团体、商业团体、治理机构等各种受众都能够利用指数提供的比较性信息，形成政策需求。指数特有的优劣比较更容易对后进者形成压力。评估指数能够形成系统性知识，为现实治理活动提供合法性和动员力，并最终引发政策变化。从这种意义上说，知识就是力量。

（二）价值倡导

要在多元的世界中，对一种政治价值形成共识，往往是一个缓慢而艰难的过程。政治评估指数的构建主体，尤其是非政府组织通过测量和发布指数，来倡导相应的治理规范。政府间组织同样也是推动规范形成的有效平台。民主、自由、廉政、法治等各种应当被普遍遵循，但在实践中参差不齐的价值规范，通过各种指数得以测量和比较，从而形成道德压力。国家期望在国际社会获得声誉，因为积极的集体判断代表着稳定性和可预见性，能够增加合作的可能。而"点名"和"羞辱"则是改变和降低不良行为的主要工具。政治评估指数使得这一机制更加科学化，不但有理，而且有据。

由于评估指数的周期性特点，每年定时发布的各类指数可以形成一种"监测"机制。指数发布者和其他主体的持续关注能够影响评估对象，逐渐内化评估标准，调整行动，形成自我规范的霍恩索效应。一国评估结果的上升或下降，尤其是下降，也能提供一定的预警作用，提醒或迫使相关主体采取措施。

（三）实践引导

治理评估指数，尤其是绩效表现指数，起到最佳实践的推广和示范的功能。一方面，在国际发展领域，以世界银行为代表的政府间机构发布的评估指数与援助和贷款的分配直接挂钩，以保证资金投入的有效性。指数成为重要的资源分配和援助政策的决策工具。在这种情况下，高度依赖国际援助的发展中国家尤为关注评估结果，在一定程度上将评估结果内化为本国制度建设。另一方面，在国内层面，测量治理系统运行的绩效能够明确制度安排是否能够达到其预期的效果，发现影响政策实施的障碍，并通过从以往成功或失败中吸取的教训进一步提供对策。同时，绩效测量结果也向公众和其他国内国际利益相关方提供了治理系统运行的信息，从而有助于获得进一步的认可和支持。

进入 21 世纪以来，对于政策导向指标的呼吁不断增加。为政策实践提供有效依据已经成为新指数的重要目标。指标产业的发展也从关注国家排名拓展到提供系统性绩效表现评估。国际机构、非政府组织、学术机构与各种国家层面和地方或部门次级主体的合作推动了作为政策依据的指标产业，而有据可依的决策过程又可以进一步推动善治。科学化、系统性的证据对于缺乏数据采集和分析能力的发展中国家尤其宝贵。指数与国家政策部门的合作可以带来双赢，一方面指数可以获得受到评估对象认可的更为准确的一手信息，另一方面政策部门也能够得到量身定制的政策依据和决策建议。

二、国际社会有影响的治理指数及其比较分析

从目前的治理指数版图来看，可以分为三大类评估框架：制度评估、规范评估和绩效评估（见图 1）。按照数据最终呈现形式，现有指数也可以划分为排名指数和面板指数[①]，前者提供一个单一排名，而后者则对不

[①] Hazel Feigenblatt, "Governance Indicators and the Broken Feedback Loop Leveraging Communications for Impact", in Helmut K. Anheier (ed.), *Governance Indicators*: *Approaches*, *Progress*, *Promise*, Oxford: Oxford University Press, 2018, pp. 315 – 349.

同指标进行单独打分，这一类指数往往也称为数据集或数据库，但仍被视为广义评估指数的一种。

我们从现有的近百种评估指数中筛选了 12 种（具体介绍见附件），它们分别是属于制度类的 3 种；属于规范类的 4 种；以及属于绩效类的 5 种。选择标准主要有四个：一是评估内容，指数评估的具体内容属于定义中三种主要类型的一种；二是发布周期，指数在推出以后，必须周期性连续发布；三是覆盖范围，指数必须覆盖多个国家，且以国家为评估的基本单位；四是影响力，指数在学术界、大众媒体或政策实务界有较大的传播效果或政策影响。

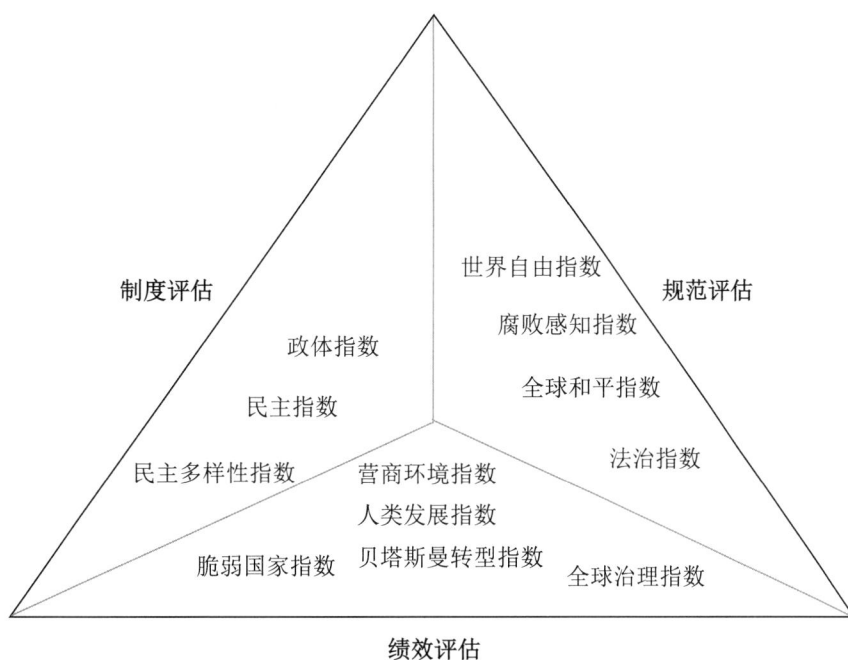

图 1 三大类治理评估指数

通过对这些评估指数进行比较分析，可以发现它们的建构和使用存在着以下普遍性问题：

（一）创建主体的"中心主义"偏向

尽管评估指数的创建主体存在相当的多样性，涵盖了从学术机构、私人机构、国际组织到非政府组织等多种形式，但一个无法忽视的问题是，这些指数创建机构基本都位于发达国家，尤以美国和欧洲为最，来自发展中国家的价值和标准难以在主流评估指数中得以表达。

指数力量的一个重要来源是其创造者的公信力和权威。社会心理学研究指出合法权威的来源之一是信任，是对行为者公允、博学和能力的认可。[①] 要被视为权威，行为者自己也往往要被认定为特定行为规范的典范，才能享有规范的权力。[②] 同时，权威也可以来源于能力，依据则是其现有的权力和财富。反映在指数实践中，全球主要的治理评估指数，乃至于整个指数行业都集中于西方发达国家。这些国家以权威的姿态，用其设定的规范来评估他国。此外，网络中心性也与权威密切相关。在社会和政治网络中处于中心位置的行动者能够更有力地设置议程。[③] 美国政府驻世界各地的组织机构与美国各大非政府组织形成一个庞大的信息网络，能够有效挖掘和传递各种信息，无疑是美国评估指数发达的重要原因之一。此外，发达国家更为成熟的理论、方法和数据技术，以及对于评估研究的资源投入优势都在一定程度上解释了现有指数创建者的地理分布。

可以说，整个指数产业已经形成了从生产到消费的路径依赖。各类评估指数以西方理论为基础，以西方国家为理想模型，以西方专家团队为评估主体，服务于西方大国的外交与贸易战略。广大发展中国家在各种指数排名中只能担任被评估的角色，既无法对评估结果提出意见，也无法贡献具有本国特色的发展经验。以中国为代表的一些发展中国家，尤其是新兴国家，近年来也在不断尝试构建体现本国经验与价值的评估体系，但从效果来看，远远无法触及主流评估指数的主导地位。

指数产业经过 20 世纪 90 年代开始的爆发式发展，在新世纪的第一个

① Wendy Nelson Espeland, Michael Sauder, "Rankings and Reactivity: How Public Measures Recreate Social Worlds", *American Journal of Sociology*, Vol. 113, No. 1, 2007, pp. 1 –40.

② Kathryn Sikkink, "Human Rights, Principled Issue-Networks, and Sovereignty in Latin America", *International Organization*, Vol. 47, No. 3, 1993, pp. 411 –441.

③ R. Charli Carpenter, "Vetting the Advocacy Agenda: Network Centrality and the Paradox of Weapons Norms", *International Organization*, Vol. 65, No. 1, 2011, pp. 69 – 102.

十年引发了针对指数体系本身的一系列思考和批评。① 这些讨论针对评估指数的概念基础、评估方法和影响力等诸多方面都进行了反思，然而，与指标生产者和资助者相关的政治经济学分析却始终没有引起重视。评估指标由发达国家生产似乎成为一种无可争议的事实，从学术界到政策界，从指标的生产者到数据的使用者都默认其合理性。显然，多数指标务求覆盖尽可能多的国家，无论发展中国家还是发达国家都是其评估的对象，甚至一些指标尤为关注发展中国家，但评估者，也就是指标的生产者却集中在发达国家一侧，这样明显的失衡却未能引起研究者的注意，可以说是一种怪现象。

一方面，西方国家的指数生产者既是裁判又是运动员，是行业的领导者、标准设定者，也是市场的垄断者；另一方面，对于指标做出科学评价和反思的，往往仍然是指标生产者，也就是说，评估指标从生产到评价再到批评，形成了一个闭环。因此，针对各大指数的分析和批评往往是技术性的，关注数据采集和评估方法，而指标生产体系中的不平等和权力关系，并不是从业者关注的话题。

指数构建机构在分布上的失衡不仅仅是价值评价和声誉问题，政治评估指数以及更为广泛的治理相关指数，与全球治理框架密切相关，与之相关的话语权决定着全球治理的角色分配和权力关系。本国的政治体制、治理效果是否得到国际社会的认可，与贸易、合作和发展机会密切相关。可以说，指数创建机构的分布失衡是全球治理框架不平等的表现或延续。治理评估指标要获得可持续的健康发展，以开放的态度接纳来自发展中国家的经验、价值和理念本身就是一种民主化的体现。

（二）衡量的"简单化"倾向

治理是一个复杂的长期过程。无论指数的目的是传播理念还是制定政

① C. P. Oman and C. Arndt, *Uses and Abuses of Governance Indicators*, Paris：OECD, 2006；Romina Bandura, "A Survey of Composite Indices Measuring Country Performance：2008 Update", UNDP/ODS Working Paper, New York：UNDP, 2008；R. I. Rotberg, *On Governance：What It Is, What It Means and Its Policy Uses*, Waterloo, ON：Centre for International Governance Innovation, 2015；H. K. Anheier, M. Haber, M. A. Kayser, *Governance Indicators：Approaches, Progress, Promise*, Oxford：Oxford University Press, 2018.

策，解决何为发展的规范性问题都是一个不可避免的先决条件。只有在确定了发展目标之后，才能设计指标来评估现状与目标之间的距离，或者指导实现发展目标的政策。如果发展的目标是民主制度，那么对正式制度的测量就会成为评估的核心。而如果发展的目标是制度高效运行，那么制度设计再完善，也不能保证其有效性，只有从制度的实际运行绩效出发，以绩效结果为导向才能评估各国的发展水平。

治理可以被理解为一种结果，或者一个过程。基于过程，或者说程序设定的定义是最简单的。基于制度设定的发展不以结果来决定评价。因此，在一个制度运行低效的社会，或者一个高度依靠非正式制度的社会，对制度设定的测量既无法准确衡量其治理发展水平，也无法指导改革和政策制定。一个显示完善选举制度的民主指标并不一定表明政治昌明。同样，与西方主流民主制度迥异的政治体制，从治理结果上也可以被评估为高速发展。以中国为代表的新兴国家不断挑战甚至颠覆着现有的各类治理评估体系的理论预设和指标选取，以西方经验为基础的评估体系难以解释，为什么中国依靠一套迥异于西方的制度体系，实现了经济的持续增长，社会的长期稳定。

此外，现有评估指数的另一个问题是从抽象概念向具体指标的转化问题。开展一项评估包括两个关键步骤。首先，必须定义用于构建评估的信息来源。这是对测量内容的定义。其次，再定义如何将各种信息聚合进一个指数之中，由此完成从观察到指数的投射。一套指数即使使用了受到一致认可的概念框架，但如何准确找到反映抽象概念的相关指标仍然非常困难。举例来说，本文介绍的几大民主指数，对于具体指标的选取都各不相同。显然，民主是一个复杂的概念，包括选举、法治、协商等多种元素，但并不直接等同于这些元素。因此，对于具体指标的选择必然带来争议和质疑。

同时，在指数的生产过程中，极易出现的一种情况是只选择可以直接测量的指标，忽略难以测量但实际上非常关键的指标。比如，政治评估指标往往涉及决策过程或公众心理，此种数据的获得和测量显然是非常困难的，数据的准确性也往往受到质疑。在一些情况下，指数只能选择一些指标来间接反映概念框架中的某些要素，例如以新闻自由来反映诚信进而反映一个国家的清廉程度。一些概念虽然可以直接度量，但只能以较为粗略的方式加以度量，比如依靠专家的主观印象。

最后，概念和指标数据脱节的情况还可能出现在评估对象的单位上。治理评估指数普遍以国别为基本单位，无论是民主、和平或政府质量，其背后的理论假设都是基于国家层面的，因而相应的指标数据也往往是汇总数据。而事实上，在治理实践中，区域间、机构间和部门间的差异性是巨大的，对低层级数据的加总聚合可能会掩盖重要的因果关系和关键变化，造成数据偏差进而与现实脱节。

（三）构建与测量方法的"偏颇化"倾向

专家主观感知打分是现有治理评估指数最常见的测量方法。与客观测量方法相比，这种方法能够获取更多的信息，但研究者相对难以把控信息的质量，可靠性存疑。客观指标则正相反，数据可靠，但可用信息相对有限。用感知测量方法时，研究者能够决定专家的选择，提问的内容和方式以及如何使用调查结果，但不能指定受访专家用来构建感知的信息来源，也无法控制专家的评估标准。感知测量的一个重要特点就是从研究者到受访专家的权力转移。其灵活性在很大程度上也来源于此。考虑到治理评估的许多内容或是缺乏严谨的系统性信息（尤其是跨国比较信息），或是难以给出准确的衡量标准（比如公正或腐败），这种灵活性无疑是一个巨大的优点。此外，感知方法的灵活性一方面使得可测量的内容范围大大拓宽，另一方面也可以借助专家的知识，超越研究者的认知局限，大规模拓展指数的信息范围。

但同时，灵活性的代价也是不可忽视的。首要问题就是偏见。偏见的产生可能基于几方面原因。首先是信息渗透。研究者无法控制专家的信息来源以及由此产生的认知。对某一具体指标的评估很可能受到一些外部信息的影响，比如对腐败的评估可能受到新闻自由相关信息的影响。信息的互相渗透可能使得指标设定失去意义，控制腐败、法治、问责等各种信息缠结在一起，专家只是基于一个总体的印象对不同内容进行评估。这种情况对于使用评估指数进行理论验证时尤为有害。比如指数使用者想要验证民主与政府透明度之间的关系，但专家对于民主的打分正是基于政府透明度的，那么验证结果必然是二者高度相关。不过，信息渗透对于指数排名来说并不是一个严重的问题，甚至可能有一定的助益。对一个国家政治经济信息的普遍了解可能使得专家的打分更加符合实际，提高评估的准确性。此外，感知方法还存在透明度的问题。我们永远无法完全掌握专家是基于何种信息何种原则进行的评估，无法对结果进行复验，或者在复验时获得截然不同的结果。透明度问题通过精确问题、附加锚定信息、增加受访专家数量或使用测量模型得到缓解。

在使用客观测量方法时，研究者能够决定信息内容以及赋值标准。这无疑确保了指数的透明度和可复验性。从信息来源到评估标准，客观测量方法都是高度透明的。使用同样尺度对同样内容的评估必然产生相同的结果。但同时，这也意味着客观测量指数高度依赖研究者的理论和判断，其使用的信息往往是比较有限的，测量对象也更加狭窄，受限于研究者的知识、经验和想象力。此外，高度的严谨性对比较信息（尤其是跨国信息）完整程度要求更高，这会进一步缩小指数内容的覆盖范围。

此外，从指数构建方法来划分，除了传统的感知、客观测量及其复合指数，还有一类常见方法——集成指数。这一类指数的构建者并不采集一手数据，而是根据一定的理论框架，将第三方指数或社会调查的数据纳入自己的指标系统，经过一定的标准化程序，最终形成一个新的指数。这一类指数节省了数据搜集阶段的大量资源，能够相应地扩大指标范围和规模，因此往往覆盖较长时间跨度内多个领域的大量数据，最为典型的就是世界银行的全球治理指数（WGI）。但这样的指数构建方法同样存在一定的问题。首先，由于指标数据来自不同的信息源，要确保理论和概念的一致性是非常困难的，而在此基础上进行的比较难以克服跨越性问题。其次，在指标集成的过程中，必然要对各种变量进行标准化处理。如果指标本身就来自第三方指数，那么数据可能已经经历了多轮标准化，这可能造成数据的变形。最后，如果集成指数使用的是数据源的部分数据而非全部，就需考虑源数据的各个变量是否独立，将数据从原本语境中抽离是否会造成失真。总之，使用集成构建方法，需要对数据源进行非常谨慎的选择和处理。

（四）评估影响的"有限性"

治理评估指标产生影响力的原因之一在于其赋予评估对象声誉和地位的能力。通过对信息的比较和诠释，指数可以广泛影响国际社会对于成功国家和有效制度的标准，形成一种社会压力，迫使评估对象接受并遵守评估结果以及其背后的价值标准。比较形成判断，赋予地位和身份。在这个过程中，公约得以形成。不同的国家根据这个共同的尺度进行比较，形成一种高度简化的世界观。

如果把评估指数影响力分为传播和行为改变两种形式，在传播层面，评估指数的影响力主要存在于两个群体——学术界包括政策制定者与一般公众的非学术界。尽管对于传播效果的直接测量是十分困难的，但这两个方向分别可以通过学术引用和媒体曝光率进行间接的评估。从现有研究来看①，评估指数在学界的影响力远远高于非学术界。相较于经济或社会指数，政治类指数的这一特点尤为突出。换句话说，一些活跃于科研项目和学术文献中的指数研究在很大程度上并没有转化为政策依据和公众关注，艰深的理论探讨和复杂的测量方法可能永远不会触及非学术受众。

当然，一部分评估指数的主要构建目的就在于理论验证，本文中介绍的一些政治体制评估指数强调概念界定、制度规范，多由学术机构创建，其参与者和主要受众都主要集中在学术研究界，并不追求媒体曝光率，对政策实务界的影响即使存在，也往往是间接的。由于该类指标的目标受众就是学术群体，传播范围的相对有限并不算是问题。但对于关注政治系统运行，与政策密切相关的指数来说，政策实务界的关注至关重

---

① Matthias Haber, Olga Kononykhina, "A Comparative Classification and Assessment of Governance Indices", in Helmut K. Anheier, Matthias Haber, Mark A. Kayser（eds.）, *Governance Indicators*: *Approaches*, *Progress*, *Promise*, Oxford: Oxford University Press, 2018, pp. 11 – 42.

要。而对于本文总结的第二类评估指数，即以廉政、自由、法治等政治价值为测量对象的指数，以推动制度革新和社会进步为目的，尤其需要一般公众和政策界的关注。如果不能进行有效的传播，那无疑是真正的数据坟墓。通过自上而下的排名系统吸引媒体曝光正是一种有效的传播策略。

治理评估指数研究经过二三十年的发展，从概念框架到测量方法不断精深化、复杂化，但也造成了成果与公众认知之间的鸿沟。尤其是面板指数，其结果往往无法用易于理解的语言简单概括，普通公众也难以将其与自身的经验形成联系。如果研究者不能够放下身段为公众阐释指标的意义，引起公众兴趣，将很难获得以受众为导向的大众媒体的青睐。而在互联网时代，虽然传播主体可以在一定程度上跨越传统媒体渠道，但如果不能搭建用户友好的数据平台，制作面向公众的传播形式，在各种新兴内容的挤压下，甚至会造成更为严重的传播劣势。

在传播基础上，更为有效的影响力表现在行为改变，对于评估指数来说，也就是成为政策制定或改革的依据。指数通过媒体传播形成民意压力，尤其是在指数中排名落后的国家。利益团体可以利用评估指数提供的信息要求制度变革。同时，通过长期对政策和机构进行监测和评估，成功的指数可以在一定程度上使评估对象内化其评价标准，为避免评分降级而进行自我规范。此外，评估指数通过比较形成跨国压力，进而影响国际合作、投资和援助。

要真正引导政策变化，形成压力是必要条件，但不是充分条件。在压力之下，评估对象可能还需要具体的政策指导才能最终完成政策变革。尽管近十年来的指数研究已经注意到对政策实务的指导性，但现有指数仍然多是对现状的测量和描述，既缺乏对因果关系的挖掘，也难以直接转化为政策依据。高度抽象化的评估指标也许可以描述何为"善治"，但无法告诉实践者如何获得"善果"。例如，脆弱国家指数通过贫困、冲突等指标测量一国的脆弱程度，但这些指标难以用来指导高度脆弱国家或其他相关主体通过何种举措或干预来改善该国的脆弱性。尽管世界各国都认识到与制度运行相关的政策依据对于决策和治理的重要性，并且随着技术进

步，数据的数量和质量也在不断增加，但生成、收集、合成和使用指数
为决策提供信息仍然存在困难。决策者要从大量复杂的信息中识别对政
策有用的数据，理解数据的意义，与自身政策环境相结合，无疑是非常
困难的。

三、对建构以中国经验为基础的治理评估指数的建议

21 世纪已经进入第二个十年，全球治理框架在多种力量的共同作用
下正在动态中逐渐形成。虽然传统的权力主体仍然主导着国际政治，但无
论学术界还是实务界，都已经意识到多种隐形的权力以微妙的方式影响着
国家间的权力分配。评估指数正是以这样一种形式影响甚至改变着全世界
关于制度、规范、绩效与发展的观念，以非强制性却有效的方式规范着全
世界，引导决策者的政策行为和公众舆论。这些指数不仅是对实践或现象
的测量和描述，更重要的是对评估目标施加压力，施加指数背后的意识形
态和价值准则。

中国，作为全球治理的积极倡导者和推动者，在构建制度性话语权的
过程，应该更积极地参与到全球政治评估指数的建构过程中，将中国成功
的政治发展经验和制度建设做法，进行学理化、普遍化，以形成基于中国
经验，关照广大发展中国家政治发展前景的评估指数体系，推动全球政治
评估指数版图的多样化。

尽管近年来许多中国学者进行了探索性研究，尝试建立新的政治评估
体系，但效果并不理想。部分原因是在于我们对于现有的全球治理评估指
数仍然缺乏系统的理解和充分的分析，没有总结出现有指数成败的关键因
素，我们认为要积极推动构建以中国经验为基础的治理评估指标体系，重
视理论基础搭建，指标筛选可测量以及在国际社会上的推广。

**第一，利用百年之大变局带来的观念竞争机遇，积极倡导和推动第三
代以治理绩效为中心的评价体系构建。** 从目前在各种指标中的表现来看，
中国在制度类指标中表现最不理想。这一类指标也是建设最早、普遍影响
力最低的一类指数，尽管对学术研究仍有较高的参考价值，但对政策实践

以及通过新闻媒体获取信息的一般公众来说，传播极为有限。由于明显的意识形态差异和偏见，中国几乎不可能在这一类指数中获得理想的评价结果。相反，中国在绩效表现类指数中排名往往更加靠前，这是由过去几十年中国高速发展的现实决定的。绩效类指数往往与政策实践联系最为密切，可以说，理想的评估结果不仅"好看"，而且"有用"。第三代绩效类指数也是多年来全球指数建设领域的呼声，是未来发展的方向，因此，中国应更加关注此类指数的发展，一方面改善具体指标表现，另一方面着力提高对此类指标建设的影响力，这也将为中国通过治理指标参与全球治理提供新的工具。

第二，从中国治理经验出发，积极寻找与广大发展中国家的发展和治理共性，从中寻找共识性经验和知识，运用到指标体系建设中，提高指标体系的涵盖性和包容性。由于新兴国家在国际评估指标建设主体中的全方位缺失，其发展经验难以体现在现有指标体系中。这也是发展一线往往发现指标与本地现实严重脱节，无法指导实践的重要原因。以中国为代表的新兴国家，在过去的几十年间积累了大量的发展经验和教训，可以说，这些才是发展实践亟须获得的知识指导。在新指标的建设中，无须高举中国大旗，形成"风景这边独好"的印象，从而招致偏见和攻击，而是从新兴大国的发展经验中寻找具有普遍意义的共性规律，一方面能够获得更多国家的理解和支持，另一方面也能够产生实实在在的对于后发展国家有指导意义的治理建议，从而使得指数本身获得更大的影响力，同时也提高中国在发展中国家发展实践中的影响力。

第三，鼓励国内有影响力的研究团队加强治理指标体系的研究，形成良性竞争和筛选机制，推动具有中国自主知识意义的治理指标体系走上国际舞台。从本文列举的全球多个重要指数来看，稳定的学者团队、独立的机构设置和资金来源是保障指数持续高质量发布的重要前提。即使是"政体指数"这样具有重要影响力的老牌指数，在失去美国政府的资助后，也出现了发展停滞的情况，遑论过去几十年间层出不穷而又昙花一现的各种指数。我们国内的指数发布机构多为高校和科研机构，且往往以科研项目的形式开启和运行，在这种设置下，要保持多年持续发布几乎是不可能的。纵观国际上幸存下来的评估指数，或依托商业企业、基金会，或隶属于国际组织，即使是以高校为主体的指数，也往往有多方持续的资助。可以说，稳定的机构设置和资助来源是指数得以存续的物质保障。

第四，**探索尽可能地使用客观指标，尤其是大数据等新型指标建设工具**。在对现有指标的批评中，最为集中的就是多项指标普遍采用的专家赋分法。一方面，专家选择的标准、身份来源的模糊性是多项指标饱受质疑的原因之一；另一方面，这种基于主观认知的评估方法往往带来严重的偏见，而中国正是偏见的受害者。在近年的指标建设倡议中，降低甚至放弃专家赋分法的声音不断出现。可以说，信息技术的飞速发展为指标建设提供了多种工具，基于近百年前的传统评估方法已经无法反映出治理现实。中国的指标研究者和建设者应致力于推动指标工具的更新换代，以新的客观方法取代旧有的主观评价方法，从而避免中国因评估者的偏见而遭到不公正的评价。

第五，**重视治理评估指标体系的发布和推广**。即使在现有的各项主流指数中，其影响力范围和强度也各不相同，许多指数存在曝光度过低的问题。指数产生影响力的基础是普遍的"易达性"，即受众只需简单操作就能够获取简单易懂的数据。在这方面，依托于商业媒体集团的评估指数和非政府组织表现尤为突出，国际组织次之，学术机构最差。建立独立的网站，发布可视化的数据报告，组织相关领域的讨论以及大范围、多角度、多平台的传播活动是扩大指数影响力的必要措施。反观国内近年建设的评估指数，几乎没有任何一家机构建立了独立、完善的网站，也无法通过一般搜索引擎获取，更没有提供在主流指数网站中常见的可视化数据呈现工具。中国是互联网大国，建设这样的网站并不存在技术门槛，可见"易达性"并没有引起足够的重视。而在大众传媒以及新媒体上的传播，与相关机构和一般公众的公共关系建设更是近乎为零。保证"易达性"，提高传播效果，是指数建设的重要组成部分。

附件：国际、国内代表性治理评估指数

一、制度类型评估指数

（一）政体指数（Polity）

政体指数研究于 20 世纪 60 年代末由美国马里兰大学政治学学者发起，第一代数据发表于 1975 年，后续研究由系统性和平中心（Center for Systemic Peace）主持。项目由美国中央情报局旗下的政治不稳定工作组（Political Instability Task Force）资助（资助于 2020 年 2 月终止）。最新的政体第五代指数（Polity V）由第四代指数（Polity IV）改造发展而来，记录和监测 1800 年以来 167 个国家政权模式和政权的变化。[①] 第五代指数目前仍在开发和改造过程中，政治学研究广泛使用的仍然是第四代指数。

政体指数的独特之处在于它关注制度中民主与专制相伴而非相互排斥的形式。这一观点设想了一个治理权威的范围，从完全制度化的独裁，到混合的或不完全的威权政权，再到完全制度化的民主。政体指标的测量方法是开创性的，但同时也受到大量的质疑和批评：一是政体指数判定民主或专制的各项指标主要集中在体制设定方面，不涉及制度绩效和公民权利。二是对政治体制的评估也更为偏重行政系统。尽管指数设定中包含对选举的考察，但对于选举本身的测量是较为粗糙的。三是对美国历史的美化，比如将 1842 年的美国列为全世界唯一的民主国家，尽管此时的美国仍是少数实行奴隶制的国家。四是评估指数对于西方国家的殖民主义历史也选择回避，比如 1900 年之前的非洲地区被简单处理为"无

[①]　Center for Systemic Peace，"The Polity Project：About Polity"，https：// www. systemicpeace. org/polityproject. html（访问时间：2022 年 8 月 24 日）。

数据"①。

政体指数对于中国的评估数据停滞在 2018 年，评估结果为制度化独裁（－7 分）。这一得分从 1976 年至 2018 年没有任何变化。此前，仅在 1976 年在"行政长官的权利限制"一项二级指标上增加 1 分，总分由 － 8 分上升为 － 7 分。这一评估结果显示出不加掩饰的意识形态偏见，并且无视数十年间中国政治的发展和变化。

此外，值得指出的是，在失去美国中情局的资助后，政体第五代指数的数据发布更新基本处于停滞状态，这反映出评估指数以及大规模数据库对资助来源的高度依赖。这种依赖一方面体现在评估立场以及结果中，同时也影响甚至决定了评估指数的运行和存续。

（二）民主多样性指数（Varieties of Democracy/V-Dem）

民主多样性研究所创立于 2014 年，总部设在瑞典哥德堡大学政治学系。V-Dem 致力于在世界范围内测量和评估民主发展，资助机构非常多元，包括欧盟委员会等多家政府机构、世界银行、多家非政府机构以及高校、研究所等研究机构。②

与其他主要政治评估指标相比，V-Dem 的创建时间较晚，其样本规模、专家数量、数据多样性和测量方法之复杂程度，都是早期政治评估指数难以企及的。指数由 5 个民主原则一级指标构成，包括选举、自由、参与、协商和平等。再进一步分解为 82 项二级指标和 400 多项三级指标，其中约半数为来自官方文件的客观事实指标，其余一半为专家主观评估。③

V-Dem 的创始目的是建立一个比较民主政治的数据库，其中的多项指标也成为其他重要治理指数的数据来源，比如世界银行的全球治理指标、透明国际的清廉指数和美国国际开发署的自力更生国家指数（Journey to

---

① Adam Johnson，"Vox's CIA-Backed 'Democracy' Standard Is OK With Slavery and Women Not Voting"，*Fairness & Accuracy in Reporting*，https：//fair. org/home/voxs-cia-backed-democracy-standard-is-ok-with-slavery-and-women-not-voting/（访问时间：2022 年 8 月 24 日）。

② V-Dem，"The V-Dem Project：About the Project and Methodology"，https：//www. v-dem. net/project. html（访问时间：2022 年 8 月 24 日）。

③ Staffan I. Lindberg，Jan，Teorell，Michael Coppedge，John Gerring et al. ，"V-Dem：A new way to measure democracy"，*Journal of Democracy*，Vol. 25，No. 3，2014，pp. 159 – 169.

Self-Reliance Country Roadmap)。[1] 但总体来说,民主多样性指数的曝光率并不及世界自由指数这样的老牌政治评估指数。

尽管民主多样性指数声称其数据库包含了全球最为广泛的民主政治数据,但在其持续发布的近十年时间里,受到了多种批评。首先是对专家主观评价的高度依赖,尤其是匿名专家的来源和主观指标的权重受到学界的质疑。此外,有批评指出,近年来民主多样性指数已经偏离了其建设伊始所追求的多元化民主观,无视西方自由主义民主的局限,将其作为民主的唯一定义。[2] 无怪乎民主多样性指数 2022 年对中国的评估结果为第 172 名(共 179 个国家)。

(三) 民主指数 (Democracy Index)

英国经济学人集团旗下的经济学人智库 (EIU) 从 2006 年开始发布民主指数。民主指数测量全球 167 个国家和地区的民主状况,几乎涵盖了全世界的所有人口和世界上绝大多数国家 (微型国家除外)。[3] 民主指数包括 5 个一级指标下的 60 个二级指标,测量选举过程和多元化、政府职能、政治参与、政治文化和公民自由。

依托于《经济学人》周刊为旗舰的经济学人集团,民主指数在媒体曝光度和公众关注程度上具有明显的优势,但同时多年来也受到多种质疑和批评。首先,《经济学人》并没有披露评估专家的身份,经济学人智库没有说明他们是智库的工作人员还是外部专家,也没有提供其数量、所在行业、职业或国籍的任何信息。其次,民主指数的评估与打分过程存在极大的模糊性、不确定性。为了获得一致性得分,指数对于民主相关变量的

---

[1] USAID, "FY 2021 USAID Journey to Self-Reliance Country Roadmap Methodology Guide", https://roadmaps.usaid.gov/docs/FY_2021_USAID_Journey_to_Self-Reliance_Country_Roadmap_Methodology_Guide.pdf (访问时间:2022 年 8 月 24 日)。

[2] Wolff, Jonas, "From the Varieties of Democracy to the defense of liberal democracy: V-Dem and the reconstitution of liberal hegemony under threat", *Contemporary Politics*, Vol. 29, No. 2, 2022, pp. 161 – 181.

[3] EIU, "Democracy Index 2020: In sickness and in health?", https://www.eiu.com/n/campaigns/democracy-index-2020/ (访问时间:2022 年 8 月 24 日)。

极简化处理，无疑会对指数的准确性造成影响。[①]

2021 年的民主指数报告以"中国挑战"为标题，将中国视为全球民主政治的威胁。但同时，报告也认为西方国家通过围堵来扼制中国的策略是不可行的，而应该着力完善自身的民主政治系统，与中国模式展开竞争。在最新的 2022 年民主指数中，中国的得分仅为 1.94 分，在 167 个国家中排名第 156，较 2021 年（2.21 分，第 148 名）继续下降，而这一评价主要基于中国的新冠防疫政策。

二、政治规范评估指数

（一）世界自由指数（Freedom in the World）

世界自由指数由位于美国华盛顿特区的非营利组织"自由之家"（Freedom House）于 1972 年开始正式发布。尽管在官方网站上声明"（世界自由）报告是在美国国家民主基金会、美林家族基金会、谷歌公司和礼来基金会的慷慨支持下完成的。《世界自由》不接受政府资助"[②]，但自由之家的历年财务报告显示来自联邦政府的资助一直以来都是该组织最重要的财源，且数量和比例都在逐渐增加。比如，2020 年资助规模达到近 4600 万美元，超过全部资金来源的 90%。[③]

世界自由指数是全球最具影响力的政治评估指数之一。无论从媒体曝光度、学术参考以及政治决策方面，自由指数都有相当的影响力。[④] 与许多评估指数发布机构不同，自由之家在世界政治中非常活跃，从人员、资

---

① Peter Tasker, "The flawed 'science' behind democracy rankings", *Nikkei Asia*, https：//asia. nikkei. com/NAR/ Articles/Peter-Tasker-The-flawed-science-behind-democracy-rankings（访问时间：2022 年 8 月 24 日）。

② Freedom House, "About the Report", https： // freedomhouse. org/report/freedom-world, 2022 – 08 – 20.

③ Freedom House, "Financial Statements", https： // freedomhouse. org/sites/default/files/2021 – 05/Freedom _ House_FY2020_Audited_Financial_Statements. pdf（访问时间：2022 年 8 月 24 日）。

④ Tim Büthe, "Beyond Supply and Demand：A Political-Economic Conceptual Model", in Kevin Davis, Angelina Fisher, Benedict Kingsbury, Sally Engle Merry（eds. ）, *Governance by Indicators*：*Global Power through Classification and Rankings*, 2012, p. 50；Matthias Haber, Olga Kononykhina, "A Comparative Classification and Assessment of Governance Indices", in Helmut K. Anheier, Matthias Haber, Mark A. Kayser（eds. ）, *Governance Indicators*：*Approaches*, *Progress*, *Promise*, Oxford：Oxford University Press, 2018, pp. 11 – 42.

金到活动都与美国政府联系紧密。在理论框架方面，有学者指出世界自由指数对民主的定义过于片面，过分强调民主的较为正式的方面，而未能捕捉到非正式但真实的权力关系和影响途径，并经常导致事实上的民主偏离。因此，某个国家可以"在形式上看起来自由民主，但在实际运作中可能相当不自由"[①]。此外，在测量方法上，依赖观察和主观判断的专家打分法也难以避免系统性偏见的产生。

2020 年，中国宣布制裁 11 名美国官员，其中就包括自由之家总裁。早在 2001 年，联合国非政府组织委员会就针对自由之家与美国政府机构，尤其是中央情报局之间的密切关系进行了听证，其间多个国家提出了严厉指责。[②] 在最新发布的 2023 年《世界自由报告》中，中国被评为 9 分的"不自由"国家，在"政治权利"以及指标中的得分是 –2 分，在所有受评国家中几乎垫底。

（二）法治指数（Rule of Law Index/RoLI）

世界正义项目（World Justice Project）从 2008 年开始发布法治指数，该项目由美国律师协会发起，旨在评估各国在法制建设及遵守法律方面的情况。该项目最初由比尔及梅琳达·盖茨基金会通过美国律师协会资助，目前得到多个组织、公司和私人基金会的财务支持。

法治指数对于"法治"的定义包括四项基本原则：责任、公正法律、开放政府以及无障碍和公正的争议解决。[③] 值得强调的是，法治指数是少数几个独立收集公众数据的指标之一。对普通公众的一般性调查降低了对专家的依赖以及后者可能产生的评估偏见。但该指数也有其局限性。社会调查方法存在的一些固有问题在法治指数调查中同样难以克服，专家调查由于隔年进行一次，调查时间可能对调查结果产生一定影响。调查结果并不能体现变量之间的因果关系，也难以直接用于政策改革。

---

① Wouter P. Veenendaal, "Democracy in Microstates: Why Smallness Does Not Produce A Democratic Political System", *Democratization*, Vol. 22, No. 1, 2015, pp. 92 – 112.

② https：// press. un. org/en/2001/ngo432. doc. htm（访问时间：2022 年 8 月 24 日）。

③ The World Justice Project, "Rule of Law Index 2020", p. 5, https：// worldjusticeproject. org/sites/default/files/documents/WJP-ROLI-2020-Online_0. pdf（访问时间：2022 年 6 月 22 日）。

在 2022 年发布的法治指数中，中国在 140 个受评国家中排名第 95。在 8 项一级指标中，"基本权力"和"政府权力限制"两项得分最低，而在"秩序与安全"一项表现最为突出，在"杜绝腐败"和"民事诉讼"两项上得分也相对较高。

（三）腐败感知指数（Corruption Perceptions Index/CPI）

腐败感知指数是由非政府组织"透明国际"建立的清廉指数排行榜，反映全球各地商人、学者及风险分析人员对世界各地腐败状况的观察和感受。透明国际总部设在德国柏林，由世界银行负责非洲地区项目的前官员于 1993 年成立。透明国际的主要资助来源包括多个国家和地区的政府机构、多边组织和基金会等。[①] 从 1995 年开始，腐败感知指数"根据专家评估和民意调查确定的公共部门腐败感知水平"对各国进行排名。[②] CPI 将腐败定义为"滥用委托权力以谋取私利"。由于腐败行为的隐蔽性以及难以衡量腐败的绝对程度，CPI 测量的是人们对腐败的看法。

CPI 是世界范围内使用最广泛的腐败指数，受到各类机构和全球媒体的广泛关注，也被国际发展和援助组织用来指导资源分配。对腐败感知指数的批评主要集中于测量方法上。比如，有学者指出，腐败是一个过于复杂的概念，不能用一个分数来衡量。通过衡量人们对腐败的看法，而不是腐败本身，指数可能只是在强化现有的刻板印象；指数只衡量公共部门的腐败程度，而忽略了私营部门。[③] 此外，由于 CPI 的数据收集并不面向普通公众，因此被认为存在严重的精英偏见，并由此引发不当的政策反应。[④] 作为对 CPI 的补充，透明国际推出了全球腐败晴雨表，面向普通公

---

① Transparency International，"Who Support Us"，https：// www. transparency. org/en/the-organisation/who-sup-ports-us（访问时间：2022 年 6 月 22 日）。

② Transparency International，"Our Story"，https：// www. transparency. org/en/our-story（访问时间：2022 年 8 月 24 日）。

③ Dan Hough，"Here's This Year's（Flawed）Corruption Perception Index. Those Flaws Are Useful"，*The Washington Post*，2016 - 01 - 27. https：// www. washingtonpost. com/news/monkey-cage/wp/2016/01/27/how-do-you-meas-ure-corruption-transparency-international-does-its-best-and-thats-useful/（访问时间：2022 年 6 月 22 日）。

④ Alex Cobham，"Corrupting Perceptions"，*Foreign Policy*，2013 - 07 - 22. https：// foreignpolicy. com/2013/07/22/corrupting-perceptions/（访问时间：2022 年 6 月 22 日）。

众进行社会调查。但全球腐败晴雨表的规模、曝光度和影响力都远远不及腐败感知指数。

在最新发布的 2022 年腐败感知指数中，中国得分 45 分（满分 100 分），在 180 个国家中排名第 65，基本位于中位水平。

（四）全球和平指数（Global Peace Index/GPI）

全球和平指数是一套测量国家或地区的和平程度的指标，由经济与和平研究所（Institute for Economics & Peace，IEP）首次于 2007 年发布。指标的部分数据由英国经济学人智库（EIU）的专家小组收集。研究所的创立者澳大利亚企业家兼慈善家史蒂夫·基利亚（Steve Killelea）曾两次获提名诺贝尔和平奖。目前，研究所受到包括澳大利亚政府、全球多个政府间组织和基金会的资助。[①]

GPI 用于测量国家卷入当前国内和国际冲突的程度，评估一个国家内部的和谐或不和谐程度。指标分为三个关键的主题类别：尚未平息的国内和国际冲突、国内和谐或动乱程度以及军事化水平。GPI 使用数据以客观数据为主，来源广泛，包括国际战略研究所、世界银行、斯德哥尔摩国际和平研究所、联合国毒品和犯罪问题办公室等。个别指标由于缺乏数据，会与经济学人智库合作进行定性评估。[②]

除了为学术研究提供数据和评估标准，GPI 也为各国政府政策制定提供决策依据，尤其在促进旅游产业和建设国家品牌方面，并为非政府组织和私营部门提供项目活动信息，帮助它们选择项目的重点领域，评估风险。因此，GPI 自发布以来获得新闻媒体、各国实务界和国际组织的普遍关注。有批评指出 GPI 结果的不合理性。这种情况源于定义和平以及分配指标权重的困难性。[③]

[①] Institute for Economics & Peace，"About"，https：∥www.economicsandpeace.org/about/（访问时间：2022 年 6 月 22 日）。

[②] Institue for Economics & Peace，"Global Peace Index 2021"，https：∥www.economicsandpeace.org/wp-content/uploads/2021/06/GPI-2021-web.pdf（访问时间：2022 年 6 月 22 日）。

[③] Jay Ulfelder，"The Trouble with Combining, or Why I'm Not Touting the Global Peace Index"，https：∥dartthrowingchimp.wordpress.com/2012/06/12/the-trouble-with-combining-or-why-im-not-touting-the-global-peace-index/（访问时间：2022 年 6 月 22 日）。

在 2023 年发布的全球和平指数中，中国在 163 个国家中排名第 80，较前一年上升 6 名。值得指出的是，在 2023 年的报告使用了大量篇幅分析台海冲突对全球经济可能造成的冲击。

三、制度绩效评估指数

（一）贝塔斯曼转型指数（Bertelsmann Transformation Index／BTI）

贝塔斯曼转型指数是衡量世界各地发展中国家和转型国家政治和经济转型进程的发展状况和治理的指标。BTI 自 2006 年以来每两年由德国贝塔斯曼基金会发布一次，最近一次是在 2022 年对 137 个国家发布。贝塔斯曼基金会是德国规模最大的基金会之一，1977 年由贝塔斯曼集团总裁莱因哈特·摩恩（Reinhard Mohn）创建。贝塔斯曼是世界顶级媒体集团，摩恩在 20 世纪 90 年代将股份转入贝塔斯曼基金会名下，使其成为贝塔斯曼媒体集团的最大股东，以保持机构运营的可持续性。

贝塔斯曼转型指数包括两个排名，即现状指数和管理指数，以及详细的国家和区域报告。指数使用专家赋分法，评估内容分为民主、市场经济和政府质量三大项。作为具有一定影响力的老牌指数，其存在的问题也是较为明显的，少数专家主观打分的方法使其客观性一直受到质疑。缺乏代表性的专家选择无疑会对最终评估结果带来重大影响，导致明显的偏见性结果。比如在 2016 年，贝塔斯曼转型指数不但将中国台湾列为国家，还将其列为现状指数之冠。[①]

在 2022 年发布的贝塔斯曼转型指数中，中国在现状指数一项总体排名第 78，其中民主现状指标排名第 116，位置始终偏低。经济现状指标排名第 29，持续保持较高水平。在治理指数一项排名第 48，与往年的评估结果相比大幅上升，主要是由于 1 项三级指标"导向能力"的明显提高。

---

① Lee C., Taiwan Ranked No. 1 on Bertelsmann Transformation Index, *Taiwan News*, https：∥www.taiwannews.com.tw/en/news/2888556（访问时间：2022 年 6 月 22 日）。

（二）脆弱国家指数（Fragile States Index/FSI）

总部位于美国华盛顿特区的智库和平基金会和美国《外交政策》杂志从 2005 年开始发布失败国家指数，对世界各国总体的社会稳定性进行排名。2014 年，该指数更名为"脆弱国家指数"（FSI），旨在建立一套预警机制，有效应对国家脆弱性问题。和平基金会由美国企业家伦道夫·坎顿创立于 20 世纪 50 年代，当时主要关注冷战背景下的核不扩散问题。冷战结束后，和平基金会将注意力转向弱小国家，以及更为广泛的暴力冲突、国家脆弱性、安全和人权等问题。目前，和平基金会的合作者和资助来源包括数十个教育机构、政府组织、政府间组织、私营企业以及基金会。[①]

FSI 的起源可以追溯到和平基金会的冲突评估系统工具（CAST）的创建，该工具开发于 20 世纪 90 年代，旨在为决策者和一线工作者提供理解和测量复杂环境中的冲突驱动因素和动态的框架。从 2004 年开始，和平基金会与《外交政策》合作，以 CAST 框架为基础，推出了失败国家指数，进一步对国家进行评估和排名。由于对理论、理念到评估方法的一系列调整，失败国家指数更名为脆弱国家指数后，评估的重心在一定程度上由安全转向发展。

尽管 FSI 自发布以来就受到广泛关注，但各种批评也一直伴随左右。"失败国家"这一名称多年来一直饱受争议。批评者指出"失败国家"暗示着无可挽救。这一争议也是 2014 年指数更名的原因之一。[②] 此外，对于 FSI 作为政策工具的有效性受到质疑，批评者认为指数只关注症状，忽视造成现状的原因或可能的治愈方法。[③]

在 2023 年的指数排名中，中国在 179 个国家和地区中排名第 101（排

① FFP, "Who We Are", https: //fundforpeace. org/who-we-are/（访问时间：2022 年 6 月 22 日）。

② FFP, "From Failed to Fragile: Renaming the Index", https: //fundforpeace. org/2014/06/24/from-failed-to-frag-ile-renaming-the-index/（访问时间：2022 年 6 月 22 日）。

③ Lionel Beehner, Joseph Young, "Is Ranking Failed or Fragile States A Futile Business?", *The Washington Post*, 2014 – 07 – 14, https: //www. washingtonpost. com/news/monkey-cage/wp/2014/07/14/is-ranking-failed-or-frag-ile-states-a-futile-business/（访问时间：2022 年 6 月 22 日）；Miles M. Evers, "The Fatally Flawed Fragile States Index", *The National Interest*, https: //nationalinterest. org/blog/the-buzz/the-fatally-flawed-fragile-states-index-10878（访问时间：2022 年 6 月 22 日）。

名越靠前，得分越高，国家脆弱性越高）。其中，"人权"、"国家合法性"和"精英分裂"三项指标的得分最高，外部干预、人才外流和移民安置得分最低。

（三）世界治理指数（Worldwide Governance Indicators/WGI）

世界治理指数从 2002 年开始发布，该指数是衡量一国政府公共治理成效方面最为权威的指标体系。与机构内的一些其他指标数据不同，WGI并不指导世界银行的资源分配。[①] WGI 的评估内容包括 6 个方面：言论和问责、政治稳定和暴力削减、政府效能、监管质量、法治、腐败控制。[②]

WGI 强调评估、理论发展和政策之间的联系，"让治理问题的相关探讨更加实证化"[③]，是当前诸多治理定量研究中严谨度最高、影响力最大、使用面最广的综合指标之一。治理指标为蓬勃的治理实证研究提供数据支持，学术界使用 WGI 来验证治理与增长之间的关系[④]，为世界各地的决策者提供了政策改革和监测的工具，国际发展实务界也可以用其作为政策讨论尤其是对外援助方面的政策依据，比如千禧年挑战公司（MCC）就使用 WGI 的部分指标来选择援助国家。[⑤] 对于 WGI 的分析和批评也从未停息。比如，有学者指出 WGI 对于治理的定义过于宽泛，难以真正对政府绩效进行评估。[⑥] 6 个一级指标之间的边界并不明确，对于何为"善治"，

---

① WGI, "Introduction", https：// info. worldbank. org/governance/wgi/Home/Documents # doc-intro（访问时间：2022 年 6 月 22 日）。

② World Bank, "Worldwide Governance Indicators", https：// info. worldbank. org/governance/wgi/（访问时间：2022 年 6 月 22 日）。

③ Kaufmann D. and Kraay A. , Governance Indicators：Where Are We, Where Should We Be Going? World Bank Policy Research Working Papers, https：// elibrary. worldbank. org/doi/abs/10. 1596/1813 – 9450 – 4370（访问时间：2022 年 6 月 22 日）。

④ Daniel Kaufmann, Aart Kraay, "Growth Without Governance", World Bank Policy Research Working Papers, 2002, https：//ssrn. com/abstract =316861, 2021 – 12 – 26；Daniel Kaufmann, Aart Kraay, Massimo Mastruzzi, "Governance Matters VI：Governance Indicators for 1996 – 2006", World Bank Policy Research Working Paper, 2007, https：// ssrn. com/abstract = 999979（访问时间：2022 年 6 月 22 日）；Marcus J. Kurtz, Andrew Schrank, "Growth and Governance：Models, Measures, and Mechanisms", *Journal of Politics*, No. 69, 2007, pp. 538 – 554.

⑤ MCC, "Who We Select：Control of Corruption Indicator", https：// www. mcc. gov/who-we-select/indicator/control-of-corruption-indicator（访问时间：2022 年 6 月 22 日）。

⑥ Anna Persson, Bo Rothstein, Jan Teorell, "Why Anticorruption Reforms Fail—Systemic Corruption As A Collective Action Problem", *Governance*, Vol. 26, No. 3, 2012, pp. 449 – 471.

何为"恶治"并没有明确的标准。[①] WGI 复杂的指标来源和变量也对数据使用者造成困扰。在一些情况下，同一指标不同国家的数据可能来自多个不同的数据源，这也使得无论是时间上还是空间上的比较都存在问题。对于数据源的选择依据，指数也并没有充分的说明。虽然数据来源中既包括面向普通公众的社会调查，也包括专家评估和公司调查，但前者的权重偏低，专家偏见仍然没有得到有效克服。此外，很难使用 WGI 来直接指导治理实践，指数更多的是对现状的描述，对于其成因和影响以及如何应对，并没有给出指导意见。[②]

WGI 并不提供排名，仅提供各项指标的面板数据，在最新发布的 2021 年数据中，中国在"政府效能"、"腐败控制"、"法治"3 个一级指标上都表现突出，在"言论和问责"一项多年来始终评分较低。

（四）人类发展指数（Human Development Index，HDI）

人类发展指数是联合国开发计划署从 1990 年开始发布的一项综合指数，用以衡量各国社会经济发展程度的标准，指数以诺贝尔经济学奖获得者阿玛蒂亚·森的发展理论为蓝本。一级指标包括出生时的预期平均寿命、受教育年限、人均国民总收入 3 个维度的客观数据，将受评各国和地区划分为极高、高、中、低四个等级。指数发布的重要初衷在于通过一个综合衡量标准——人类福祉——而非单一的经济进步来评估发展。人类发展指数对发展理论、测量和政策都产生了深远影响，不仅为各国政府、非政府组织和研究人员提供了测量和比较发展程度的新工具，而且拓展了各界对发展本身的共同理解。在产生巨大影响的同时，人类发展指数也受到了不同角度的质疑和批评，比如 3 项一级指标的片面性和模糊性，只关注具体国家表现和排名，缺乏从全球视角关注发展等，指数设置本身在过去的 30 多年中也经历了数次调整。

———————————

① Laura Langbein, Stephen Knack, "The Worldwide Governance Indicators: Six, One, or None?", *Journal of Development Studies*, Vol. 46, No. 2, 2010, pp. 350 – 370.

② M. A. Thomas, "What Do the Worldwide Governance Indicators Measure?", *European Journal of Development Research*, Vol. 22, No. 1, 2009, pp. 31 – 54.

在最新发布的人类发展指数 2021/2022 中，中国在 191 个国家和地区中排名第 79，属于高人类发展指数组，较上次评估（2019/2020）上升了 3 位（第 82 名），得分（0.768）也小幅持续上升。值得注意的是，这一期指数是新冠疫情暴发以来的首次发布，在全球疫情背景下，大量国家的人类发展指数出现了明显的下降，全球人类发展指数也总体下降。

（五）营商环境指数（Doing Business）

营商环境指数是世界银行发布的一项旨在评价经济政策的指标体系，于 2003 年首次发布。指标以专家打分法，对全球 190 个国家的经济环境和监管框架进行评估，具体包括 10 项一级指标：开办企业、办理施工许可证、获得电力、登记财产、获得信贷、保护少数投资者、纳税、跨境贸易、执行合同以及办理破产。营商环境指数作为世界银行的旗舰知识产品，在学术界、政策实务界和商界都产生了巨大的影响，数以千计的学术研究以指数所提供的数据为研究基础，其中包括诺贝尔经济学奖获得者。同时，因为指标设定本身就提供了具体的改进建议，并且相对容易实施，没有过多争议，指数对各国改善商业监管提供了有利的工具，成为经济治理与改革的重要参考。此外，该指数也成为一些商业公司投资运营的重要参考，进而成为各国吸引投资的重要依据。在 2019 年发布的最后一期《2020 营商环境报告》中，中国排名持续大幅提升，位列全球第 31 名。

营商环境指数在全球范围内获得广泛的认可，但也受到多种质疑，比如指标设定过于狭窄，专家主观赋分带来的偏见问题，甚至有批评认为其巨大影响力导致各国将政策重心放在商业监管制度上，挤压了减贫、可持续发展等更为重要的发展议题。但其中，最为致命的是对于指数客观性的质疑。2021 年 9 月 16 日，世界银行集团发布声明，由于内部审计发现的道德操守问题，决定终止发布《营商环境报告》。世界银行将重新设计评估商业及投资环境的方法。[1] 调查显示，在世界银行集团股东和管理高层

---

[1]　World Bank, *World Bank Group to Discontinue Doing Business Report*, 2021, https：// www.worldbank.org/en/ news/statement/2021/09/16/world-bank-group-to-discontinue-doing-business-report（访问时间：2022 年 6 月 22 日）。

的压力下，多项数据出现"不当改动"，最终影响了相应国家在营商环境指数中的排名。① 2022 年 12 月，世界银行宣布即将启动新的知识旗舰计划"营商就绪"（Business-Ready），旨在改善并替代营商环境指数，评估全球 180 个经济体的商业和投资环境。该计划拟于 2024 年公布第一批研究结果，其中将包括 54 个国家的数据。

（六）国内主要治理指数

华东政法大学从 2014 年开始发布"全球治理指数"（States' Participation Index of Global Governance，SPIGG），至今已连续发布 9 期，是目前国内唯一持续发布的全球治理评估指数。项目旨在对国家在全球治理中的参与状况进行评估，首次评估包括 25 个国家，在指标体系设计中格外强调国家在全球事务中的参与度和影响力。经过不断改进和拓展，2022 年发布的最新一期指数评估了全球 189 个国家对全球治理的参与度和贡献度，具体指数包括"基础性指标""价值性指标""持续性指标"3 个方面，除提供排名外，还将受评国家分为 A + 至 C - 9 个等级。在最新一期的报告中，中国位列第 10，归为 A + 等级。

此外，清华大学社会科学学院政治学系的"政治发展评价体系研究"和北京大学国家发展研究院"国家治理指数构建"课题组都在着力开发新的国际治理评估体系。

---

① IMF, "Statement by the IMF Executive Board on Its Review on the Investigation of the World Bank's Doing Business 2018 Report", 2021, https：//www. imf. org/en/News/Articles/2021/10/12/pr21297-statement-by-imf-exec-board-on-its-review-on-investigation-of-wb-doing-business-2018-report（访问时间：2022 年 6 月 22 日）；Andrea Shalal, "World Bank Aims to Replace Canceled 'Doing Business' Report in Two Years", 2021, Reuters, https：// www. reuters. com/business/world-bank-aims-replace-canceled-doing-business-report-two-years-2021 - 11 - 10/（访问时间：2022 年 6 月 22 日）。

The Governance Indices with Global Impacts and Their Implications for China

Yang Xuedong　　Zhang Mengmeng

Abstract：Constructing an evaluation index can concretize, quantify and visualize complex and diverse governance issues, and has become an important governance method applicable to various fields. Since the 1990s, with the ending of the Cold War and progress of globalization, a new wave of creating and utilizing indicators has emerged. Various indicator systems have been produced by the Western countries and international organizations to evaluate the governance performances worldwide. Some of them have exerted far-reaching impacts while triggering intense controversies, especially with many developing countries who are not satisfied with the results these indicators provided, but unable to challenge the opinions and outcomes brought by them. This study examines the development history and main contributions of governance indices, classifies and compares internationally influential governance indices, and proposes some suggestions for constructing the governance assessment index based on China's development experience.

Keywords：Governance Index；Index Comparison；Chinese Experience；Index Construction

多民族国家建设"元问题"再审视[*]

于春洋

燕山大学文法学院教授

王家琪

燕山大学文法学院博士生

摘要 多民族国家建设是当今世界各国共同面对的重要议题。中外学界对如何实现"民族认同国家",解决"多个民族"与"统一国家"之间的张力问题多有讨论,但对多民族国家建设所涉"元问题"关注不够、涉猎不深。多民族国家是在"一国一族"经典民族国家范式全球拓展的进程中出现的,伴随全球化的纵深发展与世界人口的跨国流动,成为现代民族国家的普遍表现形态——多个民族共处一个现代国家。依"谁获益、谁负责"的原则,多民族国家建设的主体既包含作为主导者来承担领导责任的国家(通过政府),也包含作为建设者来推进各项事业发展的多个民族。多民族国家建设的内容既涵盖维护主权独立、搭建制度体系、夯实民主政治等"硬"的、外观的部分,也包含国家民族共同体构建、族际关系协调与整合、国家认同塑造等"软"的、内核的部分。身份认同是多民族国家建设必须关注的核心议题,身份认同的向背取舍,决定了当今世界多民族国家建设的成败。

---

* 本文为 2021 年度国家社科基金重大项目"马克思主义经典作家关于民族国家与多民族国家的重要文献整理及当代意义研究"(21&ZD211)的阶段性成果。

｜关键词｜ 多民族国家；多民族国家建设；身份认同；国家民族；元问题

一、研究进展与选题缘起

自民族国家（national state）出现以来，学术界关于现代民族国家建构的讨论从未停止。民族国家及其体系最早形成于欧洲，查尔斯·蒂利（Charles Tilly）对欧洲民族化国家形成（state formation）进行了系统深入的考察。他认为欧洲民族化国家的出现并非是统治者有目的地设计构建起来的，而是偶然的非预期的结果（unintended consequence）。此处的"偶然性"体现在多个方面，一方面，"战争缔造国家"[1]。15—18 世纪的欧洲战争规模不断扩大，在准备战争的过程中，为了更好地获取战争资源，强大的集权化机构应运而生，相应地其辅助性机构（如法庭、警察、财政机构、地区政府等）也相继出现，这一时期民族化国家的制度框架出现并不断完善。此外，战争还促进了民族主义兴起。统治者进行战争动员的过程中往往通过宗教、语言、教育等手段塑造被统治者的"文化历史同一性"[2] 从而获取民众对其统治的拥护，激发其战争斗志，民族化国家的认同基础得以形成。另一方面，在"战争缔造国家"的过程中，国家统治机构不断完善与扩大，平民政治出现，加之民众对于统治者压迫的不满与反抗，统治者不得不考虑民众的利益，调整统治政策。在与民众"讨价还价"的过程中，相关福利制度（如养老金、公共卫生、公共教育）被建立起来，政府机构和职能进一步扩大，有些部门起到了反映民众诉求的作用，民族化国家"意外"地形成了。

如果说蒂利的国家形成理论是重点关注"国家内部进程"的内源型理论，那么弗朗西斯·福山（Francis Fukuyama）所指出的国家建构方式

---

[1]　Charles Tilly, *Coercion, Capital and European States: AD 990 - 1992*, Hoboken: Wiley-Blackwell, 1992, p. 219.

[2]　Charles Tilly, *Reflections on the History of European State-making in the Formation of National States in Western Europe*, Princeton and London: Princeton University Press, 1975, p. 78.

则主要是依靠"外部行动者"的外源型建构①。"第三世界的国家形成应该是与西方国家显然不同的"②，福山的外源型国家建构理论的创立很大程度上源于其对 20 世纪 80 年代以来发展中国家的现实分析。福山认为的国家建构实际上指的是"在新建一批国家政府制度的基础上，强化现有的国家制度"③。他强调国家建构的重要性，并且注重国家建构的"范围"（国家职能）和"强度"（国家力量）④，认为二者是国家建构的基础部分，其中后者在国家建构中更为重要。因此，福山提出了一个国家建构的恰当策略——既要在保留关键性经济、政治、社会职能的基础上缩小国家职能范围向社会放权，又要通过中央集权提高和强化国家制度的力量从而提升国家能力，构建起"小而强的国家"⑤。与蒂利类似，福山将民族建构作为国家建构成功与否的关键，认为民族建构的本质就是建立起国民的民族认同。⑥

无论是蒂利还是福山都承认并强调民众的"拥护"对于现代民族国家建构的重要作用。因为所谓的"民族国家"实际上可以被理解为一种建立在"民族认同国家"基础之上的国家形态。作为民族国家权力合法性的重要来源，国内的国家认同状况关乎国家核心利益，也关乎现代民族国家在全球化叙事场景中的现实境遇与历史命运，通过现代民族国家建构的方式来回应全球化对于民族国家的冲击与挑战，让民族国家适应全球化纵深发展的需要，是当今世界每个国家都必须去完成的任务。然而，在现代社会，就世界范围内来看，大部分现代国家都不是由单一民族构成的，而是呈现出多民族国家的特点。特别是随着全球化的发展，人口、资本和文化的跨国流动不断加剧，模糊了民族国家地理和意识形态界限，国家模

---

① 参见曹海琴、于春洋：《国家建构理论的两大流派及其研究新进展》，载《国际论坛》，2016 年第 3 期。
② 〔美〕查尔斯·蒂利：《强制、资本和欧洲国家（公元 990—1992 年）》，魏洪钟译，上海人民出版社 2007 年版，第 3—4 页。
③ Francis Fukuyama, *State-Building*: *Governance and World order in the 21st Century*, Ithaca: Cornell University Press, 2004, p. 1.
④ Francis Fukuyama, *State-Building*: *Governance and World order in the 21st Century*, Ithaca: Cornell University Press, 2004, p. 7.
⑤ Francis Fukuyama, *State-Building*: *Governance and World order in the 21st Century*, Ithaca: Cornell University Press, 2004, pp. 16 – 18.
⑥ 参见〔美〕弗朗西斯·福山：《政治秩序与政治衰败：从工业革命到民主全球化》，毛俊杰译，广西师范大学出版社 2015 年版，第 168 页。

式正在迅速改变。在这种情况下，民族与国家不再是完全同一的，民族与国家之间的关系都可能是存在争议的。^① 因此，当我们在谈论民族国家和现代民族国家建构问题的时候，一个基本的事实判断应该是当今世界绝大多数国家都是多民族国家，是由多个民族共同组成的国家。由此如何处理"国家"与"民族"之间存在的冲突成为维护现代国家统一与社会稳定不得不面对的问题。

面向这一现实，福山总结了移动边界、族裔纯净化、文化同化以及认同组合四种民族国家认同政治建设的模式^②，国内有学者将此总结为源起于西方的同化主义、多元文化主义，以及源起于中国的多元一体主义。^③当前国内学术界大多基于我国的国情从"多元一体"的角度出发对统一多民族国家建设议题展开讨论，普遍将"铸牢中华民族共同体意识"作为当前我国多民族国家建设的基本理念与重大方略。例如青觉等学者就从中华民族共同体的内在规范出发，提出既要"以人民为中心建立起保障性的现代国家民族事务治理体系"，又要"把握人民特性，以人民为中心拓宽行动性的实践路径"。^④ 严庆指出当前多民族国家建设包括"政治整合与国家认同两个面向"^⑤，前者需要法律制度的规范与保障，后者则包含着个体对于国家的归属感、依附感等，需要国家与社会共同塑造。同时，严庆还论述了历史观教育对于多民族国家建设中的关键作用，指出要重视"基于'四个与共'的各民族多元一体的历史基因教育"^⑥。还有学者立足当前新时代的大背景，提出提升政府治理能力、发展市场经济、培育中华民族共同体意识、促进中华文化发展繁荣、构建包容性制度等当前

---

① 参见〔加〕威尔·金里卡：《多民族国家中的认同政治》，载《马克思主义与现实》，刘曙辉译，2010 年第 2 期。
② 参见严庆、平维彬：《西方多民族国家建设的类型化研究——基于弗朗西斯·福山的"建构主义"视角》，载《广西民族研究》，2018 年第 3 期。
③ 参见马俊毅：《柔性的多元与韧性的一体——多元一体主义与中华民族共同性的生成》，载《中华民族共同体研究》，2023 年第 2 期。
④ 青觉、徐欣顺：《新时代多民族国家建设与铸牢中华民族共同体意识——以人民为中心的理论与实践》，载《民族研究》，2021 年第 1 期。
⑤ 严庆、于浩宇：《当代中国多民族国家建设的理路及其时代价值——兼论中华民族共同体意识的铸牢策略》，载《探索》，2021 年第 3 期。
⑥ 严庆、孙铭晨、王跃：《中华民族历史观教育对中国多民族国家建设的关键作用》，载《民族学刊》，2023 年第 3 期。

我国多民族国家建设的实践进路。[①] 可以看出，近年来学术界在多民族国家建设方面的讨论大多集中在整合国内各民族与国家的关系方面，特别是实践层面，围绕如何解决"多个民族"与"统一国家"之间存在的现实张力问题，提出了一系列有效的实践路径，但是对于多民族国家建设的"元问题"，即建设主体和建设内容问题却关注不够、涉猎不深。

当今世界绝大多数国家都是多民族国家，都面临在"多个民族，一个国家"的条件下维持"民族认同国家"的难题。加之全球化的挑战，世界移民的增加，各国的民族构成更加多元复杂，各国间交往的加深也使得本国国民受到纷繁多样的价值观的冲击，影响着多民族国家统一身份认同的塑造，进而威胁多民族国家的稳定与发展。可以说"民族认同国家"是当今世界每一个多民族国家都要面临的重大挑战，要想应对这一挑战，就必须依靠多民族国家建设。而在多民族国家建设进程中，必须首先厘清两个"元问题"，即建设主体（谁来建设?）和建设内容（建设什么?）的问题。本文旨在对多民族国家建设"元问题"进行初步讨论，力图为多民族国家建设议题研究的深入和多民族国家建设实践的探索提供学理基础和参考启示。

二、审视"多民族国家"

所谓"多民族国家"，是指由多个民族共同组成的国家。这也是广义上的、通常意义上的多民族国家含义。而从狭义上看，严格来讲，"多民族国家"在很大程度上是个衍生性概念。因为只有当"民族国家"这种国家形态出现并且实现了自身的全球拓展，从而让不具备"一个民族，一个国家"基础的国家和地区也被裹挟进入这种国家组织结构之后，才出现"多民族国家"。然后，随着全球化发展所带来的世界人口迁徙与文化交往，当今世界的绝大多数国家都成为事实上的多民族国家。本文所指称的多民族国家，就是在这种意义上来理解的，是一种狭义的多民族国

[①] 参见郭小虎:《后发多民族国家建设的实践进路》，载《人民论坛》，2021 年第 34 期。

家。而这里要谈及多民族国家建设，它更是和全球化息息相关：正是由于全球化对于"民族认同国家"这一民族国家得以"安身立命"的底层逻辑的冲击和挑战，才让"多民族国家建设"这种以保有和增进国家认同作为核心目标的方式与手段，成为当今世界绝大多数国家都需要认真面对、不断探索、积极实践的普遍事务。

无论是在中国本土学术话语之中，还是在西方民族主义理论框架之内，抑或是要进行中西学术比较，有关民族概念及其历史演进的讨论一旦进入近代，就必然要与民族国家发生直接联系。因为"民族国家既是民族与国家的逻辑前提和理论预设，又对民族和国家现象形成实际的规约"[1]。而就目前的情况来讲，学界对"民族国家"和"现代民族国家"这两个概念的使用存在一定程度的混乱，反而是"多民族国家"的概念边界相对清晰——当多个民族共同生活在一个民族国家的政治组织结构之内，也就是多民族国家。鉴于此，我们有必要对"民族国家"和"现代民族国家"做一个概念内涵及其使用场景的比较，在此基础上，再来讨论"多民族国家建设"中的"谁来建设"以及"建设什么"的问题。

一方面，在相当一部分学者那里，这两个概念的边界是完全重合的，民族国家就是现代民族国家，现代民族国家也就是民族国家，可以互换使用。[2] 而在具体行文中，"现代民族国家"这一表述方式往往被一些学者运用在与"前民族国家"（即民族国家出现之前的那些国家形态，包括绝对主义国家、封建国家、王朝国家等）相对应的语境之中。他们认为前民族国家属于传统国家，而民族国家则是现代国家，"它是现代性的产物以及现代性赖以生存的政治实体"[3]。我们认为，这种将"民族国家"等同于"现代民族国家"的提法是具有合理性的，因为民族国家始创于中世纪末期的欧洲，及至现代得以成形。《威斯特伐利亚和约（1648）》（*the*

---

① 周平：《民族国家时代的民族与国家》，载《云南民族大学学报》（哲学社会科学版），2013 年第 5 期。

② 比如王建娥研究员认为："欧洲被认为是现代民族国家的发源地，其民族国家的建构过程也开始得最早。较早开始民族国家建构的英国被视作现代民族国家先驱，而法国则被视为现代民族主义的典范和发源地。"参见王建娥：《国家建构和民族建构：内涵、特征及联系——以欧洲国家经验为例》，载《西北师大学报》（社会科学版），2010 年第 2 期。

③ 杨春时：《现代民族国家与中国新古典主义》，载《文艺理论研究》，2004 年第 3 期。

Peace Treaty of Westphalia，1648）的签订是一个极具标志性的事件，它不仅意味着神权让位于主权，更标志着现代国家主权原则的初始确定。安东尼·吉登斯（Anthony Giddens）也正是在这种意义上认为民族—国家的发展源于在绝对主义国家中与传统国家形态的断裂，主权观念和政治理念逐渐成为现代国家的组成部分。①

　　另一方面，也有学者对"民族国家"与"现代民族国家"进行了使用边界的限定，对两者做出了差异性的解读。比如，有学者把民族国家理解为"传统意义上的民族国家"，指出"从其理想状态上看，……民族国家的建立逻辑在于：一个国家的国民就是一个民族，而一个民族就应该建立一个国家"。这种理想状态体现在民族国家建构的历史演进中，就成了"西欧具有原生意义的民族国家"。② 但是这种传统意义中的民族国家有着无法回避的局限性：我们已然生活在一个由多民族国家构成的世界里，导源于欧洲特定历史背景与发展阶段的民族国家建立逻辑，已经无法适用于欧洲之外的国家。面对这种局面该学者指出，"这种西欧式的原生意义的……民族国家在现实当中并不具备代表性"③。因此主张把现代民族国家作为与这种传统意义上的民族国家相对应的概念，意指那些试图效仿西欧原生民族国家的建构模式，却不得不面对国内复杂民族结构的多民族国家。一旦这些国家能够实现国内多民族的族际整合，培育出国内多民族对主权国家的认同，它们就能过渡到现代民族国家。必须承认，持这种观点的学者深刻体悟到了西欧原生民族国家与当今世界更多现实存在的多民族国家之间的差别，并试图通过这样一种基于概念使用上的区分，来明晰自己所指称的研究对象。

　　然而，无论是将民族国家等同于现代民族国家，还是在一个平行的视野里区分了民族国家与现代民族国家的使用边界，都存在着一些不容忽视的问题。将民族国家等同于现代民族国家的观点是值得商榷的，毕竟民族

---

① 参见〔英〕安东尼·吉登斯：《民族—国家与暴力》，胡宗泽、赵力涛译，生活·读书·新知三联书店 1998 年版，第 4—5 页。
② 参见罗圣荣：《现代民族国家视野下的多民族国家整合》，载《青海民族研究》，2008 年第 3 期。
③ 罗圣荣：《现代民族国家视野下的多民族国家整合》，载《青海民族研究》，2008 年第 3 期。

国家自从诞生以来，已经走过了三百多年的历程，在这三百多年间，不同民族国家无论是在历史背景、时代特征、建构方式、民族构成还是民族政策取向上都存在着巨大的差异，而且每个民族国家在建立之后，也会因由内外环境的诸多变化而进行相应的调适，进行国家一体化的努力和国家民族建设，确保能够实现最低程度的国家认同。显然，将所有这些国家及其经历的诸多变化一概笼统地称为民族国家或现代民族国家，都显得有些草率。同时，将民族国家与现代民族国家简单分立的做法也是经不起推敲的，因为这种划分方式会让那些曾经的"传统意义上的民族国家"在现实的学术话语中意外地缺席。问题的关键在于，其实那些"传统的"西欧原生民族国家在欧洲一体化、经济全球化以及外来移民大量涌入等因素的共同作用下，曾经的"理想状态"已然让位于现实中的棘手问题。事实上，这些国家目前所面临的国内民族整合的任务也非常艰巨，民族认同国家也成为一种需要进行人为建构的艰难过程。那么，当"传统意义上的民族国家"正在成为一种历史陈迹时，对于这些蜕变于此的欧洲民族国家又该如何指称呢？

因此，我们的观点是，可以把"民族国家"作为一个特指性概念，专门用来指称"传统意义上的民族国家"，即西欧早期的原生民族国家。而把"现代民族国家"作为一个泛指性概念，用它来指称所有形式的民族国家——无论是历史的还是现实的：既包括以往传统意义的民族国家，也包括现实中的欧洲民族国家；既包括来自美洲、大洋洲的那些以移民作为主要国家构成成员的民族国家，也包括20世纪以来陆续从三大帝国以及殖民统治下解放出来的广大亚非国家，以及因东欧剧变而出现的新兴民族国家。我们认为，这样一种小与大、特指性概念与泛指性概念的组合方式，可以在最大程度上化解目前学界对于"民族国家"和"现代民族国家"这两个概念在使用上的混乱与随意。然而，我们也承认这种划分只有当"民族国家"与"现代民族国家"同时出现在某一具体语境之时，这里的界定才变得可行——因为在更多情况下，学界对民族国家的使用还是在一个较为宽泛的意义上进行的。

至于说到多民族国家，至少从当今世界一些国家的自我宣称来看，它们不承认自己是多民族国家。比如日本曾经长期宣称自己是由大和族构成的单一民族国家，只是近年来才开始承认少数民族的存在；有些国家从国家形态上看，不属于民族国家和现代民族国家，但从国内民族构成的角度来看，则是多民族国家。比如伊朗，从国家形态上看，它是一个政教合一的伊斯兰国家，但从国内民族构成的角度来看，伊朗的国内有波斯人、阿塞拜疆人、库尔德人、阿拉伯人、巴赫蒂亚里人、土库曼人等——它是一个由数十个民族构成的多民族国家。为了便于直观呈现民族国家、现代民族国家和多民族国家之间的关系，我们绘制了一个反映三者关系的理想图示（见图 1）。

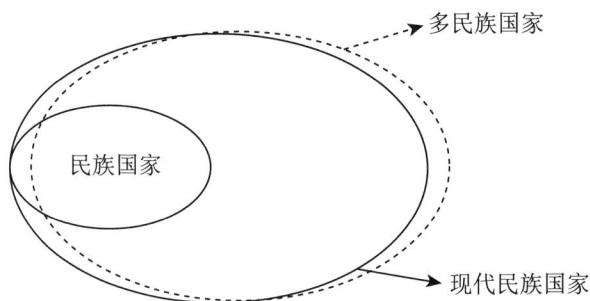

图 1　民族国家、现代民族国家与多民族国家关系图示

三、谁来建设：国家的，还是民族的？

要想推进多民族国家建设，一个前置性的、必须明确的问题是"谁来建设"？只有回答了在这场多维复杂的、受多种因素交错影响的整体性建设过程中，究竟谁是主体的问题，才能真正开启并推进多民族国家建设。如前所述，民族国家是由民族与国家两相结合，基于民族认同国家而形成的政治结构，因此，民族和国家既是多民族国家建设最重要的利益关切方，也是这一建设的最直接的成果受益方。

（一）作为多民族国家建设主体的国家

当把国家作为多民族国家建设的主体时，首先必然要以自身的阶级属性，即代表和维护统治阶级利益的国家机器为基础，同时也在最大程度上体现自身的公共权威地位，执行社会服务职能。多民族国家建设固然要捍卫国家的存在和发展，但是并不能将维护统治阶级利益视为多民族国家建设的唯一目标。如果仅仅把资本主义国家进行多民族国家建设的目标局限在维护国内资产阶级、金融巨头等的利益集团的利益，就未免太过狭隘了。要知道，国家在肩负多民族国家建设的使命与责任时，它所要维护的显然不仅仅是国家既得利益集团的利益，还要承担满足具有差异性的、不断处于动态发展变化之中的广大社会阶层与社会个体的意愿和诉求的职责，毕竟提供社会服务职能、保障基本人权也是国家得以存在的底层契约，这一契约一旦被打破，既得利益集团就面临失去国家统治地位的风险。这个问题在社会主义国家就更容易理解，因为社会主义国家坚持以人民群众的利益为中心，其存在和发展均要以满足最广大人民群众的利益诉求为前提。从这个意义上讲，国家的存在发展是和最广大人民群众的利益诉求相一致的，多民族国家建设成果也是由社会全体成员来共享的。社会个体日益复杂化、多元化、动态发展的利益诉求与国家这种依赖于强制力、法律、制度、政策体系而建立的政治结构之间始终保持着动态的平衡和持续的张力，而国家能够诉诸民族认同国家目标的方式更多也只能是抽象的意识形态概念或具体的政策制度安排①，很难成为多民族国家建设的唯一主体。

在全球化的时代大背景下进行多民族国家建设，预先应该考虑的问题是建设的执行主体、建设对象的诉求及执行条件等。国家作为执行主体时，其需要发挥自身结构、主权、制度、疆域等方面的已有效能，并借力于民族建设过程反哺国家政治合法性和巩固国家政权。从国家的本质属性层面着眼，国家建设和民族建设彼此渗透和相互交叉，且二者需要在现代化的历史进程中共同完成。一方面，国家公权力为多民族国家建设提供行政资源集中与整合，法律、制度、国家政治结构等的建设使国家能够在主权范围内对已有领土进行行政控制。另一方面，多民族国家建设并不仅限

---

① 参见钟贵峰、张会龙：《民族国家建设的多维向度》，载《广西民族研究》，2013年第3期。

于行政控制。对此安东尼·史密斯（Anthony D. Smith）指出①，这一建设还需要进行共同体的记忆及象征性符号、共同体的历史传统和仪式、"民族"共享文化（语言、习俗、宗教等）可信性要素的确定、培育和传递；需要通过标准化的方式和制度在特定人群中灌输"可信性"价值、知识和态度；需要对具有历史意义的领土，或者祖国的象征符号进行界定、培育和传递；在被界定的领土上对技术、资源的选择和使用；规定特定共同体全体成员的共同权利和义务；等等。依照史密斯的观点进行考察，多民族国家建设所需发挥的并非是个体意识，而是群体意识与类主体意识的综合，是一个"国家民族"共同体意识的塑造。

因此，我们既要承认国家在多民族国家建设中承担着不可替代的领导角色和首要责任，也要看到国家恐怕无力主导多民族国家建设的全部内容，至少在"国家共同体意识"塑造的相关领域，国家只能提供安全保障（维护稳定职能）、外部环境（行政管控职能）和物质基础（发展经济职能），如果缺少"多个民族"的积极响应、支持与配合，很难取得实质性进展。

（二）作为多民族国家建设主体的民族

尤尔根·哈贝马斯（Jürgen Habermas）指出，"迄今为止，以法国大革命为基础的民族国家和宪政国家是世界范围内唯一获得成功的认同形态，其成功之处就在于可在非暴力的手段下统一特殊因素和普遍因素"②。这意味着，多民族国家建设的过程中，相较于国家作为公共权威的自上而下的强制力，通过非暴力手段来达成多民族国家的建设目标，其产生的效果更为直接和有效。有学者就曾将民主作为构建国家认同的前提，"人民是建构国家制度的主体，是国家权力的唯一来源"③。从这个角度上看，国家建设的过程与构建国家认同的过程是一致的，二者相辅相成。只有人

---

① 〔英〕安东尼·史密斯：《全球化时代的民族与民族主义》，龚维斌、良警宇译，中央编译出版社 2002 年版，第 107 页。

② 〔德〕尤尔根·哈贝马斯：《现代性的哲学话语》，曹卫东译，译林出版社 2004 年版，第 409 页。

③ 林尚立：《现代国家认同建构的政治逻辑》，载《中国社会科学》，2013 年第 8 期。

民自己建设起来的国家,人民才会真正认同;只有人民的权利得到法律的承认与保护,人民才会承担对国家的责任与义务。正是在民主参与的过程中,人民形成了对国家的政治认同。在这种前提下,国家认同不是被强制力塑造的,而最终是由国民自主选择的。除了民主之外,民族主义、民族精神等更具有人文性的要素也是此类非暴力手段的代表。布莱克(C. E. Black)曾就此认为①,民族主义是业已被证明的能够巩固和确保公民忠诚于国家的最有效工具。用马克思主义的观点来看,家庭与市民社会是国家的前提,正如马克思(Karl Marx)在《黑格尔法哲学批判》中所写:"政治国家没有家庭的自然基础和市民社会的人为基础就不可能存在。"② 由此,民族(国家民族)乃至构成民族的社会个体要素,完全可以成为推进多民族国家建设的基础动力。同时,借助人的实践主体性和思想主体性可以增加国家制度、社会秩序、法律制度等的柔韧性、亲和度与人文关怀。作为人的因素的介入,民族对国家的市场运作、教育灌输、行政管控与意识形态引领的多层次渗透起到了推动作用,民族精神与文化成为民族国家内部成员之间彼此联结的关系纽带,这对民族认同国家同样具有积极作用。而以此为基础来建设多民族国家,是立足于外部环境、基本国情、民族文化发展状况和民族认同国家诉求的客观现实,更容易取得成效。国内外多项实证研究也为此提供了证据,例如20世纪70年代初期,朴正熙政府就通过加强韩国历史教育,让学生内化他们对民族文化和传统的自豪感,以加强他们的国家认同感。③ 一项来自利马市的实证研究也表明对文化遗产和秘鲁历史人物的欣赏对国家认同具有积极正向影响。④ 我国学者强世功也论述了中国近现代历史对于香港居民国家认同的塑造作用。⑤ 由此可

---

① 〔美〕C. E. 布莱克:《现代化的动力:一个比较史的研究》,景跃进、张静译,浙江人民出版社1989年版,第87页。

② 《马克思恩格斯文集》(第3卷),中共中央马克思恩格斯列宁斯大林著作编译局译,人民出版社2009年版,第111页。

③ Bong kyu Lee, "Reinforcing the Korean National Identity History Education ScholSars in the Park Chung-hee Era", *Critical Studies on Modern Korean History*, Vol. 21, No. 1, 2017.

④ Marc Rottenbacher de Rojas, Jan, "Appreciation of Historical Events and Characters: their Relationship with National Identity and Collective Self-Esteem in a Sample of Public School Teachers From the City of Lima", *Spanish Journal of Psychology*, Vol. 13, No. 2, 2010.

⑤ 强世功:《国家认同与文化政治——香港人的身份变迁与价值认同变迁》,载《文化纵横》,2010年第6期。

见，一个民族国家内部的语言、习俗、宗教信仰、历史、生活方式等文化要素与该国的多民族国家建设及其成效关系密切，而这些文化要素均可以在民族的层面得到回应。

所谓"国家民族"（state-nation）是多民族国家在保有国内不同民族的文化多样性的基础上建构的，是"文化多样，政治一体"所追求的一体化结果。由此可以发现，"国家民族"是所有国内民族彼此交往交流交融的结果，先创建多民族国家，再通过民族建构来把国内不同民族凝聚形成国家民族。从这一视角观察，"国家民族"的形成与国家的建立在时间上并不同步。"国家民族"的形成需要长时间的积累与沉淀，而国家则是在政治结构层面上变动，如疆域的划分和权力的更替，这种形式上的变动相较于"国家民族"的形成而言，在一个相对短时段之内即可完成。比如发动一次革命或是经历一场战争，都有可能让一个旧的国家颠覆，建立一个新国家。但即便是这种国家灭亡与诞生的巨大变动也并不会轻易改变民族文化及民族心理特征，或是消除文化差异和民族性差异，国家认同被打破和再次生成同样也需要漫长的时间，并且不会一劳永逸。因此可以认为，在多民族国家建设的主体之中，内在而且必然地包含着民族（国家民族）——如果国家主导着多民族国家建设的那些"硬"的方面，外观的部分，那么民族则主导着这一建设过程中的那些"软"的，同时也更具内核意义的部分。

四、建设什么：外观的，还是内核的？

国家出现并非偶然，恩格斯（Friedrich Engels）在《家庭、国家和私有制的起源》中明确提到"国家是作为调和阶级利益矛盾冲突的力量产生的"[①]，特定的社会历史条件下会形成特定的国家形态。周平认为[②]，国家从诞生发展至今共经历了 3 种形态，即基督教普世世界国家、王朝国家

[①] 《马克思恩格斯选集》（第 1 卷），中共中央马克思恩格斯列宁斯大林著作编译局编译，人民出版社 2012 年版，第 85 页。

[②] 周平：《民族国家认同构建的逻辑》，载《政治学研究》，2017 年第 2 期。

和新型的民族国家。中世纪以前的基督教普世世界国家实际上是存在于欧洲的一个"结合了世界主义的理念和地方主义现实的体系"①，那时候的国家还只是一些各自为政的封建割据，同时又被罗马教皇统治而形成了一个大的政治体。中世纪末期兴起的王朝国家，开始形成了自己的国家政权和地域边界，并且运用政治、经济和文化的力量，把国内的居民整合成为一个整体，即"国家民族"，从此"国家民族"在当时的国家形态之中有了自己的一席之地并日渐觉醒。到了18世纪，国家民族意义上的民族与王朝国家的矛盾不断加深，国家民族的自我觉醒意识不断加强，最终推翻了王朝国家的统治，建立了民族认同的国家政权，实现了民族与国家的统一，形成了新型民族国家。民族国家源于威斯特伐利亚原则，即国家主权是不可剥夺的，是主权的最高形式。它创造了一种普遍的公民身份，在这种公民身份下，国家的所有公民都是平等的。② 这种国家创造的公民身份促进了统一的"国家民族"意识的形成。通过以上对于民族国家早期形成的历史过程的梳理可以发现，现代民族国家建构需要具备两个要素，即外在的国家政治形态和内部的国家民族凝聚意识。也正是基于类似的经验观察与逻辑推演，陈明明在他的文章中提出了这样的观点："作为一个政治发展过程，民族国家的这种现代转换包含两个面向不同而又联系紧密的命题，即民族建设和国家建设。"③ 无独有偶，王建娥通过对于欧洲经验的系统梳理，认为："现代民族国家的形成，包含了两个方面的建构过程：一个是国家领土和边界的形成和确立，国家法律制度和国家政治组织的建构；另一个是在国家疆域之内，在具有异质性族裔文化背景差异的人群中间创造出同一的民族性和民族认同。"④ 严庆则进一步指出多民族国家建设中所包含的"民族建设"和"国家建设"两个面向，前者注重塑

---

① 〔美〕莱斯利·里普森：《政治学的重大问题》，华夏出版社2001年版，第278页。
② Bhikhu Parekh, *Rethinking Multiculturalism: Cultural Diversity and Political Theory*, Hampshire: Palgrave MacMillan, 2006, p. 183.
③ 陈明明：《从族裔到国族》，载《社会科学研究》，2010年第2期。
④ 王建娥：《国家建构和民族建构：内涵、特征及联系——以欧洲国家经验为例》，载《西北师大学报》（社会科学版），2010年第2期。

造国民认同，后者则侧重政权制度建设。① 可以说民族国家实现真正意义上的国民政治共同体的构建，现代形式上的民族国家才算建立②。以上学者的研究恰好为我们提供了理解多民族国家建设的两个相辅相成的基本面——外观建设与内核建构。

（一）多民族国家的外观建设

正如前文所提到的，国家形态演进发展到民族国家阶段，需要经历一个相对漫长的历程，在这一历程之中，国家既要具备现代主权国家的外在特征，实现并维持国家的主权独立和领土完整，还要拥有一套科层制的官僚系统而让中央政府的权力可以触达并有效控制国家疆界之内的全部地方。而这一切都需要通过多民族国家的外观建设来实现。

第一，维持主权独立和领土完整。这是多民族国家得以存在的基础，也是实现国家作为一种公共权威的根本依凭。马克思在《神圣家族》一书中指出"最高的存在就是最大限度地确认普遍国家秩序，因而也就是最大限度地确认民族"③，即民族独立是一个国家秩序确立的前提。马克思和恩格斯在波兰和爱尔兰的民族问题上也指出，"国家的民族"必须摆脱被瓜分领土和被压迫的命运，成为独立的国家，而民族只有独立，才能真正获得自己的祖国。只有确保民族国家的主权独立和领土完整，使国家的这个"政治外壳"足够坚实，生活在民族国家内部的民族群体和社会成员才能不受外部力量的威胁和侵犯。吉登斯进行民族国家相关理论研究的时候曾经提出过著名的"内部绥靖"观点，为我们这里讨论的外观建构问题提供了重要理论支撑，他认为民族国家建立所要经历的"内部绥靖"过程，就是国家通过对国内行政资源的集中和整合获得的行政权力，来确立国家主权和领土边界并且进行有效的控制，使得现代民族国家的确

---

① 参见严庆：《多民族国家建设的话语与方略——基于国家建设与民族建设关系的视角》，载《民族研究》，2022 年第 4 期。
② 参见高永久、左宏愿：《论现代国家构建中的民族政治整合》，载《南开学报》（哲学社会科学版），2018 年第 1 期。
③ 《马克思恩格斯文集》（第 1 卷），中共中央马克思恩格斯列宁斯大林著作编译局编译，人民出版社 2009 年版，第 320 页。

立成为可能。"只有当拥有国家权力的民族国家,对其主权范围内的领土实施统一的行政管理和控制时,现代意义上的民族和民族国家才得以存在。"① 我们认为,多民族国家内部民族的生存要依靠国家的统一、主权的独立和领土的完整来实现,而这也恰恰构成了多民族国家外观建设的底层逻辑。

第二,建立现代政治制度体系。史密斯曾在其著作中概括了国家建设的一般性过程,并将之称为"官僚式融合"② 过程,即通过一系列整合行为,建立服务国家社会生活各层面的政治制度体系,如建立统一的法律规范和司法体系;完善行政系统,精简行政机构以提高办事效率;等等。史密斯认为国家建设的过程就是整合政治资源、建立政治制度体系的过程。福山也认为③ 国家建设是在完善现有的国家制度的基础上,建立新的国家政治制度的过程。严庆认为④ 国家建设是为了促进国家内部的一体化和实现国内政局稳定,通过制定一系列的制度、政策和措施来实现国家建构的一种国家整合行为。吉登斯将这种整合行为称作国家政权建设⑤,通过建立合理化的官僚机构,通过制定税收机制、公共财政以及完善法律等在国家疆域内推行其权力,并对疆界内进行严密的"监控",从而实现其行政权力渗透的目的。对以上学者的观点进行梳理,可以看到他们都提出了要通过制定政治制度的方式来完成国家的建构。在制度要素中,因组织是最容易被创新、完善和传播的,从而成为最容易被制度化的存在,国家要实现"多元一体",必须在国家的各个组成部分或各职能部门组织之间,建构起相对稳固的政治结构,通过国家所拥有的行政权力巩固彼此之间的政治联系,并通过制定完整的制度体系和保障制度的实施来对国家进行行政控制。现代国家要保障自身的存在都需要经历一场这样的政治整合过程,

---

① 〔英〕安东尼·吉登斯:《民族—国家与暴力》,胡宗泽、赵力涛译,生活·读书·新知三联书店 1998 年版,第 144 页。
② 〔英〕安东尼·史密斯:《全球化时代的民族与民族主义》,龚维斌、良警宇译,中央编译出版社 2002 年版,第 106 页。
③ 参见〔美〕弗朗西斯·福山:《国家构建:21 世纪的国家治理与世界秩序》,黄胜强、许铭原译,中国社会科学出版社 2007 年版,第 2 页。
④ 参见严庆:《民族、民族国家及其建构》,载《广西民族研究》,2012 年第 2 期。
⑤ Myron Weiner, "Political Integration and Political Development", *Annals of the American Academy of Political and Social Science*, Vol. 358, Mar. 1965, pp. 52 – 64.

即我们这里探讨的国家建设的基本内容。

第三，确立和完善现代民主制度。国家建设要求不仅应该有一个体系完整、职能科学、监管合理、调控有效的政府体系，还应该有一个相对独立自主、广泛参与公共事务、有力监督和控制政府的社会体系。[①] 换句话说，现代国家具有两个基本方面——国家权力和公民权利。[②] 国家在确立了国家主权之后，就要在国家主权的控制力和稳定的政权基础上，对国家权力进行分配和实施，而选择什么样的分配方式，是与国家建设的目标不可分离的。现代国家建设的目标就是要建立"现代化"的制度体系，即把国家建设为现代国家。这里的"现代性"则是需要民主来体现，民主的本质就是国家的统治权归人民所有，这种权力的分配方式，是区别于民族国家以前的那些国家形态下的贵族制和君主制的制度。美国著名政治学家塞缪尔·P. 亨廷顿（Samuel P. Huntington）的政治现代化理论就包括了3 个方面：权威合理化、结构区分化和群众参政。[③] 现代民主制度强调人民的权利高于一切，且通过政治过程的结果来判定政治体制的民主化程度[④]。这种制度的实施，更加有利于人民民主参与到国家管理的层面，实现其民主权力并保证其利益诉求。这不仅能够保证国家决策的合法化，也成了国家政治合法性的基础，是制度体系的完善和提升。因此建立和完善现代民主制度是国家实现"现代化"的奋斗目标。

（二）多民族国家的内核建设

民族国家在建设其"政治外壳"的同时，也需要将疆域内不同民族建设成拥有共同政治文化蕴含的国家民族，并实现疆域内各民族对国家的高度认同和忠诚。这是因为，只有当各民族对自己生存其中的国家产生认同情感，他们才会主动参与到国家的建设和发展的进程中，并能在危机时

---

① 参见刘世军、刘建军：《大国的复兴：国家治理体系与治理能力现代化》，上海人民出版社 2014 年版，第 49—50 页。

② 曾毅：《"现代国家"的含义及其建构中的内在张力》，载《中国人民大学学报》，2012 年第 3 期。

③ 参见塞缪尔·P. 亨廷顿：《变动社会的政治秩序》，张岱云、聂振雄等译，上海译文出版社 1989 年版，第 107—146 页。

④ 参见俞可平：《民主与陀螺》，北京大学出版社 2006 年版，第 34 页。

刻凝聚起强大的向心力，为民族国家的长治久安贡献力量。这一内容对于当代世界事实存在的多民族国家的建设而言尤为重要。由于多民族国家内部的民族众多，而民族之间天然地就存在着异质性，要想实现多民族之间的"求同存异"，使多民族群体都能信服国家为"我们"的国家，就要通过现代民族国家的民族建构来塑造国家民族。民族建构既是实现民族认同国家的关键步骤，也是关乎民族国家核心利益的最重要变量，因此我们将民族建构称为"内核建设"。在这里，杨雪冬的观点[1]为我们的研究提供了重要支撑。他认为，民族建构就是对作为文化—政治共同体的民族进行构建的过程以及民族认同国家的形成过程，最终的结果表现为社会中的个体和族群等社会活动者共同认同感的达成以及生存空间的确定化。

第一，促进国家民族共同体的形成。建构国家民族共同体在民族建构过程中是第一要务，同时也伴随着民族建构的全过程，是民族国家存续及发挥其民主制度优越性的保障。就此问题，以下几位学者的观点极富启发性。周平指出，促进国家民族的形成要始终与民族国家的建构结合起来，民族国家的建构与统一民族的形成是相伴而生的，"是一种一体两面的关系，创建民族国家的过程，也就是构建国族的过程。民族国家建立之时，也就是国族形成之际"[2]；"没有统一的民族共同体的形成，就无所谓现代民族国家的构建"[3]。本尼迪克特·安德森（Benedict Anderson）认为"民族是一种想象的政治共同体"[4]，这里作为政治共同体的民族，其实就是我们讨论的国家民族。而要对国家民族这个政治共同体进行建构，民族国家就必须通过采用一系列的方法和措施来增强其整体性，从而保障其一体化的程度。史密斯则指出民族国家的建构应保障国家民族共同体的所有成员都能够获得同样的权利和义务。[5] 这是在促进国家民族共同体形成过程中需要重点强调和着力实现的目标。

---

[1] 参见杨雪冬：《民族国家与国家构建：一个理论综述》，载《复旦政治学评论》，2005 年第 1 期。

[2] 周平：《民族国家与国族建设》，载《政治学研究》，2010 年第 3 期。

[3] 周平：《对民族国家的再认识》，载《政治学研究》，2009 年第 4 期。

[4] 〔美〕本尼迪克特·安德森：《想象的共同体——民族主义的起源与散布》，吴叡人译，上海人民出版社 2003 年版，第 6 页。

[5] 参见〔英〕安东尼·史密斯：《民族主义：理论、意识形态、历史》，叶江译，上海人民出版社 2006 年版，第 14 页。

　　第二，在协调族际关系基础上推进族际政治整合。勃兴于 20 世纪 90 年代的全球化浪潮带来世界范围内的国家、地区间经济、政治、文化交流与互动，也促发民族人口日益跨国、跨地区流动。这一态势致使传统单一民族国家内部民族结构发生巨变，族际政治问题凸显，世界宏观民族过程也随之进入"族性张扬"① 阶段。"族性"与族际政治以及民族建构具有重要关联，也因此深刻影响着多民族国家的前景与走向。在这一背景之下，民族分离倾向在特定事件和场景之下有抬头之势，建构多民族国家的压力随之增大。从多民族国家面临族际政治问题的现实出发，族性既能促进族际政治整合，有助于多民族国家建设；又能破坏族际政治整合，阻碍多民族国家建设。由此，协调国内族际关系，维护族际和谐，推进多民族国家的族际政治整合，就成为内核建设的又一重点任务，也是实现多民族国家统一稳定的关键所在。

　　第三，增进并维持民族对于国家的认同。在建构现代民族国家的过程中，我们发现要保障现代民族国家的合法性，就必须实现民族对于国家的认同，然而现实情况是，即使已经建立起了民族国家的国家形态，也不能保证多民族国家内部的民族认同与国家认同能够实现天然的统一，特别是在多民族国家中，要实现这一认同显然更加困难。如著名的政治学家阿尔蒙德（Gabriel A. Almond）曾经指出的"集体忠诚冲突"②，或是亨廷顿对美国国家认同研究时曾指出的"次国家认同"对于"美国价值"的消解作用③。所以有学者提出民族对国家的认同可以通过建构的方式来实现，这种建构也是民族建构的内容之一，正如福山曾指出的那样，"民族建构是民族对国家认同感的创建，这种认同使得个人脱离对部落、村庄、地域和宗族的忠诚转而忠诚于国家。民族认同的养成需要创造统一的民族传统、符号象征、共同的历史记忆和文化参照物这类无形的东西"④。史密斯也提出通过建构国家民族共同体的共同记忆、历史传统、民族共享文

---

①　王希恩：《族性及族性张扬——当代世界民族现象和民族过程试解》，载《世界民族》，2005 年第 4 期。

②　Gabriel A. Almond, "Comparative Political Systems", *The Journal of Politics*, Vol. 18, No. 3, 1956.

③　参见塞缪尔·P. 亨廷顿：《我们是谁：美国国家特性面临的挑战》，程克雄译，新华出版社 2004 年版。

④　Francis Fukuyama, *Political Order and Political Decay: From the Industrial Revolution to the Globalization of Democracy*, New York: Farrar, Straus and Giroux, 2015, p. 11.

化、标准化的方式和制度、国家象征符号，以及共同体的权利与义务等方式，强化国家民族共同体意识，从而实现各民族对于国家的认同。① 也有学者指出平等的公民身份的创建对于社会、政治和经济凝聚力以及国家稳定的至关重要性，"公民要把他/她对国家的忠诚置于所有其他人际关系和集体忠诚之上"②，这种公民身份超出了狭隘的民族，实际上促进了各民族对于其所属国家的认同。因此，在塑造国家民族的过程中，还需要有意识地保持各民族的文化特性，特别重视各民族平等，打造强大的国家民族凝聚力，为民族国家存续的内在合法性提供源源不竭的动力。

五、在多民族国家建设中发现身份认同的价值

通过上述有关多民族国家建设的主体和内容的分析，我们发现 "民族" 在这一进程中居于非常重要的位置，同时也成为影响建设结果的关键因素。一方面，当我们讨论多民族国家建设的主体时，能够意识到内生于民族国家的，由具体的、带有独特文化偏好和特定历史记忆的各个民族发挥着建设多民族国家的核心作用。只有通过国内各个民族（至少是其中的民族政治精英）的共同努力，才能把多民族国家建设成为一个 "民族大家庭"，一个拥有国内各个民族拥护和承认的国家。另一方面，当我们讨论多民族国家建设的内容时，能够体会到在保有国内各个民族自身文化多样性的基础上去塑造一个可以和国家的主权边界相重叠的人类共同体，一个经由族际政治整合而形成的国家民族是多民族国家建设的重要方面，缺少这个内核，无法完成国内各个民族的国家民族塑造，多民族国家建设就是不完整不充分的，国家的存续也会因此缺乏民族认同国家的合法性基础。如果就此再进一步分析，可以发现国内各民族自身的身份认同既

---

① 〔英〕安东尼·史密斯：《全球化时代的民族与民族主义》，龚维斌、良警宇译，中央编译出版社 2002 年版，第 106—107 页。

② Bhikhu Parekh, *Rethinking Multiculturalism: Cultural Diversity and Political Theory*, Hampshire: Palgrave MacMillan, 2006, p. 183.

是多民族国家建设的前提也是其存续和发展的基础，对于多民族国家建设的成败具有全局性的、决定性的意义。这里的身份认同既包含了认同自己的"多民族国家"成员身份（公民认同），也包含了认同自己属于国家民族共同体中的一员（国家民族认同）。

虽然公民身份的概念可以追溯到古典时代，但现代公民身份在很大程度上是以关于社会契约的启蒙思想为前提的。无论是源于霍布斯（Thomas Hobbes）的秩序问题、洛克（John Locke）的道德和私有财产概念，还是卢梭（Jean-Jacques Rousseau）的社会不平等概念，"公民身份"都是建立在个人（公民）和权威（政府）之间自愿缔结契约的理念之上的，以这种公民和政府之间的契约作为维护公民社会（国家）内部秩序的手段。也就是说，公民忠诚于国家并参与国家建设，国家是其权利和成员资格的"保证人"。理查德·福尔克（Richard Falk）指出："这种与公民身份相关的协议或默认合同意味着，作为交换，服从特定身份并接受国家作为内部主权，整个社会将受益于法律和秩序、更大的市场以及抵御外部敌人的保护。"① 换言之，民族国家与其公民之间达成的协议要求公民必须服从"特定身份"，以换取社会秩序和保护。如前文所述，国家通过制度法律创建的这种公民身份实际上打破了国内各民族之间的差异性壁垒，将国内所有民族置于统一的政治共同体之中，赋予他们平等的权利。在公民的民族认同下，国家创造了自己的民族。例如，在法国，国家通过利用国家政治结构和压制地方文化来设计一个"公民社区"（civil community），从而创造了法国的民族（国家民族）认同。② 这种公民身份实际上是通过国家出资主导的教育传播国家选择的国家符号、语言、历史和神话等来塑造的。③ 凯瑟琳·欧达尔（Antonio Cassese）指出，"在法国，要成为这个国家的一员，就必须接受普遍权利的存在——超越阶级、种族或文

---

①　Richard Falk, *The Declining World Order: America's Imperial Geopolitics*, New York: Routledge, 2004, p. 172.

②　Catherine Audard, "The French Republic and the Claims of Diversity", in *Carol C. Gould*, *Pasquale Pasquino* (eds.), *Cultural Identity and the Nation-State*, Lanham: Rownman & Littlefield Publishers, 2001, p. 85.

③　Catherine Audard, "The French Republic and the Claims of Diversity", in *Carol C. Gould*, *Pasquale Pasquino* (eds.), *Cultural Identity and the Nation-State*, Lanham: Rownman & Littlefield Publishers, 2001, p. 89.

化的平等公民权"①。

然而公民对国家的忠诚及其承担的义务并不仅仅依赖于签订的"契约"。虽然公民身份的一个重要特征涉及行使成员权利和承担义务，但是公民对国家的参与状况很大程度上取决于成员对于自身公民身份的认同。当从归属的角度审视公民身份时，"公民身份……不仅是对这种制度的认同，也是对一个社会或社会群体的认同"②。从这个意义上说，公民身份实际上是一个双向的"契约"，即：你必须被认为是社会的一员，同时也必须认为自己是社会的一员。在这种视角下，公民身份可以被描述为一种归属感，这种归属感不仅仅涉及法制意义上的公民身份的确立，同时也包含着成员对于自己所属的国家民族共同体的认同，是民族凝聚力和公民忠诚的重要保障。

回归到真实世界，诚如詹姆斯·萨默斯（James Summers）所述，"'国家'的概念是主观的，任何将国家描述为同质群体的描述都是'一种解释，而不是对相关人口的反映'"③。特别是在全球化的叙事场景下，世界范围内的民族人口跨国流动导致当今世界恐怕很难再找到一个纯粹由单一民族构成的国家。多民族国家内部民族构成的复杂程度，可以用以下的几组数字来进行直观的说明。调查资料显示④，哪怕是在全球化浪潮席卷全球之前，在世界范围内的200多个国家和地区里，也生活着5000多个民族。印度尼西亚、俄罗斯和中国通常被视为较具代表性的多民族国家。例如，印度尼西亚人口总数为2.62亿，拥有300多个民族，其中爪哇族占人口总数的45%，巽他族占14%，马都拉族占7.5%，马来族占7.5%，剩下的300多个民族约占总人口的26%⑤；俄罗斯人口总数为1.46亿，拥有194个民族，其中俄罗斯族占77.7%，主要少数民族包括

① Antonio Cassese, *Self-Determination of Peoples: A Legal Reappraisal*, Cambridge: Cambridge University Press, 1995, p. 11.

② Darren O'Byrne, *The Dimensions of Global Citizenship: Political Identity Beyond the Nation-State*, London: Frank Cass and Co. Ltd. , 2003, p. 2.

③ James Summers, *Peoples and International Law: How Nationalism and Self-Determination Shape a Contemporary Law of Nations*, Leiden and Boston: Martinus Nijh off Publishers, 2007, p. 11.

④ United Nations University, *Report on Ethnicity and Development*, Tokyo: United Nations University, 1987.

⑤ 参见唐慧：《印度尼西亚概论》，世界图书出版公司2012年版，第74—75页。

鞑靼、乌克兰、巴什基尔、楚瓦什、车臣、亚美尼亚、阿瓦尔、摩尔多瓦、哈萨克、阿塞拜疆、白俄罗斯等①；根据 2020 年第七次人口普查数据统计显示②，在中国的全国人口中，汉族人口数量为 12.8631 亿，占全国人口比重的 91.11%；55 个其他民族的人口数量为 1.2547 亿，占全国人口比重的 8.89%。当今世界多民族国家内部民族构成的复杂性及其分离倾向与统一多民族国家的核心诉求是相悖的，因此迫切呼唤能够将国内各民族统一到一个国家的身份认同基础，这种身份认同不仅可以在一定程度上化解"民族"与"国家"矛盾，而且为政府提供了政治、经济和社会权力，并进一步巩固政权统治③，这种身份认同的构建也意味着多民族国家建设取得了成效。反之，若是国内成员仅仅认同自身的狭义民族身份，割裂了自身民族与国家之间的联系，那么这个多民族国家就面临持续不断的张力，民族关系紧张、社会动荡（的风险），甚至危及国家的统一，政权的稳定。由此，身份认同是多民族国家建设必须关注的核心议题，身份认同的向背取舍，决定了多民族国家建设的成败。

构建统一的身份认同是多民族国家建设的重要目标，几乎世界上所有的多民族国家都为实现这一目标做出了努力，区别在于，不同的国家构建统一的身份认同的方式和路径有所差异。如前文所述，多民族国家所构建的这种身份认同实际上也包含着依靠法律制度规范的"外观"（公民认同）和仰赖民族历史文化塑造的"内核"（国家民族认同）两个部分，二者既互相包含、彼此促进，又在一定程度上存在张力。可以说不同国家构建国民统一身份认同的差异就体现在对二者关系的处理上，是寻求二者的统一契合，还是"厚此薄彼"，以至于"此消彼长"成为多民族国家建设进程中两条不同的路径选择。直到 20 世纪 60 年代，同化主义是包括加拿

---

① 参见"俄罗斯国家概况"，见中国外交部网站：https：// www. fmprc. gov. cn/web/gjhdq_676201/gj_676203/ oz_678770/1206_679110/1206x0_679112/，2023 年 7 月更新。

② 参见"图表：第七次全国人口普查主要数据"，见中国政府网：https：// www. gov. cn/xinwen/2021 – 05/ 11/content_5605871. htm（访问时间：2023 年 10 月 27 日）。

③ 这方面的讨论详见：Joseph S. Nye, Jr. , "Public Diplomacy and Soft Power", *The Annals of the American Academy of Political and Social Science*, Vol. 616 , No. 1 , 2008 ; Anthony D. Smith, *National Identity*, Reno, Nevada：University of Nevada Press, 1991 , p. 16 ; Eleni Andreouli & Caroline Howarth, "National Identity, Citizenship and Immigration：Putting Identity in Context", *Journal for the Theory of Social Behavior*, Vol. 43 , No. 3 , 2013 。

大和美国在内的多民族国家自由主义国家建设的主要理论。然而，以自由宪政主义为核心的普世主义（即权利在国家所有成员中单独和普遍分配的观点）不一定能为公民提供实质性的平等，因为它在制定法律时不可能考虑到每个民族群体的利益，反过来也没有将所有民族群体纳入国家建设过程。正如前文所指出的法国"公民社区"的例子所表明的那样，文化同质性原则下，不可能保证将所有民族群体的利益和身份全部反映在国家身份中，因此无法形成对国家的完整归属感。威尔·金里卡（Will Kymlicka）指出，"自由民主国家现在已经认识到普遍公民权的局限性，并且已经认识到，适应某些文化差异需要法律的保护"①。在他看来，国家建设需要将普遍（个人）和特殊（群体/集体）权利结合起来，以便容纳更多群体并使他们融入社会。金里卡的观点与新兴的多民族国家建设理念是一致的，它推动了对传统自由主义国家建设的背离，追求一种包容性的认同。与之类似，比丘·帕雷克（Bhikhu Parekh）也认为应该构建一个"司法身份"，将所有公民的多重身份纳入一个多民族的司法管辖范围，以便国内各民族能够在不放弃其文化的情况下认同共同身份。② 这种"包容性身份认同"的构建实际上是多元一体主义的体现，我国提出的"铸牢中华民族共同体意识"实际上就是多元一体主义的具体实践。③ "中华民族共同体意识"实际上就是在解决一个身份认同问题。对于我国而言，各个民族同根同源，共同缔造了中华民族与中华人民共和国的历史，民族认同与国家认同之间本身就存在历史文化同一性，所以从某种程度上来说，对本民族的认同实质上也涉及了对中华民族的认同。而在此基础上形成的中华民族共同体意识作为一种国家意识又进一步促进了国家认同与民族认同的整合④，对巩固国家认同起到重要作用。在我国，各民族的根本

---

① Will Kymlicka & Wayne Norman, *Citizenship in Culturally Diverse Societies*：*Issues*，*Contexts*，*Concepts*，Oxford：Oxford University Press，2000，p. 2.
② Bhikhu Parekh, *Rethinking Multiculturalism*：*Cultural Diversity and Political Theory*，Hampshire：Palgrave MacMillan，2006，p. 232.
③ 参见马俊毅：《柔性的多元与韧性的一体——多元一体主义与中华民族共同性的生成》，载《中华民族共同体研究》，2023 年第 2 期。
④ 郭纹廷：《中华民族共同体意识视域的边疆治理：历史经验、理论根基与现实路径》，载《西北民族大学学报》（哲学社会科学版），2022 年第 1 期。

利益是一致的。国家一系列的民族惠民政策涉及经济、教育、就业等方方面面，提升了各民族的生活水平；民族平等、民族团结、各民族共同繁荣的原则，保障了各族人民的权益，促进了民族融合，减少了各民族之间的对立。在这种社会情境下，中华民族共同体意识不仅是国家内部多元民族通往统一国家的桥梁，也是团结国内多元民族的黏合剂，促进了各族人民对于其"国家身份"的认同。

总之，身份认同问题是当今世界多民族国家建设中无法绕开也必须解决的议题，它既涉及多民族国家建设的主体，也是多民族国家建设的重要内容；既包含着法律与政治制度层面的"外观"构建，也包含着民族历史文化层面的"内核"构建；既是多民族国家建设的核心目标，也是多民族国家建设的重要内容，贯穿整个多民族国家建设过程的始终。"民族认同国家"这一多民族国家建设中老生常谈的议题在当今飞速发展变化的社会形势下"常谈常新"，在国际局势风云突变、区域性矛盾冲突频发、世界各国竞争愈发激烈的今天，国家内部的稳定与团结无疑成为一个国家立足国际社会维护自身安全最为重要的前提与保障。面对新挑战，多民族国家建设只有进行时而未有完成时，多民族国家建设的学术研究价值正在不断彰显，对于全球化叙事场景中的民族国家前途命运的影响也在不断加深。这样一种现实迫切呼唤学界增加对于多民族国家建设相关问题特别是基础性问题的研究投入，也亟待真实世界中的多民族国家不断进行实践探索。

The Meta-issues of
Multi-ethnic State-building Revisited

Yu Chunyang   Wang Jiaqi

Abstract：The construction of a multi-ethnic state is an important issue common to all countries in the world today. There have been many discussions in Chinese and foreign academic circles on how to realise the "national identity state" and resolve the tension between "multiple nationalities" and the "unified state", but not enough attention has been paid to the "meta-issues" involved in the construction of a multi-ethnic state. The multi-ethnic state emerged in the process of global expansion of the classic nation-state paradigm of "one nation, one people", and along with the deepening of the era of globalisation and the transnational movement of the world's population, it has developed into a universal manifestation of the modern nation-state—multiple ethnic groups living together in one modern state. In accordance with the principle of "who benefits, who is responsible," the main body of multi-ethnic nation-building consists of both the state (through the government), which assumes leadership as the main player, and the many ethnic groups, which promote the development of various endeavours as the builders. The content of multi-ethnic state-building covers not only the "hard" and external parts such as safeguarding sovereignty and independence, building an institutional system, and consolidating democratic politics, but also the "soft" and internal parts such as building a national ethnic community, coordinating and integrating inter-ethnic relations, and shaping national identity. Identity is a core issue that must be addressed in the construction of multi-ethnic states, and the choice of identity determines the success or failure of the construction of multi-ethnic states in today's world.

Keywords: Multi-ethnic State; Multi-ethnic State-building; Identity; State-nation; Meta-issues

论梁启超对卢梭民族国家思想的扬弃

李　健

北京大学中国政治学研究中心博士研究生

摘要 作为推动传统中国政治思想现代转型的重要理论家，梁启超为现代中国民族国家的构建贡献了宝贵的思想资源，而梁启超民族国家思想的展开又以对卢梭政治思想的扬弃为前提。故而，讨论梁启超对卢梭民族国家思想的扬弃，将有助于我们深化对梁启超民族国家思想的研究。总体来说，梁启超对卢梭民族国家思想的态度并非一成不变，而是经历了自推崇至拒斥的转折，梁启超曾一度推崇卢梭的"民族主义"建国方案，亦曾出于对多民族大国的关切否定卢梭建设同质的单一民族国家的设想。梁启超对卢梭民族国家思想的扬弃是其以"民族主义"为建构现代公共性国家的手段、重视民族"平权"、由"小民族主义"转向"大民族主义"的基本条件。

关键词 梁启超；卢梭；民族国家；扬弃

前言

作为推动传统中国政治思想现代转型的关键人物，梁启超为现代中国民族国家的构建贡献了宝贵的思想资源，具有丰富的民族国家思想。就代表性成果而言，有学者认为梁启超参照了西方民族主义、社会达尔文主义与儒家大同理想的思想传统，提出了"少年中国说""世界中国论""新民说""国性论""新天下主义"等涉及民族国家构建、国家与世界关系和国民素质培育的关键学说，为现代中国的国家理论做出了诸多贡献，进而沿着历史的延长线对当代中国政治学产生了持久的影响。[1] 也有学者主张，作为晚清"民族主义"最重要的旗手，梁启超提供了互相兼容但在日后有所分化的两种方案——政治民族主义与文化民族主义，两种方案分别由张佛泉与张君劢继承[2]，梁启超本人的思想也构成了带有强烈儒家色彩的中国自由民族主义的最初形态[3]。此外，亦有研究指出，梁启超是将西方民族主义介绍到中国的第一人，以梁启超为代表的立宪派推动了转型期中国民族主义的形成。[4] 梁启超也被认为是最早提出"中华民族"这一概念的思想者，在中华民族共同体思想史上享有重要地位。[5] 作为旨在洗刷中华民族百年耻辱的"民族主义"符号的"睡狮/醒狮"意象也被认为最早源于梁启超的创造，之后才流传到外国舆论界。[6] 这些研究都说明，梁启超的民族国家思想十分丰富，并且对中国政治思想的现代转型产生了重要影响，塑造了当代中国人对民族与国家问题的基本想象。

无疑，梁启超的现代政治思想以扬弃中国传统政治思想为前提，而在这个过程中，他广泛地借鉴了西方政治思想家的学说。其中，卢梭的政治理论受到梁启超的特别推崇。梁启超十分重视卢梭在西方政治思想史中的地位，认为"卢梭破坏旧政治学而新政治学乃兴"[7]，称赞卢梭"以只手为政治学界开一新天地"[8]，卢梭被梁启超认定为西方政治学说史中承前

---

[1]　高力克：《梁启超的现代中国想象》，载《政治思想史》，2019 年第 4 期。
[2]　许纪霖：《共和爱国主义与文化民族主义——现代中国两种民族国家认同观》，载《华东师范大学学报（哲学社会科学版）》，2006 年第 4 期。
[3]　许纪霖：《政治美德与国民共同体——梁启超自由民族主义思想研究》，载《天津社会科学》，2005 年第 1 期。
[4]　郑大华：《论中国近代民族主义的思想来源及形成》，载《浙江学刊》，2007 年第 1 期。
[5]　郑大华：《梁启超最早使用"中华民族"一词及其有关问题的探讨》，载《浙江学刊》，2023 年第 1 期。
[6]　〔日〕石川祯浩：《睡狮与梁启超》，载《东方学报》，2010 年第 85 号，第 479—509 页。
[7]　梁启超：《梁启超全集（第 2 集）》，汤志钧、汤仁泽编，中国人民大学出版社 2018 年版，第 581 页。
[8]　梁启超：《梁启超全集（第 2 集）》，汤志钧、汤仁泽编，中国人民大学出版社 2018 年版，第 336 页。

启后、由传统走向现代的转折性人物。因此，力图推动中国政治自旧趋新的梁启超一度极为推崇卢梭的政治主张。在他的《饮冰室自由书》中，梁启超声称"欧洲近世医国之国手不下数十家。吾视其方最适于今日之中国者，其惟卢梭先生之《民约论》乎"①，将卢梭学说视作推动中国振衰起敝的"灵丹妙药"。

卢梭与梁启超的思想关联得到了学人的关注，既有的"卢梭与梁启超"研究可分为 3 类：其一，论说梁启超对卢梭思想态度的转变历程，学人普遍认为梁启超对卢梭思想的态度在 1903 年左右经历了由容纳变为拒斥的转折。② 其二，讨论卢梭对梁启超政治思想某一方面的影响，学人围绕国家思想、民主思想、自由观等方面展开了讨论。③ 其三，围绕梁启超为系统推介卢梭政治思想所著的《卢梭学案》的文本研究，学人指出卢梭对梁启超的思想启迪是广泛的，即便梁启超对卢梭思想的理解存在错误、模糊与遗漏之处。④ 在这些研究中，卢梭与梁启超在民族国家问题上的思想关联得到了一定程度的揭示，但仍有进一步探讨的余地。

总之，无论从中华民族共同体思想溯源的角度，还是从梁启超政治思想研究的角度出发，梁启超对卢梭民族国家思想的容纳和拒斥（或可统称为"扬弃"）都是一个值得探讨的话题。具体而言，本文分为 3 个部分：首先，将简要展示卢梭的民族国家思想；其次，将讨论梁启超对卢梭民族国家思想的容纳；最后，将论述梁启超对卢梭民族国家思想的拒斥。

一、卢梭的民族国家思想

无论什么时候提及让-雅克·卢梭的名字，我们总是能将其与反对专

---

① 梁启超：《梁启超全集（第 2 集）》，汤志钧、汤仁泽编，中国人民大学出版社 2018 年版，第 71 页。
② 颜德如、韩丽群：《被逐渐放逐的卢梭：以梁启超的认知为中心》，载《北京科技大学学报（社会科学版）》，2011 年第 2 期；邱丹丹：《1898—1905 年梁启超对西方启蒙思想的批判与继承》，载《东疆学刊》，2013 年第 1 期；王瑶：《梁启超对卢梭思想的容受与推演》，载《天津社会科学》，2019 年第 5 期；张娜：《从民族主义角度看梁启超对卢梭思想理解的前后变化》，载《天津大学学报（社会科学版）》，2022 年第 2 期。
③ 宝成关：《梁启超的民权观与卢梭主权在民说》，载《历史研究》，1994 年第 3 期；方平：《卢梭民约论的一份中国遗产——略论梁启超的国民国家思想及其历史价值》，载《学术研究》，2002 年第 8 期；范广欣：《超越暴力革命：梁启超有关卢梭论述对自由和权利的探讨（1899—1901）》，载《天府新论》，2015 年第 3 期；庄泽晞：《"民权兴则国权立"：梁启超称颂〈民约论〉本意考》，载《中山大学学报（社会科学版）》，2021 年第 5 期。
④ 颜德如：《梁启超对卢梭思想的理解：以〈卢梭学案〉为中心》，载《政治思想史》，2011 年第 3 期。

制的政治斗争相联系，对专制国家的严厉批判是卢梭政治思想的基本特点。而卢梭设计具有合法性的民族国家，其目的就在于保障人民主权，从根本上防止专制复辟的可能性。卢梭的民族国家思想可以分为"民族论"与"国家论"，相较而言，其"国家论"是"民族论"的前提，"民族论"是"国家论"的保障。

1743 年，卢梭应巴黎名媛杜宾夫人的要求，摘编并评论了彼时刚刚去世的圣皮埃尔神甫所著的《永久和平计划》(*Projet de Paix Perpétuelle*)。在阅读此书的过程中，卢梭为这位神甫依赖统治者的"施舍"达成世界永久和平的天真想法感到震惊。卢梭尖锐地评论道："各国国王和他们任命的官员一心关注的，只有两件事情：对外扩大他们的领土，对内使他们更加享有绝对的权威。"卢梭讽刺，"当国王和官员们对人民大谈什么'父亲般的关怀'时，人民早就苦得要命了"，统治者假公济私，将国家视作自己的私有物。①

对卢梭来说，专制国家因为违背了"公共性"(public) 政治的原则，自然应当成为众矢之的。在《社会契约论》中，卢梭明确地区分了"结合"(association) 和"聚集"(agrégation) 两种政治共同体，前者对应公民共享国家利益的公共性政治，而后者指涉统治者"私有"国家利益的专制政治。② 在此基础上，《社会契约论》预告了专制统治者的下场：

> 镇压一群人与治理一个社会，这两者之间永远有着巨大的差别……那只是一种聚集，如果人们愿意这样称呼的话，而不是一种结合；这儿既没有公共幸福 (bien public，或可译为"公共利益")，也

---

① 〔法〕卢梭：《评圣皮埃尔神甫的两部政治著作》，李平沤译，商务印书馆 2017 年版，第 35 页。
② 布鲁诺·伯纳迪 (Bruno Bernardi) 运用《社会契约论》日内瓦稿本的第一卷第二章"论普遍的人类社会"中将"普遍社会"(société générale) 类比于与构成自身的"混合物"(mixtes) 截然相异、具有自身特性的"化合物"(composés chimiques) 这一比喻，说明"结合"与"聚集"的关系。"聚集"仅是一个"加总"(somme)，其本质与所属成员无异；而"结合"则是一个"联合"(union)，"联合"为"结合"带来了超越于成员自身的崭新属性，卢梭所谓"结构"(constitution)、"构成"(composition) 与"关联"(liaison) 均为"结合"的题中之义。伯纳迪指出，"化学"(chimie) 是卢梭提出政治哲学概念的重要参照，化学影响了卢梭政治哲学的想象力。Bruno Bernardi, *La Fabrique des Concepts: Recherches sur l'invention Conceptuelle chez Rousseau*, Paris: Honoré Champion, 2006, pp. 49 – 76.

没有政治共同体。这个人，哪怕他奴役了半个世界，也永远只是一个个人（particulier）；他的利益脱离了别人的利益，就永远只是私人的利益。如果这个人归于灭亡，他的帝国也就随之分崩离析，就像一棵橡树被火焚烧之后就消解而化为一堆灰烬一样。[①]

专制政治的国家机器仅是统治者满足个人利益的工具，无法得到人民的政治认同。人民并非出于自己的自由意志（volonté）服从专制权力，这使得专制国家难以获得稳固的政治基础。专制主义放弃了公共性政治，也为自己掘好了坟墓。基于此，我们便可以理解卢梭为何在《论不平等》的序言中宣称彼时既有的政治秩序"建立在许多流动的沙堆上"[②]。

卢梭强调，合法的"结合"必须以个体意志的一致同意为前提，合法国家的建立必须以公民"自由意志"的在场为前提。卢梭在《社会契约论》第一卷的第五、六章得出了他的结论：合法的国家"总需追溯到一个最初的约定（convention，或译为"契约"）"，但此种"约定"必须与那种出让自由的"约定奴隶制"划清界限，"置身于力量的总和，而同时既不至于伤害自己，又不至于忽略对自己所应有的关怀"。[③] 因此，卢梭的国家论在本质上是民主政治的"契约国家论"，以个体意志的表达为前提，保证个体的自由权利不会因为国家的成立而丧失。

仅从理论的角度来说，卢梭的"契约国家论"具有明确的问题意识，亦可谓自洽。但若希望落实，则需要面对一个问题：如何保证个体的自愿"结合"是持续长久的，如何使得个体凭靠自由意志对国家产生足够的政治认同？考虑到依赖权力难以达到这一目的，卢梭诉诸了 3 个文化因素：同质性、单纯性与爱国主义。依照卢梭的逻辑，个体之间在文化上的"同质性"能够保证他们具有类似的关切，这是稳定而明确的公共利益的前提；风尚的单纯性能够保障个体始终关怀公共利益，而不会过分考虑自己的个人利益；而爱国主义则能够促进公民对国家的政治认同，加强公民

[①] 〔法〕卢梭：《社会契约论》，何兆武译，商务印书馆 1963 年版，第 17 页。
[②] 〔法〕卢梭：《论人与人之间不平等的起因与基础》，李平沤译，商务印书馆 2015 年版，第 41 页。
[③] 〔法〕卢梭：《社会契约论》，何兆武译，商务印书馆 1963 年版，第 17—21 页。

的共同体意识。卢梭有关同质性、单纯性和爱国主义的主张在本质上构成了他的"民族论"："契约国家"的成员应当是一群共享相似文化,对共有文化保持足够的关注,并且在政治上认同"文化共同体"的个体。因此,卢梭认为其"民族论"能够保证"契约国家"的长久稳定。总之,在卢梭的政治思想体系中,"国家论"是"民族论"的前提,"民族论"是"国家论"的保障。

如前所述,"结合"以一定的"公共利益"为前提,我们无法想象毫无共通利益的个体之间能够形成稳定的"结合"。因此,文化上的同质性便是"结合"的题中之义,同质性将促使公民意志的表达更为直接,"公意"(volonté générale)主导的决策也更为顺畅。《社会契约论》第四卷的第一章名为"论公意是不可摧毁的",其中,卢梭将他心目中的理想国家描述为农民的国家:"在全世界上最幸福的人民那里,一群群的农民在橡树底下规划国家大事,而且总是处理得非常明智。"农民之所以具有处理政务的能力,是因为文化的同质性使然,"这里绝没有各种错综复杂、互相矛盾的利益,公共福利到处都明白确切地显现出来"。对于一个在文化上同质的国家来说,要想在公共利益方面达成共识并没有想象中那么困难,这也是为何"公意是不可摧毁的"。① 曾有学者论说,同质性是卢梭公意思想的隐匿命题,如果忽视了文化上的同质性,卢梭的政治学说便会被误读乃至曲解。②

卢梭将同质性的命题进一步细化,强调风尚的单纯性(simplicité)。卢梭认为,公民思想的单纯性将保障他们对公共利益的认知不被泛滥的欲望与过分的激情支配,从而能够产生对公共事务的正确意见。在"论公意是不可摧毁的"这一章中,卢梭强调他的理想国家"全部精力是蓬勃而单纯的(simple),它的准则是光辉而明晰的",这是一群农民达成善治的前提。③

---

① 〔法〕卢梭:《社会契约论》,何兆武译,商务印书馆1963年版,第131页。
② 邵六益:《同质性:卢梭公意思想中的隐匿命题》,载《中国延安干部学院学报》,2019年第6期。
③ 〔法〕卢梭:《社会契约论》,何兆武译,商务印书馆1963年版,第131页。《社会契约论》此处以集合于"橡树"之下的农民展开决策的意象呈现"单纯性","橡树"在卢梭的其他著作中也象征着"单纯性"。参见李健:《社会契约论》,见俞可平主编:《政治通鉴(第5卷)》,中国大百科全书出版社2024年版,第86—89页。

在应科西嘉政治家马特奥·布达福科（Matteo Buttafuoco）之邀写作的《科西嘉制宪意见书》中，卢梭建议科西嘉人坚持农村化的生活方式，"热爱乡村生活与田间劳动"，"生活得十分悠闲而没有任何一点别的奢望。他们的个人利益与需要从来不和他人的利益与需要互相冲突"。如此，"结合"便会持久，科西嘉才有机会成为一个"永不败坏的国家"。[①]

爱国主义涉及卢梭研究界著名的"人"与"公民"问题[②]，按照《爱弥儿》的说法，"契约国家"必须引导"人"（homme）成为政治共同体的"公民"（citoyen），使个体产生对国家的认同与关切。[③] 而爱国主义是其中的子问题，爱国情怀是成熟"公民"形象的重要部分。[④]《社会契约论》第二卷第七章的"立法者"（législateur）便承担着"改变人性"、将"人"转化为"公民"的任务，使个体甘愿将自身置于国家之中。[⑤] 此外，在波兰韦洛尔斯基（Michał Wielhorski）伯爵的请求下，卢梭写作了《论波兰政府》，以回应波兰政治改革的需要。《论波兰政府》明确指出，面对严酷的外患，波兰人必须接受爱国主义教育、养成强烈的爱国主义热情，使公民"心中只有他的祖国"。相关的文字堪称卢梭民族国家思想的经典表达：

> 人们的精神之具有民族特性，是教育培养出来的；只有教育才能如此密切地指导人们的舆论和爱好，使人们在思想、感情和生活上成为热爱自己国家的人民。一个孩子呱呱坠地之时，他睁眼看到的是祖国；到他将来临死之时的最后一瞥，他看到的也是祖国……他心中只有他的祖国，他是为祖国而生的；他一旦孤独无依了，他就什么也不是了；一旦没有祖国了，他也就什么也没有了；他虽然没有死，但比死还难过。[⑥]

---

① 〔法〕卢梭：《科西嘉制宪意见书》，李平沤译，商务印书馆 2013 年版，第 6、19—20 页。
② 有关卢梭研究"人"与"公民"问题的相关文献，可参见李健：《社会契约论》，见俞可平主编：《政治通鉴（第 5 卷）》，中国大百科全书出版社 2024 年版，第 75—84 页。
③ 〔法〕卢梭：《爱弥儿》（上卷），李平沤译，商务印书馆 2015 年版，第 10 页。
④ 谈火生：《公民教育：卢梭美德共和国的微观基础》，载《学术月刊》，2016 年第 5 期，第 95 页。
⑤ 〔法〕卢梭：《社会契约论》，何兆武译，商务印书馆 1963 年版，第 49—51 页。
⑥ 〔法〕卢梭：《论波兰的治国之道及波兰政府的改革方略》，李平沤译，商务印书馆 2014 年版，第 22 页。

可见，在卢梭的政治思想中，文化的同质性、风尚的单纯性能够为公民的爱国主义热情提供基础，毕竟民族文化的共通性与风尚的直接性将在很大程度上有利于公民政治认同的浚发。总体来说，由文化的同质性、风尚的单纯性与公民的爱国主义共同构成的卢梭"民族论"，将能够保证"契约国家"的公民"结合"真正出于对共同利益的长久关切，故而与其"契约国家论"密切联系。卢梭的"契约式国家"在本质上也是由共享文化与政治认同的公民组成的"民族国家"。

二、梁启超对卢梭民族国家思想的容纳

在中国传统政治思想的现代转型中，由"天下意识"转向"国家意识"的思维变迁是非常重要的部分。梁启超是推动中国政治思维由"天下意识"转变为"国家意识"的重要思想者，而为了培育国民对现代国家的政治认同，梁启超决定诉诸民族主义，成为转型期中国最重要的民族主义思想家之一。一言以蔽之，民族主义是梁启超现代国家思想的重要部分，梁启超宣扬民族主义的主要目的，就是服务于现代中国国家构建的要求，即构建统一的中华民族国家。可见，梁启超与卢梭一样，将"国家论"与"民族论"有机结合，其民族国家思想以国家构建为目的，以民族主义为手段。故而不难想象，梁启超势必要根据目标的需要不断调整他的民族主义方略，这也是为何其民族主义主张复杂多变，同时具有自由民族主义与国家主义两个富有张力的思想倾向[1]，乃至能够为现代中国政治思想同时开辟了共和爱国主义、国家主义与文化民族主义三种传统[2]。

为何梁启超会认定民族问题是影响现代中国国家构建的重要变量？众所周知，作为入主中原的异族，清朝统治者始终将满汉之分视为重要的政治议程，民族问题在有清一代都是敏感的政治话题。而随着列强东侵、清廷衰颓，满族统治阶层在民族问题上愈发保守，甚至将严守满汉之界视作

---

① 高力克：《启蒙先知：严复、梁启超的思想革命》，东方出版社 2019 年版，第 186—216 页。
② 此三种传统分别由张佛泉、醒狮派与张君劢代表。高瑞泉主编：《中国近代社会思潮》，华东师范大学出版社 2021 年版，第 332—333 页。

自保的核心国策，对汉族政治精英的警惕乃至清洗进一步加剧，这也是戊戌宫变的基本背景。梁启超于宫变后写作的《戊戌政变记》向我们证实了这一点，他举了一个生动但令人叹息的实例：

> 数年前，英国驻北京公使某，尝语醇亲王云："贵国之兵太不足恃，方今外患日迫，何以御之？盍早图矣。"醇亲王曰："吾国之兵将以防家贼而已，非以御外侮也。"英公使喟然而去。大学士军机大臣刚毅尝语人曰："改革者，汉人之利而满人之害也。吾有产业，吾宁赠之于朋友，而必不使奴隶分其润也。"此二语京师之人所共闻也。①

读罢此例，无须多言便可知满族统治集团对汉人的政治歧视与排挤达到了多么严重的程度。不过，若是细加品味，此例具有一定的政治思想意涵，民族问题与政治公共性问题相联系：政治改革的福利未被视为公共利益而被视作一族之利（"改革者，汉人之利而满人之害也"），国家机器未被视为全体国民的"公产"而被视作统治民族的私有"产业"，被统治民族未被视为平等的国民而被视作觊觎权力的"家贼"与随意役使的"奴隶"。梁启超用此区区一个案例就可以向他的读者传达：无论是为一时计，调和保守派与改革派的矛盾，推动切实可行的政治体制改革，还是要为长远计，推动中国政治"进私为公"，构建现代中国公共性国家②，民族问题都是绝对绕不开的关键问题。

我们还需要注意《论变法必自平满汉之界始》这篇文章。作为在《时务报》上连载至 1897 年的《变法通议》一年后的续作（上一篇文章《论商务·金银涨落》发表于 1897 年 10 月 26 日，此文则发表于 1898 年

---

① 梁启超：《梁启超全集（第 1 集）》，汤志钧、汤仁泽编，中国人民大学出版社 2018 年版，第 544 页。

② "公共性"（public）是西方政治思想的重要概念，主要指现代市民社会中市民/公民的公共性。马克思主义对"公共性"的定义超越了资本主义市民社会，追求全人类的解放与"自由人的联合体"。"公共性"与"私人性""国家性"明确有别，和现代社会的"公共领域"（public sphere）相联系。对中国政治思想而言，"公共性"是舶来的政治范畴。不过，不妨仿照刘学斌的研究，将"公共性"拓展至一般性的范畴，将其界定为人类社会的基本特性之一，具有"非个人性""非阶级性"的特征。如此，无论是中国还是西方的政治思想传统，"公共性"都是基本的理想追求之一。参见刘学斌：《中国传统政治思想中的公共观念研究》，天津人民出版社 2018 年版，第 15—33 页。

12月23日和1899年1月2日），此文文如其名，表达了刚刚遭受政治危机、被迫逃离中国的梁启超对中国政治改革的最新反思。这位前政治改革的深度参与者、彼时的政治犯认定，中国政治改革必须以"平满汉之界"为起点，满汉之界不平，政治进步无望。梁启超呼吁，满人、汉人如"同附一舟""同旅一室"，若是不能携起手来，"同舟而敌国，同室而操戈"，满汉两族便只能"同归于尽"。这是民族问题与公共性政治相关联的一次有力表达，满汉之别事小，国家存亡事大，满人、汉人虽分别为满、汉之"族民"（语出梁启超于1903年发表的《政治学大家伯伦知理之学说》），但均共享"国民"的政治身份，国家利益超越于一族利益，正所谓"以公天下之大义言之，则凡属国民，皆当有爱国忧国之职分焉，不容有满汉、君民之界也"。①

总之，梁启超意识到民族问题与现实政治改革、中国政治"进私为公"和现代中国国家构建等核心政治议程之间存在密不可分的联系。面对建构现代公共性国家的任务，梁启超势必要妥善处理民族问题，引导国民超越一族之私，认同一国之公，如此，国家秩序方可稳定建立，政治原则亦会以公为鹄的。这和卢梭民族国家思想的出发点不谋而合，二者均以建构"公共性"政治为目标。

因此我们不难理解，当梁启超东渡日本、系统摄取西方政治思想之后，卢梭会对梁启超的民族国家思想有重要的影响。如上节所论，卢梭颇为重视文化的同质性、风尚的单纯性与公民的爱国主义热情，将这些要素视作成熟而稳定的"契约结合体"的前提。按照哈贝马斯的说法，继传统基督教共同体、王朝共同体和封建庄园失去合法性基础后，世俗化的共同体需要提供崭新的文化语境，解决成员的政治认同问题，这是民族主义的历史缘起。②如此看来，卢梭的主张无疑具有相当的民族主义色彩，再考虑到其直接影响的法国大革命掀起了世界范围内的民族主义浪潮，故而，卢梭不可避免地影响了异国的梁启超，即便彼时的梁启超并不熟悉卢

---

① 梁启超：《梁启超全集（第1集）》，汤志钧、汤仁泽编，中国人民大学出版社2018年版，第100页。
② 哈贝马斯：《包容他者》，曹卫东译，上海人民出版社2002年版，第131—132页；许纪霖：《家国天下：现代中国的个人、国家与世界认同》，上海人民出版社2016年版，第75—77页。

梭的许多著作及其思想的诸多细节。[1]

对此，梁启超为我们提供了十分直接的文本证据。梁启超在 1901 年发表于《清议报》的《国家思想变迁异同论》展示了一个国家思想演进的历史阶段论。按照梁启超的总结，人类的国家思想按照"家族主义—酋长主义—神权帝国主义—非神权帝国主义—民族主义—民族帝国主义—万国大同主义"的变迁阶段论演进，其中"民族主义"（nationalism）与"民族帝国主义"（national imperialism）正是盛行于彼时的国家思想流派。彼时的欧美正经历着由"民族主义"转向"民族帝国主义"的思想转型，致力于将民族国家的主要国策调整为对外扩张；而亚洲则面临着由"帝国主义"转向"民族主义"的任务，应当迅速地将松散的帝国秩序整合为富有内聚力的民族国家。[2] 梁启超宣示，信奉社会达尔文主义的"民族帝国主义"思潮正在全球范围内掀起新一轮严酷的列国竞争，但即便如此，彼时的中国亦同其他亚洲国家一样，主要任务仍是整合社会、建构现代国家，而"民族主义"将是中国所能依赖的最重要的国家思想，毕竟在富有秩序的民族国家顺利构建之前，中国还没有能力将对外扩张提上日程，否则政治秩序将会因为基础不牢而坍圮。[3] 此外，按照梁启超在《新

---

[1] 一方面，卢梭在近代中国的传播与普及并非一蹴而就，相当数量的卢梭著作并未在 19、20 世纪之交获得中译本；另一方面，梁启超在日本期间吸收卢梭思想也并非借助卢梭原著，而主要依靠涉及卢梭学说的日文读物，后者亦不能囊括卢梭学说的大多数意涵。可参见王瑶：《卢梭与晚清中国思想世界（1882—1911）》，华东师范大学博士学位论文，2014 年，第 15—19 页；郑匡民：《梁启超启蒙思想的东学背景》，上海书店出版社 2009 年版，第 135—169 页。

[2] 瑞贝卡·卡尔（Rebecca Karl）认为，"亚洲主义"（Asianism）既是亚洲各国知识分子与活动家们为着回应西方"帝国主义"威胁、以现代国家政治实体为基础、凝聚别国政治与文化势力的产物，也源于他们超越特定民族国家实体、基于文化的相似性、以类似的革命斗争目标为旗帜相团结的行动意图。梁启超及其学人群为"亚洲主义"的构建作出了突出贡献，不仅从理论上论证中国的亚洲身份，还实际支持菲律宾等亚洲国家的反帝斗争。当然，由于"亚洲主义"主要根于知识分子与精英的理论与实践目标，而不具有广泛的民众基础，其也只能"昙花一现"，其意涵也易被改变乃至扭曲。Rebecca E. Karl, "Creating Asia: China in the World at the Beginning of the Twentieth Century", in *The American Historical Review*, 1998, Vol. 103, No. 4, pp. 1096 – 1118. 值得一提的是，梁启超的政治学说在大韩帝国产生了重要的影响，尤其是在 1905—1915 年间大韩帝国作为日本帝国的保护国时期。不过，大韩帝国的知识人对梁启超的文字感兴趣的部分，不是梁启超有关清帝国国内政治格局变动或大韩帝国亡国后的国内政治的论述，而更多是梁启超在 1905 年之前撰写的有关清帝国抵抗帝国主义的作品，他们希望通过摄取梁启超的学说来反思朝鲜国家的独立与发展问题。这充分说明了，面对民族帝国主义国家的侵逼，传统帝国亟待完成向现代民族国家转型的历史任务，在这个问题上，彼时的中国与韩国处于类似的历史境遇之中。姜东局：《梁启超关于大韩帝国亡国的政治论》，见《名古屋大学法政论集》，2014 年第 255 号，第 81—128 页。

[3] 梁启超：《梁启超全集（第 2 集）》，汤志钧、汤仁泽编，中国人民大学出版社 2018 年版，第 323—324、第 326—327 页。

民说》中的说法，"民族帝国主义"与古代的帝国主义不相类似，以全体国民为后盾，对外扩张以久远与深入为特征，并非仅依靠统治者"一人之雄心"。中国若是不能迅速地组织起"国民国家"与列强相抗，将会在列国竞争中落于惨败，梁启超说，"今日欲抵当列强之民族帝国主义，以挽浩劫而拯生灵，惟有我行我民族主义之一策"。①

神权帝国　非神权帝国

家族主义时代→酋长主义时代→帝国主义时代→民族主义时代→民族帝国主义时代→万国大同主义时代

过去　　　　　　　　　现在　　　　　未来

《国家思想变迁异同论》中展示的欧洲国家思想演进的历史阶段论
来源：笔者自制

不过，面临截然分明的满汉之界，中国应当如何以民族主义唤起国民对统一中国国家的政治认同？毕竟满汉之界不平，民族主义或可导致国家的分裂。梁启超对此当然心知肚明，故而他以卢梭的学说为"平满汉之界"的思想利器。《国家思想变迁异同论》在展示梁启超的国家思想阶段演进论后，追溯彼时国家思想的理论根源，指出"于现今学界，有割据称雄之二大学派，凡百理论皆由兹出焉，而国家思想其一端也。一曰平权派，卢梭之徒为民约论者代表之。二曰强权派，斯宾塞之徒为进化论者代表之"。具体而言，以天赋人权、社会契约为核心的卢梭学说，提倡国民平等，进而实现社会整合，构建国民国家，构成"民族主义之原动力"，而为梁启超所青睐。对彼时的中国来说，以"平权"为核心的卢梭学说将能够完成"平满汉之界"的任务，荡平民族之间的沟壑，实现民族的和解与融合，并在此基础上构建统一稳定的中华民族国家，这是卢梭的政治学说对梁启超民族主义思想的重要启发。②

故而，梁启超的民族主义思想与卢梭的政治设计有直接联系。根据梁启超的定义，"民族主义"意味着"各地同种族、同言语、同宗教、同习俗之人，相视如同胞，务独立自治，组织完备之政府，以谋公益而御他

---

① 梁启超：《梁启超全集（第2集）》，汤志钧、汤仁泽编，中国人民大学出版社2018年版，第531页。
② 梁启超：《梁启超全集（第2集）》，汤志钧、汤仁泽编，中国人民大学出版社2018年版，第324页。

族"，对同质文化和民主政治同时提出了要求，这和卢梭的设想十分相似。① 作为转型期中国最重要的民族主义理论家②，梁启超对民族主义的定义是精到的，民族主义不仅是一个文化概念，还意味着对政治制度的要求。伴随着民族主义思潮的兴起，现代国民也登上了历史舞台，这不仅符合欧洲民族主义的发展史（民族国家与民主制度相容共生）③，还贴合中国现代国家构建与政治进步的历史要求。当然，梁启超的民族主义思想绝不仅仅来源于卢梭，但根据现有的文本来看，卢梭的影响占据了举足轻重的地位。

我们亦能运用其他材料侧面证明卢梭的影响。在《新史学》（1902）中，梁启超认为有必要革新中国的史学，因为在现代民族主义的视野下，史学被视作"国民之明镜也，爱国心之源泉也"。史学反映了国民生活的真实样态与深层的精神世界，承载着民族的固有文化，涵养国民对民族的文化认同，堪称国民的精神食粮、国家的文化瑰宝，故而"今日欧洲民族主义所以发达，列国所以日进文明，史学之功居其半焉"。然而在他看来，中国传统史学有六个缺陷，使其不能形成对民族主义的辅助："知有朝廷而不知有国家"，"知有个人而不知有群体"，"知有陈迹而不知有今务"，"知有事实而不知有理想"，"能铺叙而不能别裁"与"能因袭而不能创作"。这些缺陷使得传统史学缺少与国民和民族真正相关的内容，无法激发国民的文化和政治认同，故而亟待变革。学术之所以不应脱离国民，是因为政治应当起于国民，卢梭的影响沿着民族主义思潮扩散，亦左右了梁启超对史学学术的判断。梁启超呼吁，若要提倡民族主义，必须实现"史界革命"，否则"吾国遂不可救"，其背后不无卢梭的影子。④

总之，卢梭的民族国家学说切中了梁启超的现实关切。梁启超吸收了卢梭学说中的"平权"内涵，将民族问题的解决与反专制的"公共性政

---

① 梁启超：《梁启超全集（第 2 集）》，汤志钧、汤仁泽编，中国人民大学出版社 2018 年版，第 530 页。
② 许纪霖曾说："在近代中国，许多思想家都对民族主义有过论述，但至今为止，在问题的敏感和思想的丰富上，没有一个比得上梁启超。"许纪霖：《家国天下：现代中国的个人、国家与世界认同》，上海人民出版社 2016 年版，第 89 页。
③ 高力克：《启蒙先知：严复、梁启超的思想革命》，东方出版社 2019 年版，第 188—190 页。
④ 梁启超：《梁启超全集（第 2 集）》，汤志钧、汤仁泽编，中国人民大学出版社 2018 年版，第 497—501 页。

治"相联系，并且强调文化与爱国主义对民族国家认同的重要影响。梁启超的民族国家思想同时具有政治与文化的面向，故而为共和爱国主义与文化民族主义开了先河。即便梁启超并不清楚卢梭学说的许多细节，但他的民族国家思想还是与卢梭相契合，致力于推动现代中国公共性国家的构建。

三、梁启超对卢梭民族国家思想的扬弃

然而，梁启超对卢梭思想的态度在 1903 年经历了由容纳到拒斥的转折，"1903 年之变"亦动摇了梁启超对卢梭民族国家观点的判断。事实上，梁启超政治思想的"1903 年之变"并非仅限于他对卢梭政治理论的态度，而涉及梁启超在革命与改良、共和与立宪等诸多问题上的立场。这一梁启超政治思想历程的标志性转折，源于他在游历美洲的过程中加剧了对国民性的悲观判断以及对共和民主制潜在危险的担忧，也和康有为及其弟子施加的道德和经济压力有关。[1] 总之，1903 年之后，梁启超对卢梭民族国家思想的态度逐渐由容纳转为拒斥，扬弃了卢梭民族国家观点。

梁启超之所以转变对卢梭民族国家思想的态度，根本上是因为卢梭的政治设计过于依赖文化的同质性，而这并不适用于复杂多元的现代国家。当然，梁启超或许对卢梭有关文化同质性的观点了解不多[2]，但他至少知道卢梭对小国民族主义的期待与中国的现状有所距离[3]。卢梭反对大国，这是他政治理论的一个特点。《社会契约论》明确告诉读者，"一个体制

---

[1] 丁文江、赵丰田编：《梁启超年谱长编》，上海人民出版社 2008 年版，第 218—219 页；张朋园：《梁启超与清季革命》，上海三联书店 2013 年版，第 107—116 页。

[2] 对近代中国的思想者而言，他们对卢梭的了解在相当长的时间里仅局限于《社会契约论》这一本著作。自 1882 年中国第一本提及卢梭的著作、传教士谢卫楼所著《万国通鉴》出版至 1911 年辛亥革命，除却《社会契约论》外的卢梭其他著作中，仅有《论科学与艺术》、《爱弥儿》和《忏悔录》获得了中文翻译，而且内容也极其有限，仅涉及《论科学与艺术》的前言与第一部分的前三段、《爱弥儿》的序言和《忏悔录》第一卷（译名分别为"注译卢骚氏非开化论"、"教育小说：爱美耳钞"和"卢梭忏状"）。王瑶：《卢梭与晚清中国思想世界（1882—1911）》，华东师范大学博士学位论文，2014 年，第 16—18 页。

[3] 卢梭认为理想的国家不应具有广阔的领土，梁启超知道卢梭的这一观点。梁启超：《梁启超全集（第 5 集）》，汤志钧、汤仁泽编，中国人民大学出版社 2018 年版，第 393 页。

最良好的国家所能具有的幅员也有一个界限"，过大的国家需要面临更大的施政成本与更为松弛的社会纽带。① 《论波兰政府》则直接宣称，国家疆域的广大竟是"人类苦难的主要根源"，广袤的领土消耗着国家的物质资源与精神财富，终将使国家在巨大的行政成本与冷漠的社会关联面前陷于停滞乃至崩溃，故而"必须具有超人的本领才能治理大国"。② 卢梭在讨论战争状态的文字中，也表达了类似的观点。③ 至于卢梭青睐的国家规模，考虑到他在给日内瓦共和国的献词中热情地称赞日内瓦的国家规模，或许不妨认为如日内瓦般的城市国家体现了卢梭有关理想国家规模的观点。④ 确实，《社会契约论》中的不少主张在大国不具有直接适用性，尤其是卢梭否定了主权代议制，坚称人民的意志不能被议员代表，应当实行直接民主，防止议员扭曲公民意志的表达。⑤ 然而，在梁启超眼中，中国的民族主义需要具有更加宽广的胸怀，海纳百川。故而，梁启超决定扩大民族主义的视野，提倡以"大民族主义"构建国家的思路，以取代狭隘的"小民族主义"。

　　在重新写作后的《政治学大家伯伦知理之学说》⑥（1903）之中，梁启超修正了他的民族国家观点。梁启超借彼时著名的瑞士政治学者伯伦知理（Bluntchli Johann Caspar，今译布伦奇里）的观点表达了对卢梭思想的批判，"卢氏之言药也，伯氏之言粟也"，"是药三分毒"，作为"药"的卢梭学说"亦能生病"，而作为"粟"的伯伦知理学说则能够培本固基，真正促进国家的长续稳定发展。梁启超认为，在民族国家的问题上，伯伦知理重要的理论贡献就在于正确区分了"国民"与"族民"，而以往的学者（比如卢梭）总是将两者混为一谈，致使他们倾向于依照单一民族的

① 〔法〕卢梭：《社会契约论》，何兆武译，商务印书馆 1963 年版，第 59—60 页。
② 〔法〕卢梭：《论波兰的治国之道及波兰政府的改革方略》，李平沤译，商务印书馆 2014 年版，第 28 页。
③ 〔法〕卢梭：《评圣皮埃尔神甫的两部政治著作》，李平沤译，商务印书馆 2017 年版，第 49—52 页。
④ 〔法〕卢梭：《论人与人之间不平等的起因与基础》，李平沤译，商务印书馆 2015 年版，第 22 页。类似的主张也体现在卢梭对古罗马政治的诠释。可参见李健：《卢梭笔下的古罗马及其思想的古派特征》，载《北方论丛》，2023 年第 3 期。
⑤ 〔法〕卢梭：《社会契约论》，何兆武译，商务印书馆 1963 年版，第 119—124 页。
⑥ 梁启超曾以"力人"的笔名在《新民丛报》上两次发表题为"政治学大家伯伦知理之学说"的文章，二者内容有所区别，后者较前者的内容更为丰富，对卢梭学说的针对性更强。或许是认为前一篇文章对卢梭观点的批判性仍旧有限，故而梁启超写作了言辞更为尖锐的第二篇文章。

体量与边界组织国民、构建国家，这将会对多民族大国的民族问题提出巨大的挑战，把人类民族国家的幅员限制在一个文化意义上的民族所能承受的最大领土范围之内。这意味着，卢梭成为被批判的靶子（此文开头就将批判卢梭定为全文基调）。按照伯伦知理的定义："民族"是文化与血缘意义上的共同体，"族民"接受自然与历史的馈赠，共享同样的血脉、风俗与世界观；而作为抽象人格、永生永续的有机体"国家"，则要求"国民"具有政治上的认同，自愿进入法理意义上的权利与义务网络之中。故而，"国民"的首要认同是国家与政法制度，"族民"的首要认同则是文化与血缘，"国民"存在着超越"族民"的可能性。事实上，"国民"也应当超越"族民"，否则国家就无法将其成员的政治认同建立在政治因素之上，而只能依赖自然与历史的青睐，失去对民族问题的灵活处置能力。从当代政治学的角度来看，一些有关"民族自决"的历史事件证明，这一判断不无道理。①

　　梁启超对卢梭的超越固然有学理因素，但也在相当程度上受到彼时思想界"语境"（context）②的影响。《政治学大家伯伦知理之学说》显示，梁启超借批评卢梭、转向伯伦知理，意在批判革命党人的"排满主义"。在梁启超眼中，伯伦知理的观点之所以值得关注，是因为其"民族论"的核心关切是"国家论"，民族主义是构建统一国家的手段而非目的，"不以民族主义为建国独一无二之法门"，"国民"的组织"各应于时势而

---

① 梁启超：《梁启超全集（第4集）》，汤志钧、汤仁泽编，中国人民大学出版社2018年版，第211—212页。彼得·哈里斯（Peter Harris）在他的综述性文章《中国的民族主义：民族的国家》（*Chinese Nationalism*：*The State of the Nation*）中引述了安东尼·史密斯（Anthony Smith）等人的民族主义研究，区分了两种"民族主义"——一种指向拥有共同历史、文化、语言和领土的特定民族社群的"一族一国"式民族主义（ethnic nationalism 或 popular nationalism），一种指向由主体民族主导、国家意志统摄、政府机器推动的"多族整合"式民族主义（civic nationalism 或 state nationalism），并指出19、20世纪之交的中国民族主义思想者基本不会意识到此种区分。梁启超在彼时是少数能够明确区分两种民族主义的思想者，他从"国家民族主义"的角度推动中国现代国家的构建，其独特见解走在了时代前列，与孙中山的"反满民族主义"（anti-Manchu，Han Chinese ethnic nationalism）有明显出入。Peter Harris，"Chinese Nationalism：The State of the Nation"，in *The China Journal*，1997，Vol. 38，pp. 123 – 128，134.

② 以昆廷·斯金纳（Quentin Skinner）为代表的剑桥学派所提倡的"语境"分析法是思想史的基本研究方法之一，该方法论强调重视思想文本所处的同时代"语境"，关注思想者运用范畴并展开论证的思维过程如何受到同时代其他思想者的影响，以及如何凭借"言论"的影响与"语境"互动，以达到其"行动"意图。Quentin Skinner，"Meaning and Understanding in the History of Ideas"，*History and Theory*，Vol. 8，No. 1，1969，pp. 3 – 53.

甚多其途也"。若是将民族与国家本末倒置，只会使国家成为民族的附庸，把国家构建问题简化为民族划界问题。坦率地说，一味排满只是清政府严划满汉之界政策在理念上的延续。梁启超明确抨击以章太炎为代表的"排满主义"，称其受恨意所蔽，已由"建国主义"蜕化为"复仇主义"，将一国之公事盲目地转变为一家一族之私事，"在一国之仇，而曰国可亡，仇不可不复，则非所宜言也"。进而，梁启超指出，若要妥善地解决中国的民族问题，并以之推动"建国主义"的解决，必须秉公而非图私，明确区分"大民族主义"与"小民族主义"：前者指涉"合国内本部属部之诸族以对于国外之诸族"，后者指涉"汉族对于国内他族"。对中国统一民族国家的建设而言，"大民族主义"认为国内诸族族民已然有一定的相同文化基础、存在着被整合的可能，"中国同化力之强，为东西历史家所同认"，故更为可欲，尤其是其能保障较大的国家规模；"小民族主义"则有过分夸大满汉文化差距的倾向，且无法实现尽可能辽阔的国家版图。梁启超对"小民族主义"的批评，即是对"排满主义""复仇主义"的批评。梁启超如此概括他的"大民族主义"理想："合汉、合满、合蒙、合回、合苗、合藏，组成一大民族，提全球三分有一之人类，以高掌远跖于五大陆之上。"这是其中华民族共同体思想的有力表达。[1] 总体来说，与基于语言、文化、传统、居住地等"族群标志"（ethnic marker）同质性的"小民族主义"相比，"大民族主义"更侧重政治与领土考量。当然，"大民族主义"并非不在意各族之间的文化传统，梁启超用"同化力"（assimilative power）来说明"大民族主义"的文化方案、如何弥合各族的文化沟壑。他对中华文化的同化力非常自信，这不仅塑造了他的民族国家构建方略，也影响了他的中华民族发展史论。[2]

革命党的主张是梁启超"大民族主义"的重要"语境"，两方之间的差别在本质上可以被归纳为"族群民族主义"与"国民—国家民族主义"

① 梁启超：《梁启超全集（第 4 集）》，汤志钧、汤仁泽编，中国人民大学出版社 2018 年版，第 213—215 页。
② Julia C. Schneider，"Missionizing, Civilizing, and Nationizing: Linked Concepts of Compelled Change"，in Cheng-tian Kuo（ed.），*Religion and Nationalism in Chinese Societies*，Amsterdam: Amsterdam University Press, 2017, pp. 91 – 95.

的区别。相较起来，梁启超将"民族论"作为"国家论"的附论的倾向
要更为明显，梁启超宣扬民族主义的主要目的，就是服务于构建统一民族
国家的要求。故而梁启超势必要不断调整他的民族主义观点，当他看到
"排满主义"可能会对"建国主义"造成一定的威胁时，他自然会调整立
场，在"言论"方面有所"行动"。其"国民—国家民族主义"的重心由
国民转变为国家，这和其从卢梭转向伯伦知理、由偏重"民主主义"转
向偏重"国家主义"（并非否定"民主主义"）的变化也是相应的。[1] 平
心而论，梁启超与革命党的民族主义观点均不乏道理，革命党比梁启超更
为明确地阐发了满汉之界对中国政治发展的体制性阻碍，双方围绕满族是
否为中华民族共同体的一员、清朝取代明朝是否为亡国与满汉矛盾是否在
根本上构成对立宪政治的阻碍等问题展开了细致的辩驳，发展了现代中国
最初的民族主义思想。[2] 而历史最终选择了梁启超的民族主义观点，他
"无疑代表了中国民族主义的主流"，作为一定历史时期内汉满关系的特
殊表达，"排满主义"并不符合中国政治发展的长远趋势，其最终退出历
史舞台实属必然，无论它当年的呼唤吸引了多少关注与认同。[3] 基于当代
政治学的视角，梁启超的民族国家思想成为中华民族共同体思想的重要源
泉，其以"国家论"为"民族论"的目的、主张民族同化和文化融合的
"大民族主义"无疑更加符合中华民族发展的根本需要。

　　当然，梁启超在民族问题上的转向并未完全超越卢梭思想的范畴，是
对卢梭民族国家思想的扬弃。卢梭的"平权"主张仍旧构成"大民族主
义"的前提，而且"大民族主义"对民族之间"平权"的需求比"小民
族主义"要更为迫切。或许也正是意识到了这一点，《论政治学大家伯伦
知理之学说》此文的相关论说（第二节"论国民与民族之差别及其关
系"）并未直接表达对卢梭的批判。此外，梁启超转向伯伦知理，以"国
家论"作为"民族论"的目的而非附庸，这和卢梭的意图仍旧保持一致。

---

① 高瑞泉主编：《中国近代社会思潮》，华东师范大学出版社 2021 年版，第 330—333 页。

② 崔志海：《近代中国的多元审视》，北京师范大学出版社 2019 年版，第 305—322 页。

③ 〔美〕张灏：《梁启超与中国思想的过渡（1890—1907）》，崔志海、葛夫平译，江苏人民出版社 1995 年版，第 118—119 页。

但是梁启超还是对"卢梭主义"表达了公开的批判，这在相当程度上和卢梭的"革命者"形象有关，梁启超为批判革命党的"排满主义"，势必不能对彼方的象征与旗帜展示太多的热情，这是"语境"的限制。①

总而言之，卢梭的政治学说对梁启超的民族国家思想产生了重要影响，即便梁启超在之后对卢梭的主张有所质疑，他也仍在一定程度上以卢梭的观点为前提。梁启超扬弃了卢梭的民族国家主张，而卢梭在梁启超作品中的退场，在相当程度上与彼时的"语境"有关。

结语

综上所述，在中国政治思想现代转型事业的开端处，梁启超便意识到民族问题与国家问题的密切联系，并提出了以民族"平权"与"大民族主义"相结合的民族国家设想，为当代人思考民族与国家问题提供了一个胸怀博大、视野宏远的方案。中国政治思想的现代转型既要求现代民族国家的构建，也要求现代民主政治的建设，二者缺一不可。若只论民主不论民族，现代国家无从建立；而若只论民族不论民主，现代国家便也只能蜕化为专制机器。梁启超的主张最终被历史接受，直到今天，各民族互相平等、共同享有政治权利、致力于文化融合与心怀对中华国家的政治认同，已经成为学人讨论民族问题的共识。

在梁启超现代民族国家思想形成的过程中，卢梭占据了重要位置。梁启超曾一度推崇卢梭的主张，重视民族"平权"与"民族主义"，并将"民族论"视作落实"国家论"的手段，把"民族主义"作为建构现代公共性国家的灵感来源。当然梁启超出于对多民族大国的关切，而后对卢梭的民族国家思想表达了拒斥，转向"大民族主义"，但这一立场一定程度上也是受"语境"限制而必须做出的姿态。梁启超实际上扬弃了

---

① 根据研究，卢梭在晚清的形象主要有三——"儒者"、"医国国手"与"卢梭魂"，具有本土化、工具化和神化的特征，被革命者塑造为"反专制斗士"，其学说也被革命者视作共和立宪制的基础。李华川：《晚清知识界的卢梭幻象》，载《中国比较文学》，1998 年第 3 期；王瑶：《卢梭与晚清中国思想世界（1882—1911）》，华东师范大学博士学位论文，2014 年，第 57—84 页。

卢梭的政治观念，在梁启超描绘的中华民族共同体图景中，卢梭以"民族论"为"国家论"手段、强调民族"平权"的观点仍旧构成了必要前提。

On Liang Qichao's Sublation of Rousseau's Thought of Nation-State

Li Jian

Abstract：As an important theorist who promoted the modern transformation of Chinese political thought, Liang Qichao contributed valuable ideological assets to the construction of the modern Chinese nation-state, and the development of Liang Qichao's nation-state thought was premised on the sublation of Rousseau's political thought. Therefore, Liang Qichao's sublation of Rousseau's idea of the nation-state is an important perspective for exploring Liang Qichao's nation-state thought. On the whole, Liang Qichao's attitude towards Rousseau's idea of nation-state is not unchanging, and has experienced a transition from admiration to rejection. Liang Qichao once admired Rousseau's "nationalism" plan of nation-building, but also denied Rousseau's idea of building a homogeneous and single nation-state out of his concern for the multi-national and huge state. Liang Qichao's sublation of Rousseau's idea of the nation-state was the basic condition for his use of "nationalism" as a means of constructing a modern public state, his emphasis on national "equal rights", and his shift from "little nationalism" to "great nationalism".

Keywords：Liang Qichao；Rousseau；Nation-State；Sublation

中西早期国家向成熟国家（帝国）转型道路及其影响比较

——兼论中西国家发展道路大分流的起源

黄　涛

中国人民大学国际关系学院政治学博士

摘要　从早期国家向成熟国家（帝国）转型是古代世界一次伟大的国家转型，亦是中西大分流之重要源头。公元前 3 世纪是这次伟大转型的完成期。中国于周秦之变的数百年暴力冲突中完成这次转型，形成中央集权的大一统君主官僚制国家，为后世延续 2133 年。古罗马则于对外征服扩张战争中逐步统一意大利多数地区，成为一个奉行共和制的帝国，此后逐步蜕变为帝制帝国。中国和西方成熟国家都是巨大规模的，但国家形态和内部构造存在极大差异，构成中西方第一次国家发展道路大分流。这种极大差异和大分流植根于中西方文明本身、国家传统、政治地理结构差异中。这次国家转型为世界供给了大量重要的国家形态要素。中国主要为世界提供了官僚制、理性的国家机器、高流动社会、世俗统治、郡县制、能力主义、集体主义、族群融合等制度和经验，西方则主要贡献了共和制、法治、公民概念、阶级政治、个人主义、殖民主义等制度和经验。中西方早期国家向成熟国家（帝国）转型道路深刻塑造了人类国家构建史，现代国家的基本政治形态亦受到此次伟大转型的深远影响。

关键词　成熟国家；国家转型；国家发展道路；世界政治学；历史政治学

　　从早期国家向成熟国家（帝国）转型是人类国家演变中的最重大事件之一，对于后世国家发展道路、人类政治文明演变有着至关重要的影响。从世界历史来看，成熟国家的主要形态是帝国，因此本文中的中西早期国家向成熟国家转型道路基本等同于中西从早期国家向帝国转型道路，两者同义。① 早期国家、成熟国家理论主要是人类学、考古学和历史学的重要理论，并逐步被政治学、社会学吸收。北大政治学者何增科首次在政治学领域系统讨论了早期国家问题，探讨了早期国家向成熟国家转型的道路问题，具有开创性意义。② 中国政治学界、国际关系学界对于早期国家、成熟国家的讨论尚处起步阶段。作为以国家为核心研究对象的学科，政治学在推进早期国家、成熟国家、现代国家研究上负有义不容辞的责任。这其中特别重要的就是中国和西方从早期国家向成熟国家（帝国）转型问题。"公元前 3 世纪，在欧亚大陆遥远的边缘地带，两个帝国正在形成。罗马和中国最终囊括了庞大的地域，吸收了众多人口，创造了各种行之有效的方式以统治他们，并且培育了一直存活至当代的关于政府的种种观念。"③ 中国和西方是人类国家范式和政治文明的主要代表，出现成熟国家、大型帝国的时间接近，极具比较研究空间。中国和西方从早期国家转型为成熟国家、大型帝国，时间主要发生于所谓人类轴心期（公元前800—前200）。"直至今日，人类一直靠轴心期所产生、思考和创造的一切而生存。每一次新的飞跃都回顾这一时期，并被它重燃火焰。自那以后，情况就是这样。轴心期潜力的复苏和对轴心期潜力的回忆，或曰复

---

① 帝国问题重要且复杂。本文中的帝国概念主要是指统治疆域广阔、统治力强大的成熟国家形态。作为国家形态的帝国，主要政治制度一般是君主制，但也有共和制、寡头制等。帝国不等同于侵略和征服。
② 何增科：《早期国家》，见俞可平主编：《政治通鉴》（第三卷），中国大百科全书出版社 2022 年版，第473—535 页；何增科：《早期国家与政治文明的多样性》，载《中国政治学》，2022 年第 3 辑。政治学者黄清吉讨论了中西古代国家发展的分野及其当代意涵，不过未使用早期国家、成熟国家理论，参见黄清吉：《中西古代国家发展的分野及其当代意涵》，载《上海行政学院学报》，2016 年第 5 期。
③ 〔美〕简·伯班克、〔美〕费雷德里克·库珀：《世界帝国史：权力与差异政治》，柴彬译，商务印书馆2017 年版，第 25 页。

兴，总是提供了精神动力。对这一开端的复归是中国、印度和西方不断发生的事情。"① 一方面，当前，帝国研究是一个热点问题。但是从早期国家和成熟国家关系、帝国形成道路及其遗产的中西比较等角度进行研究的还比较少，亟待加强。另一方面，讨论中西方发展道路大分流是当前中外学术界的一个热门话题。但学者多从经济和社会维度进行讨论，而比较少从政治和国家形态维度进行思考。② 其实，中西方国家发展道路亦存在大分流，这种大分流形成了人类国家治理范式的两大对立的"珠峰"。国家发展道路大分流更具有决定性影响，不对此进行讨论很难真正认知中西大分流。那么，中西国家发展道路的大分流从何起源？和人类从早期国家向成熟国家（帝国）转型有何关系？鉴于此，本文将遵循"坚持中国主体性、秉持世界视野、以中国为方法、历史和理论结合、时间性分析和结构性分析互嵌"的历史政治学进路，深入探讨中国早期国家向成熟国家（帝国）转型的内容、特点和影响，比较中西方早期国家向成熟国家（帝国）转型道路的差异和遗产，探索中西方国家发展道路大分流的内在规律。

一、早期国家和成熟国家概念

（一）概念起源

作为正式学术概念，早期国家、成熟国家最先是由 20 世纪 70 年代荷兰文化人类学家克赖森（Henri J. M. Claessen）等人提出，并在上个世纪八九十年代被引入中国的，中国学界主要是考古学界、历史学界使用。克赖森将早期国家定义为："一种有着三个层次（国家、地区与地方层次）的权力集中起来的社会政治组织。它的目的在于调控社会关系。它那复杂

---

① 〔德〕卡尔·雅斯贝斯：《历史的起源与目标》，魏楚雄、俞新天译，华夏出版社 1989 年版，第 14 页。
② 〔美〕彭慕兰：《大分流：欧洲、中国及现代世界经济的发展》，史建云译，江苏人民出版社 2014 年版；〔美〕王国斌、〔美〕罗森塔尔：《大分流之外：中国和欧洲经济变迁的政治》，周琳译，江苏人民出版社 2019 年版。

的分层社会，至少分成了两个基本的阶层，或者说，两个新兴的社会阶级，也即统治者和被统治者。这两个阶层或者阶级之间关系的特征是，前者实施政治控制，后者缴纳赋税。早期国家的合法性在于共同的意识形态，这又是以互惠为基本原则的。"他并将早期国家分为三类或者三个阶段，即未完全形成的早期国家（后来改为"初始的早期国家"）、典型的早期国家、过渡形态的早期国家。他强调"一个政治组织成为一个国家或者是早期国家，其最重要的一点便是政府的组成类型"，早期国家的领土概念是模糊的。① 对于早期国家最终的命运，他认为有三种：一是发展成为成熟国家；二是停滞、衰弱，或者崩溃；三是沦为其他国家的附属，被合并到更大的组织中或者是沦为殖民地。他认为最有可能发展为成熟国家的是过渡形态的早期国家，并认为殷商、周国是早期国家，中国最终成功转型为成熟国家。② 他认为成熟国家应当包括：不同类型的统治者的（法理上的）合法性，行政组织的管理方式和官僚体制，获得薪酬的委任制官员，市场经济，货币的使用，敌对阶级的出现，常规税收制度，常备的警力，成文法与处罚条款的编撰，正式的法官。③

（二）概念中国化

谢维扬是中国最早引进并系统阐释早期国家概念并发表专著的历史学者。④ 他将国家分为"早期国家"和"成熟的国家"，认为早期国家至少应该具备如下特征："（1）从原始社会直接演化而来，或可以被看作是这一演化发生后的最初一些阶段；（2）中央集权的最高权力；（3）行政和政治管理机构；（4）社会分层或阶级分化；（5）领土观念；（6）国家意识形态。"⑤ 他未对成熟国家做出明确界定。历史学者易建平受到马克斯·韦伯关于国家是合法垄断暴力的组织的定义的影响，依据最高领导者

① 〔荷〕克赖森：《关于早期国家的早期研究》，胡磊译，载《怀化学院学报》，2007 年第 1 期；H. J. M. 克赖森、彼得·斯卡尔尼克：《早期国家》，海牙：莫顿出版社 1978 年版，转引自高江涛：《试论中国早期国家形成的模式与动力》，载《史学月刊》，2019 年第 6 期。
② 〔荷〕克赖森：《早期国家的演化》，谢振铃译，载《怀化学院学报》，2008 年第 1 期。
③ 〔荷〕克赖森：《早期国家的演化》，谢振铃译，载《怀化学院学报》，2008 年第 1 期。
④ 谢维扬：《中国早期国家》，浙江人民出版社 1995 年版。
⑤ 谢维扬：《中国早期国家》，浙江人民出版社 1995 年版，第 51 页。

掌握"武力合法使用权"（可以理解为最高权力的独立性、完整性）的程度将国家划分为早期国家、成熟国家、完备国家。他认为早期国家的最高统治者没有完全掌握统治权，地方势力仍旧掌握重大的统治权，且不受最高统治者限制。成熟国家的最高统治者掌握了大部分统治权，地方势力仍旧掌握一定的统治权，但受最高统治者限制。完备国家"最高的领导者'垄断了武力合法使用权'。其他的组织与个人，如果要合法地使用武力，必须得到该领导者授权"。[①]考虑到中国属于中心主义国家[②]，政治在中国具有至高地位，这种分类法是适用于中国的。历史学者沈长云指出，中国早期国家就是指夏商周三代已具备公共权力，但社会仍滞留在居民血缘组织基础之上的政治组织，将"居民血缘组织"的存在视为中国早期国家存在的首要标志。[③]

笔者基本认同谢维扬、易建平、沈长云关于早期国家、成熟国家的定义。易建平界定的完备国家实际上就是笔者所谓的成熟国家。笔者主张以中央政府的集权程度和统治能力为基础并结合统治范围大小、经济社会发展程度等要素划分早期国家和成熟国家。早期国家是从前国家社会演变而来的，是人类历史早期出现的、难以集中必要的权力以进行直接统治、国家机器较为简单的国家，包括城市国家、城邦、夏商周天子诸侯制国家等。早期国家又可以分为初级阶段的早期国家、高级阶级的早期阶段。成熟国家指的是中央权威强有力且可以对全国实施有效统治、国家机器较为成熟、经济社会较为发达的大型国家。其基本标志就是中央政府垄断国家主要权力，形成强有力的统治机器，其外在形态一般是较大规模的国家或者帝国。早期国家、成熟国家一般都是古代国家，主要对应农业社会、游牧社会或农牧社会。现代国家则是成熟国家之后出现的更高级国家形态，其主要代表之一就是民族国家。虽然当今世界被称为民族国家时代，但却深受曾存在数千年的成熟国家形态、帝

---

① 易建平：《关于国家定义的重新认识》，载《历史研究》，2014 年第 2 期。

② 该概念可参见王续添、辛松峰：《中心主义国家现代化的历史逻辑——以近代中国社会中心力量转换为中心的考察》，载《政治学研究》，2021 年第 6 期；王续添、辛松峰：《比较视野下的中心主义国家政治形态——在中国发现政治普遍性》，载《中国人民大学学报》，2022 年第 6 期。

③ 沈长云：《夏朝的建立与其早期国家形态》，载《齐鲁学刊》，2022 年第 1 期。

国形态的影响。[1]

（三）早期国家向成熟国家转型之难

"人类从前国家阶段走进国家状态经历了漫长的数百万年。很多群体及部落等还没有发展到进入国家状态的社会条件，就在内外各种因素的作用下消失在历史的尘埃之中，另有很多群体及部落则因为各种原因长期迟滞在一定的阶段，没有机会发展起应对棘手问题的政治国家，长期处于前国家时期。"[2] 国家的起源是艰难的，成熟国家的出现更为艰难。成熟国家对于国家自主性、国家能力、国家机器和国家制度、国家内聚力、国家经济水平都有着更高的要求，早期国家和成熟国家之间存在巨大的"鸿沟"，多数早期国家要么没有向成熟国家转型的动力，要么在向成熟国家转型时遭遇了失败，或者灭亡，或者沦为附属国或者被兼并，只有极少比例的早期国家跨越了这道"鸿沟"。

一旦跨越"鸿沟"成为成熟国家，则意味着国家生产力、国家组织能力、社会生活水平、统治制度的巨大飞跃，具有极其重大而深远的意义，可以称为时代的分水岭。但是任何伟大的成就都是难以取得的。何增科指出，早期国家的进化是指早期国家经历了初始阶段、典型阶段、过渡性阶段后发展成为成熟国家，这是一个艰难的过程；在早期国家理论家所研究的 21 个案例中，只有秦汉时期的中国和中世纪的法兰克王国达到了成熟国家的水平。[3] 按照该研究，早期国家发展为成熟国家的概率为 10.5%。实际上很多国家是没有历史记载的，因此早期国家的夭折率要比这个高得多，通往成熟国家之路可谓"白骨累累"。

---

[1] 可参见俞可平：《帝国新论》，浙江人民出版社 2023 年版；俞可平：《论帝国的兴衰》，载《山西大学学报》，2022 年第 1 期；俞可平：《帝国新论》，载《清华大学学报（哲学社会科学版）》，2022 年第 2 期；还可参见俞可平主编的《国家研究》2022 年第 1 辑，该辑主题是"帝国"。

[2] 张师伟：《人类国家生成路径多元性及其政治伦理话语的差异分析》，载《江苏行政学院学报》，2021 年第 6 期。

[3] 何增科：《早期国家》，见俞可平主编：《政治通鉴》（第三卷），中国大百科全书出版社 2022 年版，第 498 页。

二、早期国家向成熟国家（帝国）转型的中国道路

中国从早期国家向成熟国家转型的过程就是周秦之变。周秦之变是从西周到秦朝（公元前 11—前 3 世纪）发生的原发性的早期国家向成熟国家的转型。谢维扬称："春秋、战国时期，尤其是战国时期，是古代中国国家从早期国家形态向成熟的国家形态转型的时期。"[①] 周秦之变是古代中国最深刻并具有深远世界影响的大变革，是中国成熟国家的形成期，在中国和世界国家史、政治史上具有极为重要的地位。政治学者杨光斌指出："作为中国政治源头的周秦之变，一开始就具有现代性政治的属性，此后的几千年几乎是在丰富着初始的制度形式。"[②] 政治学者任剑涛认为："从中国历史的宏大叙事来看，'周秦之变'理所当然地成为众所认同的中国历史进程中首要的重大变局。"[③] 这次国家形态转型没有对象可以模仿，却转型成功了。中国是早期国家向成熟国家转型的先行者和东方代表，创造了成熟国家的中国范式、东方范式，开创了人类从早期国家到成熟国家转型最成功最重要的道路之一，对于东亚乃至世界的国家形态演进产生了重大而深远的影响。

（一）中国早期国家：夏、商、周

中国早期国家包括两种形态、两个阶段。一个是古国时代，属于中国早期国家的初级阶段。考古学者苏秉琦是古国概念首倡者，提出古国—方国—帝国三部曲理论[④]。历史学者赵辉曾是中华文明探源工程的负责人之一，他将公元前 3300—前 2300 年视为古代时期早期，公元前 2300 年以来的 500 年叫作古国时代晚期。[⑤] 考古学者李伯谦亦认为："在中国古代文明

---

① 谢维扬：《中国早期国家》，浙江人民出版社 1995 年版，第 471 页。
② 杨光斌：《什么是历史政治学?》，载《中国政治学》，2019 年第 2 辑。
③ 任剑涛：《常与变：以五大变局重建中国历史宏大叙事》，载《中国文化》，2021 年第 2 期。
④ 苏秉琦著，赵汀阳、王星选编：《满天星斗：苏秉琦论远古中国》，生活·读书·新知三联书店 2022 年版。
⑤ 赵辉：《"古国时代"》，载《华夏考古》，2020 年第 6 期；赵辉：《谈谈"古国时代"》，载《文物天地》，2021 年第 9 期。

演进历程中，距今5500—4500年这个阶段，无论是北方的红山文化、东南的良渚文化，还是中原的仰韶文化，都已发展到苏秉琦先生所说的'古国'阶段。"① 古国的发现将中国国家史提前到公元前3300年。另一个是夏、商、周三代，属于中国早期国家的高级阶段。夏、商、周都属于同一种国家形态，即天子诸侯制国家形态。本文集中讨论夏、商、周。

1. 天子诸侯制国家基本内涵：以西周为中心

天子—诸侯结构，国—家结构，天、天命、德、王、万民、臣、官、奴、礼、法、刑等，都是天子诸侯制国家的关键要素。《周礼》开篇第一句话就是："惟王建国，辨方正位，体国经野。设官分职，以为民极。乃立天官冢宰，使帅其属，而掌邦治，以佐王均邦国。"② 接下来的《周礼·天官冢宰·大宰》开篇写道："大宰之职，掌建邦之六典，以佐王治邦国。一曰治典，以经邦国，以治官府，以纪万民。二曰教典，以安邦国，以教官府，以扰万民。三曰礼典，以和邦国，以统百官，以谐万民。四曰政典，以平邦国，以正百官，以均万民。五曰刑典，以诘邦国，以刑百官，以纠万民。六曰事典，以富邦国，以任百官，以生万民。"③ 《尚书·夏书·甘誓》系启与有扈战于甘的战争动员令。其中写道："大战于甘，乃召六卿。王曰：'嗟！六事之人，予誓告汝：有扈氏威侮五行，怠弃三正。天用剿绝其命。今予惟恭行天之罚。左不攻于左，汝不恭命；右不攻于右，汝不恭命；御非其马之正，汝不恭命。用命，赏于祖；弗用命，戮于社。予则孥戮汝。'"④ 《尚书·夏书·禹贡》写道："五百里甸服。百里赋纳总，二百里纳铚，三百里纳秸服，四百里粟，五百里米。五百里侯服。百里采，二百里男邦，三百里诸侯。五百里绥服。三百里揆文教，二百里奋武卫。五百里要服。三百里夷，二百里蔡。五百里荒服。三百里蛮，二百里流。东渐于海，西被于流沙，朔南暨声教，讫于四海。禹

---

① 李伯谦：《中国古代文明演进的两种模式——红山、良渚、仰韶大墓随葬玉器观察随想》，载《文物》，2009年第3期。
② 《周礼·天官冢宰·叙官》，徐正英、常佩雨译注，中华书局2014年版，第2页。
③ 《周礼·天官冢宰·大宰》，徐正英、常佩雨译注，中华书局2014年版，第27页。
④ 《尚书·夏书·甘誓》，王世舜、王翠叶译注，中华书局2012年版，第93页。

锡玄圭，告厥成功。"① 这些古典文献用到天、王、官、民、邦国、刑、服制等核心概念。此外还有很多类似古典文献，已初步勾勒和描绘出一种具有强烈内在属性和特征的国家形态和政治形态。天子诸侯制国家形态是真实存在的，而不是虚构的。这是中国自古族国/古国时代以后的第二个主流国家形态。

天子诸侯制国家是一种内部各类要素相互支撑的、缜密的、具有较强生命力的国家形态。其基本制度是天子制、分封制、宗制度、世卿世禄制、内外服制等，立国基本理论为天命论，社会结构是天子—诸侯—卿大夫—士—平民—奴隶，是一种明显的等级制社会。统治方式是一种礼乐之治。天子是国家的中心，诸侯作为地方和社会的一部分，相当程度上制约了王权。这种国家形态在中国延续时间约 1800 年，即从夏朝开始到秦朝建立（公元前 21 世纪—前 221）。基于亚洲东部大陆的地理结构、生产力、族群关系、气候条件等原因，它大致分成了三个主要阶段：夏朝、商朝、周朝。这三个主要阶段也是三个政治周期，可称为政权周期。三个政权周期加起来构成一个完整的国家形态周期。

2. 天子诸侯制国家基本定位

从世界范围内来看，天子诸侯制国家特别是西周时期的天子诸侯制国家，是东方早期国家的最重要代表，是东亚最早、最完备的早期国家形态，是人类探索治理社会和国家的极重要尝试，是世界最先进的早期国家之一。

首先，它已经相当程度上形成高耸的王权，国家集权达到一定的程度。衡量国家先进与否的最重要指标之一就是国家机器的完善程度特别是国家集权的程度，因为国家首先要建立起来然后才能谈完善性。要建立国家，最先必须从地方、民众、族群等各方面集中权力，这是最重要的。没有集权就没有国家，这是浅显但却被很多人误解的原理。恩格斯指出："集权是国家的本质、国家的生命基础……每个国家必然要力求实现集权，每个国家，从专制君主政体起到共和政体止，都是集权的"，"集权

---

① 《尚书·夏书·禹贡》，王世舜、王翠叶译注，中华书局 2012 年版，第 88—91 页。

是国家的一条原则，但也正因为集权，才不可避免地使国家超越自己的范围，使国家把自己这个特殊的东西规定为普遍物、至高无上者。"[1] "在先秦时期，王权首先是王国的最高统治权，但它又不仅仅局限于王国，它不但支配着王国（王邦），也支配着从属于王的其他诸侯邦国，是对'天下'的支配之权。也就是说，它是复合制王朝国家的最高统治之权。"[2] 这就使得它成为较为发达的早期国家。

其次，它是当时世界技术最先进的国家之一。比如，其生产的青铜被中外学界公认是当时世界最精美的青铜。科学技术是衡量国家形态的最直接、最"硬"、最实在的指标。同样是早期国家，一个国家技术落后，一个国家技术先进，其国家形态的发达程度一目了然。"商的铸铜技术比美索不达米亚的更为先进，青铜器上的花纹则继承了此前的黑陶文化。"[3] "距今3000多年的商代文明就是无与伦比的，特别是发达的冶炼青铜技术，其质地、形状、花纹，堪称上古文明世界最突出的成就。"[4] 周朝的青铜技术也是当时世界最先进的。青铜技术只是一个代表。周朝的农业生产制度、生产工具在当时世界上也是先进的。

再次，其国家机器完善程度特别是官僚化程度是当时世界最高的之一。《周礼》《礼记》和中国青铜中记载的官职数量、发展程度，是当时世界其他文明无可比拟的。到了秦朝，中国在世界上率先形成了真正的官僚制——一项世界级的伟大政治成就，但其奠基和基础也就在于周朝，特别是西周。因此，有足够的理由断言：周朝达到的官僚化水平是超过其他绝大多数文明的。苏力指出："西周其实是中国远古社会的一个巅峰。其'众建诸侯，裂土为民'，不仅有'旧邦新造'的宪制创新，也推动了周朝统治区域内各民族或部落的融合。'以道观之'，西周封建制代表了当时中原政治精英，除以军事强力外，建立政治统一（'齐政'）的疆域

---

[1] 《马克思恩格斯全集》（第41卷），中共中央马克思恩格斯列宁斯大林著作编译局译，人民出版社1982年版，第396—397页。
[2] 王震中：《中国王权的诞生——兼论王权与夏商西周复合制国家结构之关系》，载《中国社会科学》，2016年第6期。
[3] 〔美〕阿尔伯特·克雷格：《哈佛极简中国史：从文明起源到20世纪》（修订珍藏版），李阳译，中信出版集团2019年版，第18页。
[4] 苏秉琦：《中国文明起源新探》，生活·读书·新知三联书店2019年版，第90页。

大国的最早的宪制努力。"① 任剑涛称："中国古代创制的国家，是世界历史上大规模政治体创制的奇迹。远在西周立定中国古代国家根基之前，就已经经历了漫长的国家建构过程。夏商两代，已经基本确立了国家建构的基调"，"到了西周，中国古代国家的基本理念、制度框架与运行机制，方始确立下来。夏商两代的国家，在规模上不是太大，在结构上相对简单，在功能上比较单一。周王朝的国家也是一种复合型国家形态。但西周的分封制国家，乃是大规模国家的东方建构模式尘埃落定的一种样式。周代王权建制具有内核建构与扩展机制相互支持的一整套国家机制。"②

最后，其统治的疆域在当时是非常广阔的，已经远远超出一般的城邦国家。周朝繁荣时期统治超过 100 万平方公里的疆域。因此，周朝的天子诸侯制国家实际上是人类差不多相同时期最为成熟、最为先进的早期国家形态之一，是东方早期国家的最重要代表。中国在西周、东周，基本上飞跃了中等规模国家到大国、超大规模国家的鸿沟。日本的封建制受到了周朝天子诸侯制国家的深刻影响。

但是，它们仍为早期国家。第一，也最重要的是，它的权力国家化和中央化的历史进程没有完成，没有形成真正的国家集权和中央集权，大量本属于中央政府层面的国家权力被诸侯国和各种贵族侵占，中央政府难以干涉诸侯国内部事务，实际形成了一种弱中心主义国家范式，"一个强全国中心——诸多地域中心"是这种国家权力和社会结构的经典范式。诸多地域中心中的"诸多"可以是超过 1000 个（西周初期），也可以是数百个（春秋时期），也可以是数十个或者十多个（战国时期）。权力和治理的地方化、贵族化、社会化现象是天子诸侯制国家的极重要面向。第二，其国家统治机器虽然有一定规模，但仍不够精致，尚未形成真正的官僚制，真正意义上的行政区划制度没有形成。第三，它是典型的间接统治模式，国家权力不能直达基层。第四，它是农业和游牧业混合的经济形态，生产力水平不高。作为早期国家，天子诸侯制国家总体上是较低层次生产力和

---

① 苏力：《大国及其疆域的政制构成》，载《法学家》，2016 年第 1 期。
② 任剑涛：《从家国到国家：中华帝国的民族国家转向》，载《社会科学战线》，2022 年第 4 期。

社会阶段的产物，难以组织较大规模的生产和社会活动，军事能力亦有限。

天子诸侯制国家是具有中国特色、东方特色的人类最发达早期国家之一。和分散的古希腊城邦之路不同，天子诸侯制国家是一条宗族、血缘和政治、地域融合的路数，古希腊的城邦国家并无周天子及其领导的中央政府这种政治中心，是碎片化、各自为政的。而中国的天子诸侯制国家虽然松散，但却有一个中心，而且族群不断融合，打下了中国走大一统国家道路的基础。因此，天子诸侯制国家的出现已经初步预示中国和西方将走不同的国家演变道路。这一点很快就在春秋战国得到强化。春秋战国的剧烈冲突、政治社会变迁、国家形态演变加剧了中国和西方国家道路的差异，并最终在秦朝形成中西方国家道路的大分流。

（二）中国成熟国家的诞生：周秦之变

周秦之变过程横跨 800 年，可以划分为天子诸侯制国家期（公元前1046—前707）、君主官僚制国家奠基期（公元前707—前238）、君主官僚制国家形成期（公元前238—前206）三个大阶段[1]。其核心期为公元前770—前210 年。秦汉之变为此次国家形态转型的尾声和定型期。周秦之变的最终结果是出现大一统的秦朝。"秦朝是中国第一个被国内历史学界称为中央集权制的国家，这是它作为成熟国家的标志之一。"[2] 从此，中国历史进入高度理性和强大的成熟国家阶段，这是中国国家形态的巨大飞跃。虽然秦朝是中国第一个成熟国家形态，具有极其重要的历史影响，但考虑到秦朝非常短暂且汉承秦制，本文将秦汉一道作为中国成熟国家的代表。

1. 新国家形态的名称

概念和名称极为重要。关于周秦之变中形成的国家形态，笔者称之为中央集权大一统郡县制君主官僚制国家，或者大一统世俗型中央集权君主官僚制国家，简称为君主官僚制国家、大一统君主官僚制国家、中央集权

---

① 黄涛：《从天子诸侯制国家到君主官僚制国家——周秦之变的历史政治学阐释》，中国人民大学博士学位论文，2022 年。
② 谢维扬：《中国早期国家》，浙江人民出版社 1995 年版，第 470 页。

君主官僚制国家、中央集权郡县制大一统国家（the Emperor-bureaucrat State）。美籍华裔历史学者何炳棣认为："就全部传统中国历史而言，真正最大之事应是秦专制集权统一郡县制大帝国的建立及其传衍。"[1] 他使用了"专制集权统一郡县制大帝国"，该提法比较全面，但"专制"一词存在意识形态偏见，遮蔽了君主官僚制国家形态的复杂内涵和先进内容。中央集权大一统郡县制君主官僚制国家，直接地点出这种国家的基本制度和鲜明特征：君主制、官僚制、郡县制、中央集权和大一统。

2. 新国家形态的基本构成

对于中央集权大一统君主官僚制国家，"国家"是重点。前面的定语是对它的形容和限定。中央集权大一统君主官僚制国家，远远超出君主制、官僚制、郡县制、大一统等任何一个单一要素的范畴。任何单一要素都不足以解释这种国家形态。比如说君主制，君主制指向的范围非常广，用之于中国，解释力有，但有限。君主官僚制连在一起，指出中国的君主制和官僚制是相互支撑、相互联动、相互制衡、相互促进的关系。这种制度模式在古代世界是罕见的，希腊、罗马没有这种制度模式。君主官僚制已比君主制、官僚制更加具有解释力。再加上郡县制、世俗化、开放流动的社会、理性主义、天下主义、集体主义、农业经济、国家份地授田制、家户制等，这些要素组合在一起，产生"化学反应"，才构成君主官僚制国家。这是一个不可分割的整体。这种整体性极为重要，构成这种国家形态的本质、内涵。单独使用国家形式、国体、政体、政治制度等概念，不足以揭示这种国家形态的本质、内涵和运行机理。[2]

3. 新国家形态的基本定位

君主官僚制国家形态奠基于春秋战国，主体结构和基本制度形成于秦朝，汉朝改造并将其定型，形成外儒内法、济之以道的完备模式。政治家

---

[1] 何炳棣：《国史上的"大事因缘"解谜：从重建秦墨史实入手》，见〔美〕何炳棣：《何炳棣思想制度史论》，中华书局 2017 年版，第 396 页。
[2] 关于君主官僚制国家内涵、历史定位和世界意义的分析，请参见黄涛：《君主官僚制国家、官僚化浪潮和现代国家破晓——秦朝国家形态的内涵、历史定位和世界意义》，载《世界政治研究》，2022 年第 1 辑。

毛泽东同志曾写道："百代都行秦政法，十批不是好文章。"[1] 历史学者夏曾佑指出："故中国之教，得孔子而后立。中国之政，得秦皇而后行。中国之境，得汉武而后定。三者皆中国之所以为中国也。"[2] 历史学者翦伯赞认为："秦帝国的建立及其活动，推动了中国历史的发展，也对当时的亚洲起了文明的先导作用。它发展了和邻近各国之间的关系，打破了东方世界的原始封闭性。"[3] 君主官僚制国家在古代中国持续了 2133 年，是古代中国最主流最重要的国家形态，也是人类历史上最重要的国家形态之一，具有明显的普世性。它是所有人类成熟国家之中最具活力也最具现代性的国家形态，是一种强国家自主性和强国家能力国家，开创了为后世王朝继承、影响深远的大一统国家范式，决定性地增强了中国和中华民族的实力，使中国成为东亚世界的轴心国家，成为古代世界最重要国家之一。中国走向现代国家就是在君主官僚制国家基础上推进的。

（三）中国从早期国家向成熟国家转型的特点

中国从早期国家向成熟国家转型历经 800 多年，即使从东周开始之年的公元前 770 年算起，也有 550 多年。诸侯国之间持续的大规模战争导致数百万人死亡，长平之战等大型战争甚至一次性死亡数十万人。春秋战国阶段是中国思想的高峰期，形成了大量的思想家和流派，包括儒家、法家、道家等，构成了人类轴心期的三大主体部分之一。[4] 此次国家形态转型具有以下特点：

1. 从政治形式来看，国家转型寓于朝代之变中，是地方族群性精英取代中央统治者的过程。国家规模对几乎所有影响国家演进的变量及其关系都产生巨大影响，深刻塑造国家演进。对于一个超大规模国家或者巨大规模国家来说，中央和地方关系、中心和边陲关系极为重要。周族群性政

---

[1] 毛泽东：《建国以来毛泽东文稿》（第 13 册），中央文献出版社 1998 年版，第 361 页。

[2] 夏曾佑：《中国古代史》，河北教育出版社 2000 年版，第 245 页。

[3] 翦伯赞：《秦汉史十五讲》，张传玺整理，中华书局 2012 年版，第 40 页。

[4] 轴心期理论是德国哲学家卡尔·雅斯贝斯提出的重要理论。他将历史分为史前、古代文明、轴心期、科学技术时代四个时期。其中，轴心期指的是从公元前 800 年至公元前 200 年。他认为此时西方、中国、印度不约而同出现了思想和哲学上的伟大突破，其中公元前 500 年左右是轴心期的高峰。参见〔德〕卡尔·雅斯贝斯：《历史的起源与目标》，魏楚雄、俞新天译，华夏出版社 1989 年版。

治集团、秦族群性政治集团一开始存在正统与边缘、中央与地方的区别，两者是中央和边缘或者说中心和边陲的关系。中央、中心因为各种原因，比如封闭僵化、施政不当、内部斗争，不断发生政治衰败。当两者的势力消长过了临界点时，地方、边陲就可能通过战争、政变等各种方式取代中央、中心。

周秦之变是地方取代中央、边陲成为中心的过程，其基本形式是朝代更迭。封闭僵化的社会和阶级结构导致周人统治集团不断衰败和退化，并在处理关键性政治问题上屡屡失当，为秦人崛起提供了前提条件。秦作为一开始文化上比较落后的地方，不断从先进的周文化中汲取养分，借鉴周朝统治经验，包括周朝的地方性政权晋国（后来的赵、魏、韩）等的统治经验，最终成为比周朝更强大的政治力量并取而代之。秦人广泛汲取周人先进制度、先进技术的过程是一个漫长过程。秦国发端于秦穆公时期并长期存在的客卿制度就是秦人吸收周人先进文化、先进技术的重要制度性安排。在商鞅变法中，无论是变法者商鞅的思想，还是变法所模仿的晋国等国的制度和管理经验，都是周文化的组成部分。秦人长期地、主动地、广泛地吸纳周人的文化和优点，是秦人崛起不可或缺的重要原因。没有周以及周的诸侯国的"营养"，秦人要独自进化到君主官僚制国家形态，几乎是不可想象的。赵鼎新亦讨论了非农业人口对于中原文化的学习以及由此带来的竞争关系，强调楚国等最初的非华夏国家通过学习周人技术与组织方面的知识而不断壮大，加速了西周的衰落。[1]

2. 从承担转型使命的民族来看，是同一个民族在基本相同地域上发生的连续性行为，是一个民族和社会的进化。西方古代史是不同民族走上历史舞台的结果，是接力赛。中国古代史是一个民族的历史，是万米马拉松。张光直指出："夏商周三代之间的横的关系，才是了解中国古代国家形成过程的关键"，"夏商周三代的关系，不仅是前仆后继的朝代继承关系，而且一直是同时的列国之间的关系。从全华北的形势来看，后者是三国之间的主要关系，而朝代的更迭只代表三国之间势力强弱的浮沉而

① 赵鼎新：《儒法国家：中国历史新论》，徐峰、巨桐译，浙江大学出版社 2022 年版，第 83 页。

已。"① 虽然夏、商、周、秦四者之间的横向关系总体上是一种平行的关系，但存在明显交集，政治上、文化上存在一定的关系，甚至很多时候就是上下级关系，并在血缘上不断融合，最终在春秋战国时期融合为华夏族。夏、商、周、秦同属于一个民族，而绝不能视为不同民族。

秦与周、夏、商是有深度交集的族群。《史记·秦本纪》称秦人祖先大费辅佐大禹，其他先祖还曾"以佐殷国，故嬴姓多显，遂为诸侯"②。历史学者雍际春说得很清楚："夏商时代作为中国文明时代最早的两个政权，在中国上古史无疑具有承上启下的重要地位。而嬴秦作为一个自尧舜时期就开始发挥重要作用的东夷部族，很早就同中原地区存在着部族流动与文化交流，并作为商朝的显贵和诸侯，就曾广泛参与了有关活动。"③

周人历史异常悠久，比秦人历史更为显赫，与夏、商也有交集。《史记·周本纪》称："周后稷，名弃……后稷之兴，在陶唐、虞、夏之际，皆有令德。"④ 按照此说法，周人在"陶唐、虞、夏之际，皆有令德"。《国语·周语上》称："昔我先王世后稷，以服事虞、夏。及夏之衰也，弃稷不务，我先王不窋用失其官，而自窜于戎、狄之间，不敢怠业，时序其德，纂修其绪，修其训典，朝夕恪勤，守以敦笃，奉以忠信，奕世载德，不忝前人。至于武王，昭前之光明而加之以慈和，事神保民，莫弗欣喜。"⑤ 由于彼此存在交集，虽然文化有差异，但也有共同性，而绝不以外族自居。

秦朝取代周朝，是处于从属地位的秦人精英集团打败周人精英集团和六国精英集团并取而代之的结果。虽然周、秦族群有所不同，但仍旧是一个民族内部的斗争。周秦之变不是阶级斗争，而主要是中华民族、华夏族内部不同精英集团争夺统治权、施展政治抱负的过程。新统治集团在新的政治、经济、文化、交通、制度下，构建了新的国家——秦朝。秦朝虽然

① 张光直：《中国青铜时代》，生活·读书·新知三联书店1983年版，第28—31页。
② 〔汉〕司马迁著、〔宋〕裴骃集解、〔唐〕司马贞索引、〔唐〕张守节正义：《史记·秦本纪》（点校本二十四史修订本·第一册），中华书局2014年版，第223—224页。
③ 雍际春：《秦早期历史研究》，中国社会科学出版社2017年版，第83页。
④ 〔汉〕司马迁著、〔宋〕裴骃集解、〔唐〕司马贞索引、〔唐〕张守节正义：《史记·周本纪》（点校本二十四史修订本·第一册），中华书局2014年版，第145—146页。
⑤ 《国语·周语上》，陈桐生译注，中华书局2013年版，第3页。

和周朝有很大差异，但历史上就有数百年的从属关系，属于同一个国家。秦人深度吸收、继承了周人的文化，包括天命论、天子制、嫡长子继承制、礼法制度、国家中心主义传统等。

3. 从国家性质和国家构成要素来看，走的是阶级开放、民族融合、国家机器理性化、社会高流动化等基本要素构成的道路，形成了古代世界最高水平的国家形态。君主官僚制国家以强有力的中央集权、发达的国家机器、官僚制、郡县制、较强的社会流动性、较发达的世俗化、完善的常备军、天地家国同构、集体主义、民本主义（汉朝及以后）等为基本要素。天—君—官—民的关系对于君主官僚制国家的运行具有轴心意义。君主之下的万民的阶级属性相对淡化，相对平等，不存在全国性的大规模奴隶制，最终形成中央集权的大一统君主官僚制国家。从人类国家演进的方向来看，这条道路中的绝大多数要素都代表着一种正确方向，即是理想国家或者是现代国家的基本要素。何增科归纳到，"经过春秋战国时期的'自强型改革'和秦汉帝国加强专制王权和中央集权的不懈努力，秦汉时期的中国已经从一个早期国家转型为一个统治制度高度定型的成熟国家。就其国家性基本要素的成长而言，秦汉时期的中国达到很高水平。国家三要素已经齐备。行政官僚机构实现专业化和精细化管理。周边国家充分承认秦汉帝国的最高统治权"，"这在当时的世界上属于为数不多的成熟国家"。[①]

秦朝是当时领土最大、实力最强大的国家之一。汉承秦制，秦汉国家同属于君主官僚制国家，国家治理水平相近。秦汉大一统王朝是当时世界上最重要的国家之一，是东方的核心国家，这种国家形态是当时世界最高水平的国家形态之一，各自对周围世界产生了革命性的影响。"在中国早期国家的转型中，一种不受地方势力的自治性干扰的完全的中央集权制的统一国家的政体形式开始出现，正是这一点，作为公元前 5—前 3 世纪中国发生的最重要的政治发展之一，使中国在结束早期国家阶段之后出现的是古代世界最高水平的成熟的国家，即帝国（empire）。"[②]

---

① 何增科：《早期国家》，见俞可平主编：《政治通鉴》（第三卷），中国大百科全书出版社 2022 年版，第 531 页。何增科所谓国家三个基本要素指领土、人口和政权。
② 谢维扬：《中国早期国家》，浙江人民出版社 1995 年版，第 471 页。

4. 从转型规模来看，是巨大规模国家的转型，带来人口和国土面积的大幅增长。前文指出周秦之变中出现大规模战争，死亡人口众多，但从整个中国自早期国家向成熟国家转型的大周期来看，由于生产力、社会制度、社会积极性的释放等各种原因，中国的人口和国土规模都有增加。中国从早期国家向成熟国家转型是大国级别的转型，由中等规模国家变成超大规模国家，人口有约 2000 万的增长。因此，这对于中国国家形态演进史而言，是自我升级和正向革命。

第一，国土面积大幅增长。当代学者一般估计，周朝初期和中期统治、控制和渗透的地方，包括诸侯国统治的地方，大约接近 100 万平方公里。当然，这种统治和今天的直接、缜密、无差别的高水平管理水平不可同日而语。此后逐步发展，大约到了战国时期，周王室和诸侯所能影响、控制的地方，粗略估计是 200 多万平方公里。不过，这些地方周王室已经无力控制，而是由诸侯国所统治、渗透或者影响的地方。历史学者傅乐成认为，周朝"王畿的范围已不可确考，但必然包括镐京、洛邑及其附近地方的地方，据周人估计有千里左右见方。大概王畿最北不过至泾水流域以及洛邑以北的黄河北岸附近之地，南不到汉水流域，东不到淮河流域，西则可能至岐山一带，这可从周代诸侯国和外族的分布情形看出来"[1]。到了秦朝，中国控制的地域已经超过 300 多万平方公里，达到超大规模级别。

第二，人口规模巨大。人口学者王育民认为，商朝初为 196 万人，西周初为 285 万人，春秋后期 450 万人。[2] 历史学者李硕认为商朝经过 500 余年，商末商族人口估计近百万，商人控制区的非商族人口，比如众多土著族邦和被纣王纳入统治的部分东南夷人，总数可能是商族人的两三倍。[3] 历史学者宋镇豪通过考古成果和历史资料估算，夏初人口约略为 240 万—270 万之间，商初人口约为 400 万—450 万，至晚商增加至 780 万左右。他并认为西周早期不少地域组织的人口规模和商朝一样，维持在

---

① 傅乐成：《中国通史》（下），贵州教育出版社 2010 年版，第 31 页。
② 王育民：《先秦时期人口刍议》，载《上海师范大学学报》，1990 年第 2 期。
③ 李硕：《翦商：殷周之变与华夏新生》，广西师范大学出版社 2022 年版，第 514 页。他认为在商朝控制范围之外及认知范围之内，各种蛮夷土著的总数也会有近百万。

8000 人左右的水准。[1] 先秦史学者沈长云根据古代文献推测，西周初期周朝所统治的人口大约为 735.98 万人，推测当时一般的"国"人口大约为 4900 人。[2] 宋和沈的结论最值得重视。战国时期，中国人口起码已经超过了三四千万。对于秦朝人口的估算，学者的估计在 2000 万—5000 万之间，各有不同的证据和论证。王育民认为秦朝是 2000 万人口。[3] 葛剑雄认为秦朝初期人口达到了 4000 万左右。[4] 笔者倾向于认为葛剑雄的估计是比较可靠的。概言之，中国早期国家向成熟国家转型时期是三四千万人口规模的政治实体的转型。

三、早期国家向成熟国家（帝国）转型的西方道路

古代西方主要指古希腊、古罗马、中世纪欧洲。古希腊属于城邦政治，古希腊人视城邦为国家的终极形态，始终捍卫城邦形态，其国家形态始终没有走出城邦国家形态，后来被马其顿继而是古罗马征服，丧失了向成熟国家转型的机会。因此，古希腊总体上都属于早期国家范畴。雅典属于早期国家的发达类型，国家人口达到了 30 多万，但雅典和其他城邦一样，被外族征服，丧失了全部独立性。

后起的属于不同民族的古罗马逐步从一个村落发展为城邦国家形态，继而发展为一个大国，国家政治制度经历了君主制、共和制、帝制等不同阶段，并征服了希腊地区。公元前 3 世纪，罗马开始出现帝国形态。[5] 特别是"到公元前 265 年，亚平宁山脉以南的意大利全部统一在罗马的领导之下。罗马成为地中海地区最强大的国家之一"[6]。这一年是罗马进入后期共和国阶段之开始。这可以认为是古罗马形成成熟国家的标志。当然这

① 宋镇豪：《夏商社会生活史》（增订本·上），中国社会科学出版社 1994 年版，第 195—196 页。
② 沈长云：《西周人口蠡测》，载《中国社会经济史研究》，1987 年第 1 期。
③ 王育民：《先秦时期人口刍议》，载《上海师范大学学报》，1990 年第 2 期。
④ 此处秦朝人口数依据葛剑雄的分析。葛剑雄认为秦始皇统一六国之初，中国人口为 4000 万。参见葛剑雄：《中国人口史·第一卷·导论、先秦至南北朝时期》，复旦大学出版社 2002 年版，第 312 页。
⑤ 帝国并不简单等于帝制，共和制国家也可以是帝国形态，甚至苏联、特定阶段的美国也被称为帝国。
⑥ 〔美〕威廉·麦克尼尔：《西方文明史手册》，盛舒雷等译，浙江大学出版社 2016 年版，第 131 页。

是一个大致的时间。[①] 传统观点认为，古罗马先后经历王政时代（公元前753—前509）、共和国（公元前509—前27）、帝国（公元前27—476/1453）三个阶段。[②] 此时的古罗马恰好处于政治制度上的共和国阶段，但已是帝国形态。对于早期原生性文明而言，在成熟国家阶段转变为所谓的共和国，是十分罕见的例外，这是西方的特殊性。但是，对于罗马共和国和罗马帝国的描述不能简单地使用君主制、共和制等概念，而应该基于国家形态进行深度和全面的分析，特别是应当将其社会和阶级结构、族群关系等也纳入分析。

1. 实行阶级政治、身份政治

阶级、身份是古代西方的核心概念，至今仍有深远影响。处于共和国阶段的古罗马走的是阶级对立、族群对立的国家形态路数，形成了奴隶制共和国或者奴隶制帝国，存在全国性、普遍化的奴隶制。公民、外邦人和奴隶的身份是绝对不容混淆的，公民阶级和奴隶阶级是对立的，公民内部之间存在地位悬殊的贵族和平民。整个国家的人口是高度的阶级化、族群化、敌对化的，一半以上的人口都划为奴隶。罗马帝国统治之下的人口分三类，地位不同，形成三大对立的种族化人口集团。根据吉本的研究，罗马公民作为征服者，拥有统治权和各种特权，处于少数地位；行省属民次之，人口大约为罗马公民的一倍；最下等的是奴隶，即被征服者，其本人和子孙世世代代为奴，毫无人权，人口数量大约占全国人口的一半。奴隶即使被主人赦免为自由人，三四代之后，奴隶的出身仍旧不能洗刷干净。[③] 罗马帝国体制决定了这三种人的法律、政治身份截然不同，决不可混淆，更不能奢谈民族融合。历史学家易宁指出，"在罗马境内，始终没有发生如秦汉那样的民族融合情况"，"罗马对被征服地区的统治，不像秦汉帝

---

① 古印度从早期国家转型为成熟国家时间也差不多。笔者将另文讨论古印度、古埃及相关问题。雅斯贝斯认为："在中国（秦始皇帝）、印度（孔雀王朝）和西方（希腊帝国和罗马帝国），几乎同时兴起了主要靠征服起家的强大帝国。"他明确使用帝国概念。他提到的这些国家都是成熟国家。参见〔德〕卡尔·雅斯贝斯：《历史的起源与目标》，魏楚雄、俞新天译，华夏出版社1989年版，第294页。

② 这主要是一种政治制度上的划分，而非国家形态上的划分。西方人对于古罗马发展阶段的划分体现出一贯的政体中心主义倾向。如果从国家形态来划分，则古罗马可以划分为早期国家阶段（公元前753—约前265）、成熟国家阶段（约公元前265—476/1453）。

③ 〔英〕爱德华·吉本：《罗马帝国衰亡史》（第一卷），席代岳译，吉林出版集团有限责任公司2008年版，第33—35页。

国那样将其与内地融为一体，而是将其作为奴役剥削的对象。向罗马交纳赋税成为行省城市最重要的任务"。① 除了这种阶级政策外，罗马极少进行有效的全民性的文化认同和国家认同的构建。近些年西方身份政治沉渣泛起，这是有着深刻的历史基因的。福山指出："相比之下，日本、韩国、中国在开始现代化之前——甚至在它们于 19 世纪遭遇西方列强之前——就已经有发展完好的民族身份。"② 这些都可以追溯到中西方政治的早期差异。

2. 政治制度和国家形态属于共和制、共和国、帝国

古罗马奉行阶级对立基础上的统治阶级内部的有限的共和与法治，议会、选举、公民政治、个人主义是古罗马政治中的核心元素。古罗马人对发展官僚制、建构强大的国家机器、万民平等没有太大的兴趣，这些东西和他们的民族秉性和政治文化是绝对背离的，特别是所谓的万民平等直接冲击其根本社会制度——奴隶制。何增科认为，"古希腊和古罗马并非原生的早期国家，但它们开辟了君主制和官僚制之外的另一种早期国家道路，为西方文明留下了重要的政治遗产"，他主要指民主政体、法治、共和制等。③ 此外，古罗马并非首创却极大丰富和增强了帝国范式、殖民主义的内涵和影响力，并且将这些遗产深刻烙印在西方文明中。

3. 国家机器比较粗放，无官僚制

古罗马虽然是闻名于世的大国，但总体上是世袭性贵族政治、军事征服型统治，在国家机器建构和官僚化上并不见长，官职具有临时性、无偿性、零散性等特点，没有形成官僚制。芬纳指出罗马共和国时期，"罗马的政治过程是世袭的服务贵族和人民大众之间的辩证互动，没有职业化的祭司阶层，没有职业化的官僚集团，也没有职业化的军队"；他在阐释罗马帝国和汉朝的区别时强调两者的一个不同"在于罗马几乎没有领受俸禄的专职官僚"，和汉朝官吏比起来，罗马官僚数量微乎其微。④ 彼得·

---

① 易宁：《秦汉的统一与罗马的征服》，载《求是学刊》，2006 年第 6 期。
② 〔美〕弗朗西斯·福山：《身份政治：对尊严与认同的渴求》，刘芳译，中译出版社 2021 年版，第 122—123 页。
③ 何增科：《早期国家》，见俞可平主编：《政治通鉴》（第三卷），中国大百科全书出版社 2022 年版，第 521—524 页。
④ 〔英〕塞缪尔·E. 芬纳：《统治史（卷一）：古代的王权和帝国——从苏美尔到罗马》（修订版），王震、马百亮译，华东师范大学出版社 2014 年版，第 414、565 页。

菲比格·邦和高道蕴比较了汉朝和罗马帝国，认为汉朝的官僚机构要比罗马发达，统治国家的程度也要深许多。[①] 有专门研究罗马法的学者指出，罗马"共和国官制的基本特点是暂时性、集体性、任职结束后究责制和无偿性"[②]。无偿性首先就使得官僚制不可能发展起来。科层化、职业化、专业化、体系化、中央—地方官僚凭能力选拔、薪俸制、官僚的专门培训、官僚的非世袭性等这些官僚制基本原则，在古罗马是稀缺的或者处于极低的发展水平。从官僚化程度而言，古罗马大约相当于周朝的水平，甚至还不到。潘岳指出："罗马帝国的文官，都集中在行省首府，更没有建立一竿子插到底的基层政权。行省之下无官僚，是一堆拥有自治权的王国、城市、部落，各自按照原有的制度运行。罗马派遣一个总督和若干财务官，掌管税收、军事与司法，对行省下的公共服务和文化教育则一概不管。中央委派的财务官也只在行省而不下基层，更懒得设垂直管理的基层税吏，征税就摊派给地方领袖。地方领袖对当地事务很有发言权，总督经常按照地方实力派的愿望作决断。"[③] 此论中肯。

4. 完成国家转型的主体是完全不同的民族

古希腊、古罗马是不同的民族，也是不同的文明。古罗马人征服了古希腊人，这种征服完完全全是外族入侵、征服。只不过古罗马人比较推崇古希腊人的文化，因此有所继承，否则两个族群或者民族就连一点边都沾不上。被征服后，古希腊人逐步消失，而古罗马则持续壮大，建立了一个因军事扩张而壮大的庞大帝国。故而，西方完成早期国家向成熟国家转型主要是文明的接续关系。西方早期国家的主要代表是古希腊，而完成向更高级国家形态转型的是另一个陌生的民族——古罗马人。

四、中西两条道路的内涵和特点比较

从早期国家向成熟国家转型，中国和西方是两条截然不同的道路。这

---

① 彼得·菲比格·邦、高道蕴：《王权与贵胄的形成》，见〔美〕沃尔特·沙伊德尔编：《古代中国与罗马的国家权力》，杨砚等译，生活·读书·新知三联书店 2020 年版，第 15—87 页。
② 〔意大利〕朱塞佩·格罗索：《罗马法史》，黄风译，中国政法大学出版社 1991 年版，第 147 页。还可参见陈可风：《罗马共和宪政研究》，法律出版社 2004 年版，第 63—89 页。
③ 潘岳：《中西文明根性比较》，新世界出版社 2022 年版，第 130 页。

两条道路是人类最具影响力和代表性的早期国家向成熟国家转型道路。中国是东方世界最重要的代表，古希腊、古罗马是欧洲乃至西方世界最重要的代表。美国历史学者伊恩·莫里斯将秦汉王朝称为"东方核心"，将罗马帝国称为"西方核心"。① 这是对两者地位的肯定。这两条道路都对人类政治文明的形成和发展产生重大而深远的影响，并且各有长处和短处。

1. 总体性差异

中国是一条民族关系上融合、阶级关系上开放、社会关系上流动、权力关系上集中、国家机器构建上实行中央集权的官僚制、统治模式上实行直接统治模式、文化上实行世俗主义、国家和人民关系上实行皇权和民本兼顾、经济上实行普遍化小农经济的国家演化道路，归结到一点就是一条君主官僚制国家的道路。黄清吉在对比中西古代国家道路时指出："中国秦汉王朝在华夏久远而厚实的历史积淀上，因时因地发挥超凡的创造力，构建起覆盖辽阔疆域的大一统的中央集权国家，并以君主集权政府体制、小农经济生产方式、以儒学为内核的文化传统相互支持的互动结构为支撑，将数以千万计的分散小农凝聚为井然有序的稳固共同体，对内有效地统治与管理庞大规模的社会，对外凭借从庞大规模的社会积聚的雄厚财力和充裕人力有效地应对他国的竞争与挑战。秦汉以来，尽管出现过多次改朝换代，但大一统的中央集权国家不仅没有解体，顽强经受住了来自内外的各种震荡，而且统一的疆域范围越来越广。历经两千余年，大一统的中央集权国家不断完善，达到古代世界国家文明的巅峰。"②

西方是一条民族关系上对立、阶级关系上封闭、社会关系上不流动、社会形态上实行奴隶制、政治制度上实行共和制或者混合制、经济上实行农工商并重、对外关系上实行扩张侵略的国家演化道路，归结起来就是奴隶制基础上的共和制和殖民帝国道路。这是一种掠夺性、扩张性、军事型的国家形态，殖民主义是其天然传统。后期，古罗马接受基督教，成为基督教国家，丧失世俗化统治特征。"西方国家由于并不存在中国那样的与

---

① 〔美〕伊恩·莫里斯：《西方将主宰多久：东方为什么会落后，西方为什么能崛起》，钱峰译，中信出版社 2014 年版，第 181—190 页。
② 黄清吉：《中西古代国家发展的分野及其当代意涵》，载《上海行政学院学报》，2016 年第 5 期。

小农经济生产方式相契合的现世主义的政治思想体系，即使存在某种思想体系，也是以宗教的面貌出现的，宗教指向的是天国而非现世，巧妇难为无米之炊，因而不能构建起与中国类似的政府体制、生产方式、文化传统相互支持的互动结构。"[①]

2. "专制主义"和"自由主义"的错误对比

一直以来，受到东方专制主义思想的深刻影响，很多学者将古代中国称为臣民国家甚至是专制国家、专制主义国家，使用专制、奴性、暴政等黑暗等负面词汇来描述之；将古希腊、古罗马称为公民国家或者民主共和国家，定性为西方自由民主或者西方自由主义，使用光明、自由、解放个性、平等、民主等正面词汇来描述之。总之，存在将东西方、中国和西方截然对立起来并不断固化的趋势。专制主义或东方专制主义是西方人关于东方特别是中国叙事的元理论。这些做法源自古希腊，经过文艺复兴而扩大并固化。这是充满种族主义色彩的。对于中国而言，这是放大局部特点，忽视优点和合理性；对于古罗马而言，则是忽视根本性缺陷，片面美化局部特点。徐勇说得非常好："长期历史以来，西方一些学者将'东方'作为一个无差别的整体，并将东方国家政治都简单归之于'东方专制主义'概念框架之中。尽管这一观点受到理论批判，但仍然需要基于中国事实加以纠正。"[②]

作为一个国家，古罗马根本就没有整体性的国民概念，所统治的人口是高度阶级化且分裂的。其中，超过一半的人都是奴隶，在法律上只是会说话的畜生，还有很多人为外邦人，只有不到一半甚至三分之一左右的人才是公民。这种类型的国家不能称为公民国家，因为公民不是主体和大多数，而应该叫作奴隶（制）国家、阶级专制国家、族群专制国家；更不是自由主义，因为超过一半的人口毫无人权和自由，连人都谈不上。相反，中国在秦以来的君主官僚制国家阶段，有万民普遍平等、高社会流动、阶级和民族融合、高度发达的官僚制、大一统国家形态。这些要素都

---

① 黄清吉：《中西古代国家发展的分野及其当代意涵》，载《上海行政学院学报》，2016 年第 5 期。
② 徐勇：《从中国事实看"东方专制论"的限度——兼对马克思恩格斯有关东方政治论断的辨析与补充》，载《政治学研究》，2017 年第 4 期。政治学者约翰·基恩对专制概念进行了思想史研究，可参见〔澳〕约翰·基恩：《专制：近代早期欧洲政治分析的基本概念》，李健译，载《国家研究》，2022 年第 1 辑。

是非常重要的，不能以专制或专制主义来遮蔽之。

表 1　中西方从早期国家到成熟国家的转型比较

比较项目 \ 比较主体	中国	西方
时间节点	狭义的周秦之变（公元前 770—前 221）。秦朝的出现是中国成熟国家出现的标志。秦汉之变是中国成熟国家的定型期	古罗马约在公元前 3 世纪达到成熟国家标准。公元前 146 年古希腊沦为罗马行省，失去向成熟国家转型的机会，古希腊政治进化明显慢于中国
国家形态转型内容	从天子诸侯制国家到君主官僚制国家；从阶级森严国家到阶级融合国家；从松散的分封制国家到中央集权大一统郡县制国家	从城邦国家到帝国；从小规模国家到超大规模国家
转型的基本方式	内部战争；政治精英的国家构建；长期竞争下的制度创新或淘汰	对外扩张征服其他民族和族群；继承吸纳古希腊文明的升华；制度的自我演化
重大事物来临或主要贡献	国家机器现代化；社会和阶级结构现代化；国家统治方式的理性化、世俗化；民本主义；官办教育思想；统一文字、货币、度量衡等标准化工程；能力主义（秦朝）、贤能政治（汉朝及以后）等	奴隶制基础上的共和制和混合制；奴隶制基础上的法治；重视公民权利的思想等
早期国家得以延续的内容或趋势	天命观；天—君—民关系的轴心地位；国家中心主义；民本主义（秦朝有所扬弃、汉朝继承）；官僚化趋势等	自然法；神的重要性；公民权；奴隶制；阶级对立；法治；选举、公民大会作为重要政治制度形式等
评价	东方道路的典型，更具有代表性	西方道路

来源：作者自制

表 2　中西方成熟国家形态的简略比较

比较项目 \ 比较主体	中国（秦汉大一统王朝）	西方（罗马共和国、帝国）
立国基本理论	天命论（天命律法论、天命礼法论）	主权在少数公民；主权在君；后期的基督教的国家观念等
国家基本制度	皇帝制；中央集权的官僚制；郡县制；宗法制；贤能政治（秦朝主要尚能、汉朝以后贤能并用）；官僚统治；直接统治模式；编户齐民；以文驭武；常备军制；国家份地授田制	共和制、君主制、混合制；议会制度；选举式的阶级统治；贵族统治；全国性奴隶制；间接统治模式；动荡的文武关系；常备军制

（续表）

比较主体 比较项目	中国（秦汉大一统王朝）	西方（罗马共和国、帝国）
国家统治方式	律法之治（秦）、礼法之治（汉及以后）	罗马式法治
国家和 社会关系	强国家中心主义；强国家—弱社会	非国家中心主义；强国家—强社会
社会和 阶级结构	君主—官僚—士农工商四大阶层为基本结构；阶级开放；官民关系为基本关系；社会流动性强；多民族并存和融合	公民阶级—外邦人阶级—奴隶阶级为基本结构；阶级封闭；阶级关系为基本关系；社会流动性极差；不承认国内其他民族或者族群的平等地位
经济形态	普遍化的发达的小农经济；重农抑商政策下的工商业	农工商并重；工商业比较发达
国家形态定名	大一统中央集权君主官僚制国家	奴隶共和制国家；奴隶君主制国家
国家性质	超大规模国家；世俗型国家，儒法国家；多元一体的多民族国家；官僚统治国家	西式帝国；后来从世俗型国家转向基督教国家；民族对立国家或者说阶级统治工具国家（只有多民族的外壳）；贵族统治国家
标识性事物	天命；天下；皇帝；朝廷；官吏；丞相；三公九卿；军功地主；士大夫；黔首、百姓、苍生、万民；举孝廉；郡县；刺史；儒家；法家；道家；秦律；礼法；教化；德刑并用；国家；大一统……	神；议事会；元老院；公民大会；奥古斯都；贵族；祭司；公民；行省；独裁官；监察官；执政官；护民官；选举；基督教；奴隶；罗马法；帝国；自治城市；殖民地……
疆域	秦朝约 400 万平方公里，汉朝约 600 万平方公里	罗马帝国鼎盛期约 500 万平方公里

来源：作者自制

3. 早期国家向成熟国家转型的时间

　　中国在公元前 221 年完成了早期国家向大一统中央集权的成熟国家的转型。古希腊根本没有形成统一的大国，最大的城邦不过 30 多万人，没有走出早期国家形态。鉴于周朝较西方更早形成疆域达 100 万平方公里、人口数百万的大型国家，国家机器发育也更早，实际上中国的国家进化比西方要快一些。中西成熟国家出现的时间谁早谁晚？虽然本文以公元前 265 年初步作为西方形成成熟国家的标志，但此时古罗马的面积、国家机器复杂程度和统一后的秦朝相差甚远。如果我们将已经是成熟国家形态的战国七雄也纳入考虑，则西方形成成熟国家的时间比中国要晚一些。总之，中西方形成成熟国家的时间大致同步，不过中国略早一些。

4. 中西成熟国家形成道路的代表性

总体来看，和中国的道路更接近的国家更多，波斯、古埃及、越南、朝鲜、日本等差不多都属于这一类，而走古希腊、古罗马道路的仅仅局限于它们自身。从这个意义上来说，古希腊、古罗马转型道路具有独特性而非普世性。考古学者张光直认为："中国的形态很可能是全世界向文明转进的主要形态，而西方的形态实在是个例外，因此社会科学里面自西方经验而来的一般法则不能有普遍的应用性。"[①] 至少在人类从早期国家向成熟国家转型这段历史上，这个论点是适用的。从这个角度我们亦可知，中华文明实际上蕴含了大量的人类政治普遍性。

五、中西两条道路的遗产和影响

在人类历史演进中，时间和影响人类深远的政治社会结构是互嵌的。政治都是在时间里出现的，最终也变成了历史，深刻影响后来的政治。先前出现的重大事物对于后来的事物有着深远的影响。"无论是作为治理对象的国家，还是作为治理主体的国家，都是在历史过程中产生、形成并发展和演化的。国家不是从来就有的，也不是永恒存在的。由此需要引进时间的维度考察国家的成长过程，形成时间国家观。"[②] 因此，有必要从历史长河中考察政治变迁。国家形态是人类最重要的制度之一，是人类社会的"芯片"，对于人类社会发展具有决定性作用。早先出现的国家形态、国家发展的道路对于后来的国家有着深远影响。中西方从早期国家向成熟国家转型的道路及其遗产各有千秋，对于后世地区文明、世界文明演进产

---

① 张光直：《连续与破裂——一个文明起源新说的草稿》，见〔美〕张光直：《美术、神话和祭祀》，郭净译，辽宁教育出版社 2002 年版，第 118 页。
② 徐勇：《关系中的国家（第二卷）：地域—血缘关系中的帝制国家》，社会科学文献出版社 2020 年版，第 17 页。

生了重大而深远的影响。如果要比较两条道路的影响，则需要先设定公允的标准。笔者主要从两个维度比较之。

第一个维度：两条道路对人类理想国家/现代国家构建的贡献

基于古今中外政治史、国家史，笔者发现，理想国家或者现代国家构建必须跨越国家机器现代化、社会和阶级结构现代化、国家和人民关系现代化、国家统治方式现代化、国家经济形态现代化五座"珠峰"，或者称为解决五大世界性难题。[①] 这五座"珠峰"是国家构建的五大最重要事物，亦是人类社会最重要的事物之一。它们之间存在强大的张力关系并相互影响。任何一项事物（一道"珠峰"跨越）的优先到来，都会对其他事物的到来和实际内涵、运行模式产生重大而深远的影响。这五大维度对于一个国家而言是最重要事物。即使不讨论现代化问题，国家机器、社会和阶级结构、国家和人民关系、国家统治方式、国家经济形态也是国家形态的五大核心维度。

1. 从国家机器维度来说

秦汉中国是远远超越古希腊、古罗马的，前文对此已有论证。这一点学界有较大共识。福山研究发现："在中国，拥有韦伯式现代特征的中央集权国家出现于公元前221年的秦朝，到西汉（公元前206—公元9）获得进一步巩固。中国建立起任人唯才的中央官僚体系，登记人口，征收统一税项，掌控军队，监管社会，比欧洲出现类似国家制度整整早了一千八百年。"[②] 哲学学者白彤东提出中国早期现代性问题，认为周秦之变是一种现代化，秦朝已经进入了中国式的现代社会，工业革命的现代化乃是现代化的2.0版本。[③] 国际关系学者田野接受了福山关于秦朝是现代国家的观点，认为现代国家制度是在战国的烽火中诞生的，"众所周知秦国在这方面的制度构建上最为有效和成功"[④]。秦汉中国拥有当时世界最强大最完备的官僚制和国家机器，是人类官僚制的起源国。古希腊、古罗马没有

---

① 限于篇幅，现代国家构建五座珠峰论的论证此处不展开，具体内容请参见黄涛：《从天子诸侯制国家到君主官僚制国家——周秦之变的历史政治学阐释》，中国人民大学博士学位论文，2022年。

② 〔美〕弗朗西斯·福山：《政治秩序与政治衰败：从工业革命到民主全球化》，毛俊杰译，广西师范大学出版社2015年版，第323页。

③ 白彤东：《作为现代政治哲学的先秦思想》，载《社会科学》，2014年第10期。

④ 田野：《礼治与国家建设——将中国元素植入政治秩序理论》，载《世界经济与政治》，2020年第9期。

形成像样的官僚制，国家机器较为粗糙。

2. 从社会和阶级结构维度来说

秦汉中国实现高社会流动，打破了阶级壁垒，初步实现了社会和阶级结构的现代化，是当时世界最具流动性的社会形态。古罗马是典型的奴隶社会，阶级是其一切政治社会制度的基础，不同阶级之间等级森严且不可流动。因此，中国是领先一步的。哲学学者何怀宏认为"秦汉之后的中国显然摸索着走出了一条在世界文明中极为独特的道路"，秦汉至晚清社会是"选举社会"，"包含有丰富的现代因素，中国也有向'现代'发展的某种趋势，只是在发展中呈现出与西方迥然有别的特点而已。中国两千多年来先为荐选（察举），后为考选（科举）的选举的演变，体现了一种进入社会上层的单一的最大机会平等的发展"。[1] 历史学者张分田亦指出："与欧亚大陆其他古代文明的等级社会，特别是欧洲中世纪的封建制度相比，中国自战国秦汉以降的等级制度具有明显的流动性。"[2]

3. 从国家和人民关系维度来说

虽然古希腊有民主制和共和制，古罗马曾有共和制，但有鉴于古希腊、古罗马超过一半人口都是奴隶，国家是阶级压迫的工具，虽然他们有少数人的共和或者有限的平等[3]，因此它们在这一点上并不强于中国。古希腊、古罗马远没有实现国家和全体民众关系的民主化。秦朝虽有国家份地授田制，编户农民可以从国家分得田地，且有保障农业生产的严密律法，但政府对于民力的征用是过度的，这些问题是客观存在的。不过汉朝中国已经实行民本主义，对民权的保障虽有待再加强，但也是有较强的保障的。总之，中国和西方都没有实现国家和人民关系的现代化，都有巨大

---

① 何怀宏：《选举社会及其终结：秦汉至晚清历史的一种社会学阐释》，生活·读书·新知三联书店 1998 年版，第 29—39 页。

② 张分田：《秦始皇传》，人民出版社 2003 年版，第 399 页。

③ 事实上，在古希腊、古罗马，公民、外邦人、奴隶之间权力相差极大不说，即使在公民内部，平等都是极有限的，贵族和平民的权力相差很大，甚至一些优秀人士像苏格拉底竟在没有明显罪行的情况下被公民投票处死或者放逐。而且前文已指出，作为一个常年处于战争状态下的国家，罗马将领对于普通士兵的权力近乎主奴关系，几乎拥有生杀大权。这些事实都不是公民平等、轮番而治或者民主、共和、法治等美好概念就可以掩盖的。当然，本文只能指出这些概念的重要性和局限性，囿于篇幅无法展开讨论。

的成就，但方向和重点不同。

4. 从国家统治方式维度来说

古罗马是现代法治的发源地，虽然它们的法治只是一种有限的阶级立法，维护阶级特权和利益，但其法治精神是可取的。秦汉中国属于一种礼法之治，礼和法律都占据着重要的地位，国家权力凌驾于礼法和规则之上是时有发生的。历史学者杨念群称："中国文化的特点就是人治。"① 虽然人治、法治的概念比较绝对，并不完全适用于秦汉中国，但君主官僚制国家的统治方式和现代国家要求的法治有很大差距却是事实。古罗马在这一点上强于中国，它们贡献了现代法治的雏形。

5. 从国家经济形态维度来说

秦汉中国是普遍化的个体小农经济，在当时世界是最先进的经济形态。古罗马经济形态则是一种奴隶制经济，奴隶主并不从事生产，驱使和奴役大量奴隶从事生产，这是一种与人类正义相违背的经济形态。古罗马的经济结构中有更多工商业成分，但经济水平则没有超过秦汉中国，两者大致是同一个水平的。

因此，中国在中央集权、国家机器完善性、官僚制、社会和阶级结构开放性平等性、国家和人民关系和谐性上，总体上要强于西方。西方在国家统治方式法治化上要强于中国。在国家经济形态现代化维度上，则中西方大致是平分秋色，古罗马在经济形态上的丰富性和活跃度上可能强于中国，中国在个体小农经济的普遍性、平等性等方面要强于古罗马。中国道路在理性国家机器建构、官僚制、高社会流动、阶级平等和开放、国族建构等方面对世界影响甚大，而西方道路在法治、民主制、共和制等方面对世界影响甚大。这种影响是永久性的、决定性的。这些要素构成了现代国家的核心要素、基本结构。

第二个维度：两条道路所影响的历史地理范围

中国属于在东亚和世界最早的一批从早期国家向成熟国家成功转型的

---

① 杨念群：《重估"正统论"是建立中国历史政治学的起点》，载《中国政治学》，2020 年第 2 辑。

国家，开启了东亚地区乃至亚洲地区从早期国家向成熟国家转型的先河，对东亚国家和周边国家从早期国家向成熟国家的演进产生重大而深远影响。东亚国家和周边国家与民族都是依靠模仿、学习中国而实现了向成熟国家形态过渡的。中国凭借一己之力在广大的亚洲东部塑造出了一片以官僚制、世俗主义、中央集权、集体主义、高社会流动等为特征的文明世界。所谓的东亚文明、中华文明圈的核心制度和文化支撑主要是中国在成熟国家阶段取得的成就。

古罗马同样是世界上最早出现成熟国家形态的国家。成熟国家阶段的古罗马的影响范围可以从两个维度来讨论。首先，十六七世纪以前，主要是对西方（欧洲，特别是西欧）的历史进程、国家演进产生了重要影响，成为西方文明的重要源头，也成为西方人治理国家所模仿和学习的对象。其次，十六七世纪以后，随着西方的崛起特别是此后的工业革命、宗教革命等，古罗马的文化和政治形态（共和制、法治等）通过西方的对外扩张而深刻影响世界。

在此过程中，中国君主官僚制国家形态也通过近代东学西渐深刻影响西方文明进程，并通过西方的扩张而成为世界第二波官僚化浪潮的源头，对世界产生重大而深远的影响。[①] 即 16 世纪以来，西方文明的发展是集成了西方古代文明、中国古代文明的精华，东西方古典文明出现了大规模融合。

六、结语

国家是人类社会最强大的组织。国家的演进是复杂的、历史的，其在不同的阶段呈现不同的形态和特征，这些形态和特征存在连续性和变化性，前期结构对于后世国家形态存在深远影响。早期国家、成熟国家和现代国家存在类型上、构造上、能力上的巨大差异。周、秦之巨大差异，古希腊、古罗马之巨大差异，足够让我们从国家形态视角对其进行重新区分和重新认知。

中国、西方于公元前 3 世纪左右完成的从早期国家向成熟国家的转

---

① 笔者将在《中国政治学》（2023 年第 4 辑）刊出的《原型与奠基：古代中国和两波世界性官僚化浪潮——官僚制起源与世界传播的历史政治学考察》一文对此问题做出全面论述。

型，是彼此独立完成的，是中华文明、西方文明第一次进入成熟国家形态，具有划时代的意义。成熟国家的出现意味着人类更娴熟地掌握国家这种有史以来最有权势和能量的组织，人类的统治能力、统治规模都较早期国家有了极大提高，生产力、社会经济水平也随之提高。留给世人最深刻印象的帝王将相、王朝逸闻、战争故事最密集地出现于成熟国家阶段，秦皇汉武、唐宗宋祖、西方各著名大帝皆然。

早期国家向成熟国家转型极大地提升了国家形态的层次，也极大地提升了人类文明的层次，使得人类社会发生了巨大飞跃，是人类历史的重要分水岭。成熟国家虽是前现代国家，但依旧可以掌握超过千万平方公里的领土、数亿的人口，集结上百万的军队。秦朝的军队规模就曾达到130万之多，是当时世界最强大的暴力资源之一。罗马军团曾长期称霸西方，形成了"罗马治下的和平"。中国和西方在向成熟国家转型时，走的是不同的路。这是一次政治大分流和文明大分流事件。在此后近两千年的漫长岁月里，中国和西方进一步走上了不同的道路。国家发展道路大分流不是偶然的，而是源自深层次的文明结构、政治传统、地理结构和族群结构，以及重大事物到来的先后顺序。

中国的成熟国家——秦至清朝的君主官僚制国家，西方的成熟国家——罗马共和国、罗马帝国，尽管都不完美，甚至存在巨大缺陷，但都具有大量的先进元素和现代元素。前者拥有中央集权、直接统治、官僚制、现代国家机器、开放的阶级结构、高社会流动、能力主义、文官统治、世俗政治等要素，后者拥有共和制、法治、公民政治、议会制、选举政治等要素。通过人类历史的延续性，这些要素深刻影响了世界国家史和世界政治史。中国和西方成熟国家形态所带来的这些要素，虽然具有极大差异性，但也具有强烈互补性。十六七世纪以来，它们在"地理大发现"之中和之后发生了交流和互动。这种互动和互补带来了非常震撼的革命性成果——推动现代国家和现代世界的出现，极大地提升了人类国家和人类文明的层次。当然，这是需要条件的，是西方文明在内外交困时率先取得的巨大突破。劣势可以转化为优势，中世纪漫长的黑暗禁锢和政治制度的破碎，带给西方人绝地重生的机会。

　　成熟国家一般地需要跨越国家机器现代化、社会和阶级结构现代化、国家和人民关系现代化、国家统治方式现代化、国家经济形态现代化五座"珠峰"才能成为现代国家（主要代表之一是民族国家）。现代国家集成了中国、西方古代国家特别是成熟国家的诸多要素，并将这些要素升级改造。随着西方的对外扩张和侵略，现代国家范式逐步扩散到全世界。可见，从源头上来看，西方化（不限于希腊化、罗马化，还有后来的工业化）、中华化构成人类国家形态从成熟国家阶段向现代国家阶段转型的主体性内容。人类现代国家的起源，本质上是西方文明、中华文明交融、相互作用并蜕变的产物。[①] 这种互动的重要成果被野心勃勃的西方人占据而一度被中国人无视、拒绝。

　　可以得出一个基本结论：中国和西方在早期国家向成熟国家转型时期发生了第一次大分流，在这个关键历史节点，中国是伟大的先行者，和西方并驾齐驱甚至更胜一筹，形成了强大的国家形态和政治文明，带来中国和东亚两千余年的领先和辉煌。大约 16 世纪以来，因为交通和技术条件的改善，中西方历史有大合流趋势，这是中西方历史的第一次大合流，是一次高水平全方位的碰撞、交手和互动。因为中西方文明具有强烈互补性，大合流必然导致革命性的成果。文明就是如此，顶级文明要素是极其稀缺的，往往只能通过交流互鉴获取，没有一个民族可以发明所有的顶级文明要素。因为文明结构、民族心态等的差异，大合流中蕴含着大分流的趋势。

　　优势也可能成为劣势，中国因为君主官僚制国家形态带来的丰厚遗产，仍旧是超大规模强国（明、清）等原因，养成天朝上国的心态，拒绝学习西方的优秀文明成果特别是具有现代性的国家形态要素，抱残守缺，成为人类第二次大突破的缺席者、迟到者。政治学者徐勇认为 17—19 世纪人类发生了思想的第二次突破（第一次即人类轴心期），欧洲国家执牛耳，甚至一方独大，中国是这次思想突破的缺席者，也失落为消费者。[②] 这是一

---

① 当然，我们并不否认其他文明的重要性，但从现代国家起源上来说的确如此。现代国家形态是顶级文明元素，并非所有国家都具备独立发明现代国家形态的能力。现代国家形态的全球化是扩散、模仿和互动的结果。在此过程中，不同国家的现代国家形态既有共同点，又有本国特点。

② 徐勇：《关系中的国家（第二卷）：地域—血缘关系中的帝制国家》，社会科学文献出版社 2020 年版，自序，第 2—3 页。

种具有世界眼光的重大论断。

西方继承西方古典文明的成果，大胆学习中华文明特别是中华政治文明的优点，出现了持续 100 多年的东学西渐潮流，实现了内在突破，出现了工业化，造成了中西方国家发展道路的第二次大分流。第二次大分流不再是同一级别国家形态的分流，而是现代国家和古代国家的大分流，是规模更大、程度更深、烈度更强的大分流，是现代国家形态——人类最重要国家形态的诞生期，是人类最具有决定性革命性的历史时刻。

在关键的历史节点，中国闭关自守，错失了参与人类思想和国家形态第二次大突破的机会。中国人的官僚制、现代国家机器、科举制、能力主义、官办教育等各种经验和优点都被西方人学走，因循守旧的明清中国只剩下劣势，而西方则在集成中西方文明优点的基础上率先成为现代国家。古罗马的殖民主义同样被西方继承，从而注定了中国遭受急于扩张殖民的现代西方的侵略和掠夺。"在内外的压力同时也是动力的驱使下，当英国等国家借助特定的历史条件，迸发出超凡的创造新时代的活力，率先构建起更高层次的立宪的政府体制、机器大工业与市场经济相结合的生产方式、市场精神与民主—法治理念为内核的文化传统相互支持的互动结构，在新旧时代交替的历史时段，中国便不可避免地遭遇前所未有的总体性危机。"① 如此，我们可以深刻理解中国 1840 年以来的悲惨命运和当代中国很多赶超心态的由来，深刻理解现代中国国家形态的历史起源，深刻理解现代世界资本主义体系、东西方国际政治经济结构。这是世界政治史的真相。

越是回到古代国家历史，我们越能理解现代国家；越是进行历史性分析，我们越能掌握人类文明的基本结构及其起源，包括我们对于中国式现代化道路的理解。我们强调人类现代化道路不能定于一尊，西方现代化道路并不代表人类通向现代化的唯一正确道路，既需要从现实中来理解，也需要从源头上、发展脉络上进行理解。现代化道路的构成要素不是一天出现的，它们有着复杂而漫长的历史起源，人类从早期国家向成熟国家转型过程就滋生了大量现代元素、准现代元素。理解人类从早期国家向成熟国

---

① 黄清吉：《中西古代国家发展的分野及其当代意涵》，载《上海行政学院学报》，2016 年第 5 期。

家转型成为理解现代国家起源和基本结构的基础。

所谓的现代国家是西方文明的产物的观点是缺乏历史感的谬论，西方道路是现代化的唯一道路的论点更完全是西方中心主义的偏见。当我们回到人类的国家史、文明史，仔细考察人类几次重大的国家形态转型，包括国家的诞生、早期国家向成熟国家的转型、成熟国家向现代国家的转型等，就可清晰地看到人类国家演变的基本脉络，看到东西方文明是如何互动的，看到中国在长达 3000 多年的时间里都是世界上的顶级强国、主要文化中心，看到东方文明特别是中华文明对于世界文明和世界结构的关键性塑造及深远影响。德国哲学家卡尔·雅斯贝斯说得好："西方理解东方并脱离东方。它把东方文化的各项因素接收过来，将它们一直重新改造到成为它自己的文化为止。西方投入到东方的斗争；在斗争中，时而西方占到上风，时而东方占到上风。"①

随着开展更多公正的国家理论研究，人类对于世界政治文明的理解将不断深入，从而进一步打破西方中心主义迷雾，逐步扭转人类政治学过度偏向西方的弊端，建构起真正的全面的世界政治历史图景和人类政治学知识体系。

A Comparison between China and the West on the Road of Transformation from Early Countries to Mature Countries（Empires）and Its Influence：Incidental Discussion the Great Divergence of National Development Paths between China and the West

Huang Tao

Abstract：The transformation from an early country to a mature country（empire）is a great national transformation in the ancient world，and also the

---

① 〔德〕卡尔·雅斯贝斯：《历史的起源与目标》，魏楚雄、俞新天译，华夏出版社 1989 年版，第 79 页。

source of the great divergence between China and the West. The third century BC was the completion of this great transformation. China completed this transformation in the hundreds of years of violent conflicts during the Zhou and Qin dynasties, and formed a centralized state with a unified monarchy and bureaucracy, which lasted for 2133 years for later generations. In the war of foreign conquest and expansion, ancient Rome gradually unified most of Italy and became a republic empire. Both the mature countries of China and the West were of huge scale, but there were great differences in national forms and internal structure, which constituted the first major divergence of national development paths between China and the West. Such great differences and divergences are rooted in the differences between Chinese and Western civilizations, national traditions and political and geographical structures. This national transformation has provided the world with a large number of important elements of national form. China has mainly provided the world with systems and experiences such as bureaucracy, modern state machinery, highly mobile society, secular rule, prefectural and county system, capabilitarianism, collectivism and ethnic integration, while the West has mainly contributed to systems and experiences such as republicanism, rule of law, civil concept, class governance, individualism and colonialism. The path of transformation from early countries in China and the West to mature countries has profoundly shaped the history of the construction of modern countries. The basic political form of modern countries is mainly derived from the achievements of this transformation.

Keywords: Mature Countries; National Transformation; National Development Path; World Politics; History and Politics

海外专稿

国家能力再探：整合争鸣中的
经典与实验研究

〔加拿大〕艾莉莎·贝里克

麦吉尔大学政治科学系助理教授

〔美〕福蒂尼·克里斯蒂亚

麻省理工学院政治科学系教授

蒋光明　译

北京大学政府管理学院博士研究生

陈立夫　校

北京大学政府管理学院博士研究生

┃**摘要**┃国家能力是什么以及如何加强它仍然是开放性问题，因为国家、公民及国家代理人的内在激励在某些领域相互一致，但在其他领域存在分歧。本文提出一个分析框架，以国家在汲取、协调和遵从方面面临的能力挑战为基础，将经典方法和实验方法整合至同一个理论结构中。我们依次讨论这些挑战，指出国家能力作为一个互动过程，是制度塑造国家、公众和官僚之间关系的产物。我们认为塑造国家能力的制度及其产生过程是多样的。本文重点评述了近期研究的趋势，以及在此领域开展实证研究面临的机遇和阻碍。

┃**关键词**┃治理；税收；行政部门；官僚；发展；制度；实验

引言

在最基本的韦伯式定义中，国家是追求在一定领土范围内垄断暴力的合法使用权的实体。过去几十年中，随着国家一再被从多元主义所忽视的状态中重新被引入政治分析，政治学家们对国家的理解愈发得到扩展。除强制机构以外，国家还是"社会冲突的发生场域"以及"集体利益的守护者"。[①] 马克斯·韦伯（Max Weber）将拥有地位高于强制机构的专业化官僚组织视为现代国家的标志，其他学者则开始强调国家与公共社会互动的重要性，而非单纯依赖暴力强制。[②] 学者们同样重视国家在创建和维护市场社会中的角色[③]，这种角色在"二战"后得到凯恩斯主义经济学家的支持，聚焦于国家如何制定并执行集体目标，而非仅作为个体利益的聚合体。[④] 当前，国家研究的学者关注国家性（statehood）的光谱，产生了从最低限度的国家概念到最为复杂的成功国家的定义，即以法律和制度为公民提供安全、正义和公共服务，并执行产权、维持市场和私营部门发展的主体。

鉴于对国家性存在多种理解，建设国家能力的视角也不一而足。事实上，关于国家能力的问题——它是什么以及它从哪里来——像国家本身一样古老，并困扰着从尼可罗·马基雅维利（Niccolò Machiavelli）到米歇尔·福柯（Michel Foucault）等众多哲学家。对于政策制定者来说，国家能力在其缺失的时候——比如许多国家失败的案例——最受关注，而在国

---

① Dietrich Rueschemeyer and Peter B. Evans, "The State and Economic Transformation: Toward an Analysis of the Conditions Underlying Effective Intervention", in Peter B. Evans, Dietrich Rueschemeyer, and Theda Skocpol (eds.), *Bringing the State Back In*, Cambridge: Cambridge University Press, 1985, p. 48.

② Michael Mann, "The Autonomous Power of the State: Its Origins, Mechanisms and Results", *European Journal of Sociology*, Vol. 25, No. 2, November 1984, pp. 185 – 213; Michael Mann, "Infrastructural Power Revisited", *Studies in Comparative International Development*, Vol. 43, No. 3, August 6, 2008, pp. 355 – 365; Joel S. Migdal, *Strong Societies and Weak States: State-Society Relations and State Capabilities in the Third World*, Princeton: Princeton University Press, 1988.

③ Karl Polanyi, *The Great Transformation: The Political and Economic Origins of Our Time*, Boston, MA: Beacon Press, 1944.

④ Peter B. Evans, "Predatory, Developmental, and Other Apparatuses: A Comparative Political Economy Perspective on the Third World State", *Sociological Forum*, Vol. 4, No. 4, December 1, 1989, pp. 561 – 587.

家能力具备的情况下，它反而较少被讨论。对学者而言，什么构成国家能力经常取决于所研究的是国家能力的哪个部分，他们在不同情境中将国家能力与不同的制度、态度和行为联系起来。那些关注国家形成的长期过程的学者倾向于强调与资助战争相关的强制和汲取活动。[①] 相反，对近期经济发展过程比较研究感兴趣的学者更关心国家如何有效干预社会经济并推动制度升级，强调国家嵌入社会的能力。即便在国家内部，公务员在某个领域内试图增强国家能力的行为，比如提供服务，也可能危害其他领域的能力，比如法律执行。[②] 在国家作为服务提供者和暴力垄断者的双重角色之间，以及国内和国际的角色之间，也存在着这样类似的紧张关系。[③] 因此，无论是从概念化还是实践的角度，如何建设强大的国家都仍是一个具有挑战性的问题。

　　政治科学中的不同研究议程进一步放大了这些困难。首先，这些不同路径可以被划分为两种类型：一是将国家能力作为解释变量；二是将其视为一个有待解释的谜思（puzzle）。一方面，试图概念化国家能力的文献聚焦于测量能力的形式和功能，经常将国家组成要素的存在视为理所当然。出于对通则性的追求，研究通常采用最基本、价值中立的定义，这种定义还需独立于基于结果的测量指标。许多讨论经济发展和内战的文献遵循此路径对国家能力进行概念化。

　　另一方面，第二组文献追溯国家能力的根源，将其视为一个谜题加以解释。由于现代国家需履行多种职能[④]，历史导向的国家能力起源研究必须面对更加多样的国家能力类型。由于这类文献中的案例具有更长的时间跨度和更大的空间范围，作为因变量的国家能力采用了更加多元的定义。

① Douglass C. North, *Institutions*, *Institutional Change*, *and Economic Performance*, Cambridge；New York：Cambridge University Press，1990；Charles Tilly, *Coercion*, *Capital and European States*, A. D. 990 – 1992, Cambridge, MA：Wiley-Blackwell，1990.

② Roland Bénabou and Jean Tirole, "Incentives and Prosocial Behavior", *American Economic Review*, Vol. 96, No. 5, December 2006, pp. 1652 – 1678；Canice Prendergast, "The Motivation and Bias of Bureaucrats", *American Economic Review*, Vol. 97, No. 1, March 2007, pp. 180 – 196.

③ Peter B. Evans, Dietrich Rueschemeyer, and Theda Skocpol（eds.），*Bringing the State Back In*, Cambridge Cambridgeshire；New York：Cambridge University Press，1985.

④ Peter H. Lindert, *Growing Public*：*Social Spending and Economic Growth Since the Eighteenth Century*, Cambridge：Cambridge University Press，2004.

它们分散于多种正式或非正式的制度中，涵盖了产权等规则和韦伯式官僚等组织。学者经常采用制度变迁中的路径依赖视角研究国家能力起源，将其视为"世界历史情境"（world historical context）的产物。①

本文依次讨论这两种研究路径。我们首先回顾对国家能力进行概念化和测量的文献，该领域曾产生许多新颖的研究路径。然后回顾关于国家能力来源的文献，我们将经典研究和实验研究整合进一个框架中，讨论国家如何在三个领域中——汲取、协调和遵从（compliance）——增强自身能力，以此对相关学术争论做出贡献。我们认为该分析框架反映了文献中的重要理论分野，因为每一类国家能力都是根据三个关键群体——统治者、公民以及他们之间的官僚代理人——之间的不同关系所定义的。

我们论述各种形式的国家能力背后的理论逻辑，将关于国家能力来源的经典研究路径和关于国家能力动态的近期研究联系起来。我们证实关于国家能力诸形式的文献聚焦于不同的制度安排，识别了制度形成的不同机制。然而，在一个现代国家中，不同形式的能力经常是相互依赖的。没有汲取能力产生的资源，国家无法负担实现协调功能所需的官僚制度。同时，协调能力通过高效的规制执行、产品和服务供给等方式，使汲取资源的交易成本最小化，并帮助国家获得产出以确保社会遵从。最后，没有获取遵从的能力，国家就需要依赖于强制手段汲取资源，要获得合作会变得更加困难。

大量近期的实验研究集中于遵从的领域，重点分析国家领导人和公务员之间的委托—代理关系的失效。我们对实验研究成果的述评讨论了国家活动中还存在的不明确的结论和尚存的挑战，有必要将实验研究扩展至公共品提供和弱国情境以外，因为现有的研究很大程度上就局限于这些领域中。除了关注国家的正式制度，还要关注国家能力的非正式来源，即调节官僚与其委托人之间关系的非正式制度，这是未来研究中一个激动人心的新方向。那些鼓励公民参与、促进非国家主体监督和反馈的制度，为开展实验和观察研究提供了一种替代路径。

---

① Peter B. Evans, Dietrich Rueschemeyer, and Theda Skocpol（eds.）, *Bringing the State Back In*, Cambridge Cambridgeshire; New York: Cambridge University Press, 1985, p. 349.

一、概念化和测量国家能力

许多学者将国家能力分为多个维度，其中一些人侧重于定义"国家"而另一些人更关心如何定义"能力"。值得注意的是，国家能力的"概念化"基于不同的权力关系构建类型学，而大多数"测量"倾向于采用以国家为中心的方法，聚焦于国家产出或国家资源——包括物质和人力资源。

（一）概念化

最广泛使用的国家能力的概念直接或间接地建立在韦伯对国家的描述基础上，即具有能力制定和执行规则的组织。后来的学者以各种方式对这个概念进行了细化。在韦伯之后，对国家能力最具影响力的理解或许来自迈克尔·曼（Michael Mann）[1]，他区分了国家无须协商就可以采取行动的"专制性"权力（despotic power）和国家渗透公共社会的"基础性"权力（infrastructural power）。值得注意的是，曼并未将国家权力与军事、经济和意识形态权力分离开来，而是将领土权（territoriality）视为国家权力的关键特征。希勒尔·索伊费尔（Hillel Soifer）进一步将基础性权力细分为中央国家的国家能力、国家对社会的影响以及领土范围。[2] 与韦伯相似，曼和索伊费尔都将国家能力视为权力的一种形式，他们的类型学都建立在权力行使方式的基础上。约翰内斯·林德沃（Johannes Lindvall）和简·特奥雷尔（Jan Teorell）延续这种思路[3]，基于罗伯特·达尔（Robert

① Michael Mann, "The Autonomous Power of the State: Its Origins, Mechanisms and Results", *European Journal of Sociology*, Vol. 25, No. 2, November 1984; Michael Mann, "Infrastructural Power Revisited", *Studies in Comparative International Development*, Vol. 43, No. 3, August 6, 2008.

② Hillel Soifer, "State Infrastructural Power: Approaches to Conceptualization and Measurement", *Studies in Comparative International Development*, Vol. 43, No. 3 – 4, December 2008, pp. 231 – 251; Hillel David Soifer, "State Power and the Economic Origins of Democracy", *Studies in Comparative International Development*, Vol. 48, No. 1, March 1, 2013, pp. 1 – 22.

③ Johannes Lindvall and Jan Teorell, "State Capacity as Power: A Conceptual Framework", STANCE Working Paper Series, No. 1, 2016, p. 28.

A. Dahl）对权力的定义[1]，将国家能力描绘为一个需估计而非可观察的潜在因果效应。

这些概念都将国家能力视为一个互动过程，产生于不同社会团体之间的关系。曼和索伊费尔都将基础性权力描述为一条双向道路，其通行规则取决于它所描述的关系：是国家与社会之间的关系，还是国家领导人与官僚之间的关系。[2] 乔·米格代尔（Joel S. Migdal）对作为关系的国家能力表达了类似的关注，他认为这种关系取决于国家相对于社会的实力。[3] 在福柯对国家控制技术的分析[4]和詹姆斯·斯科特（James C. Scott）在《国家的视角》中关于极端现代主义的分析中[5]，国家使用基础性权力干预公共社会显得较为邪恶；然而这些作品也说明了现代国家以多样且巧妙的方式渗透公共社会——而非隔离于社会——的重要性。

（二）测量

关于测量，大多数学者选择按功能而非形式来拆解国家能力，重点关注国家制度而非国家精英与其他社会群体的互动。其中一个常见方式是使用人均 GDP[6] 和婴儿死亡率[7]等基于产出的指标作为能力的指代变量。瓦莱丽·博克斯泰特（Valerie Bockstette）等人[8]和普兰纳布·巴德汉

① Robert A. Dahl，"The Concept of Power," *Behavioral Science*，Vol. 2，No. 3，1957，pp. 201 – 215.

② Michael Mann，"Infrastructural Power Revisited"，*Studies in Comparative International Development*，Vol. 43，No. 3，August 6，2008；Hillel Soifer，"State Infrastructural Power：Approaches to Conceptualization and Measurement"，*Studies in Comparative International Development*，Vol. 43，No. 3 – 4，December 2008.

③ Joel S. Migdal，*Strong Societies and Weak States：State-Society Relations and State Capabilities in the Third World*，Princeton：Princeton University Press，1988.

④ Michel Foucault，"Governmentality"，in James D. Faubion（ed.），*Essential Works of Foucault*，New York：New Press，2000，pp. 201 – 222.

⑤ James C. Scott，*Seeing Like A State：How Certain Schemes to Improve the Human Condition Have Failed*，New Haven：Yale University Press，1998.

⑥ James D. Fearon and David D. Laitin，"Ethnicity, Insurgency, and Civil War"，*The American Political Science Review*，Vol. 97，No. 1，2003，pp. 75 – 90.

⑦ Lenka Bustikova and Cristina Corduneanu-Huci，"Patronage, Trust, and State Capacity：The Historical Trajectories of Clientelism"，*World Politics*，Vol. 69，No. 2，April 2017，pp. 277 – 326.

⑧ Valerie Bockstette，Areendam Chanda，and Louis Putterman，"States and Markets：The Advantage of an Early Start"，*Journal of Economic Growth*，Vol. 7，No. 4，December 1，2002，pp. 347 – 369.

（Pranab Bardhan）[1] 则采用另一种产出指标——国家的历史古老程度——测量能力。然而，这些产出指标与能力的理论含义之间只有松散的联系，也可能反映的是能力以外的效应。而且，这些指标也无法捕捉到权力行使方式的差异或国家内部可能存在的变异。

弗朗西斯·福山（Francis Fukuyama）明确拒绝以产出为基准的衡量指标，认为其受到了外生因素的干扰，反之，他认为能力是由国家的投入组成的，包括资源和专业化程度。[2] 物质资源尤其易于量化，因此多位学者利用收入数据计算税收比率，即国家收入与 GDP 的比率。[3] K. 基凡奇·卡拉曼（K. Kivanç Karaman）和谢夫凯特·帕穆克（Şevket Pamuk）的工作是一次重要尝试，他们将早期国家的收入转化为银的吨数，然后为了可比性根据不同国家中无技能工资劳动的天数计算国家收入占总产出的比重。[4] 然而，这些指标在 20 世纪中期以后很难得到进一步发展。对于较为抽象的投入，世界银行与政治风险服务集团（Political Risk Services Group）等机构开发的一般性指标提供了对国家职能的细致评分，从不同方面刻画官僚质量。乔纳森·汉森（Jonathan K. Hanson）和瑞切尔·西格曼（Rachel Sigman）在投入指标方面采用了最为全面的方法，他们试图将许多不同指标合并为单一指标。虽然将国家能力宽泛地理解为实现多种官方目标的能力，但为了测量，他们依据功能将国家能力分解为"最低必要"（minimally necessary）的三个方面：汲取、强制和行政。[5] 与林德沃

---

[1] Pranab Bardhan, "Institutions Matter, But Which Ones?", *Economics of Transition*, Vol. 13, No. 3, 2005, pp. 499 – 532.

[2] Francis Fukuyama, "What Is Governance?", *Governance*, Vol. 26, No. 3, 2013, pp. 347 – 368.

[3] Cameron G. Thies, "War, Rivalry, and State Building in Latin America", *American Journal of Political Science*, Vol. 49, No. 3, 2005, pp. 451 – 465; David Sobek and Cameron G. Thies, "Civil Wars and Contemporary State Building: Rebellion, Conflict Duration, and Lootable Resources", *Civil Wars*, Vol. 17, No. 1, January 2, 2015, pp. 51 – 69; Mauricio Cárdenas, "State Capacity in Latin America", *Economía*, Vol. 10, No. 2, 2010, pp. 1 – 45.

[4] K. Kivanç Karaman and Şevket Pamuk, "Different Paths to the Modern State in Europe: The Interaction Between Warfare, Economic Structure, and Political Regime", *American Political Science Review*, Vol. 107, No. 3, August 2013, pp. 603 – 626.

[5] Jonathan K. Hanson and Rachel Sigman, "Leviathan's Latent Dimensions: Measuring State Capacity for Comparative Political Research", *APSA Annual Meeting*, 2013, p. 3.

和特奥雷尔相似①，他们将能力视为潜变量，采用贝叶斯潜变量分析，将汲取（税收）、强制（军事）和行政（官僚）三个治理维度的 24 个不同指标聚类为国家能力的年度估计值。

基于产出、收入以及国际组织和专家调查评分的各种组合仍然是最广泛使用的国家能力测量方法。然而，一些学者提供了更具创新性的测量思路，更能够反映能力的互动性质。一组替代方法着眼于国家在地理上的渗透程度，比如杰弗里·赫布斯特（Jeffrey Herbst）关于非洲道路网络的研究②，达隆·阿西莫格鲁（Daron Acemoglu）等人对哥伦比亚历史上殖民官员、机构和皇家道路的关注③，以及阿西莫格鲁等人④使用邮局数量作为早期美国国家基础性权力的代理指标。⑤

第二种替代方法强调能力的认知维度，测量国家收集信息的能力。例如，米歇尔·达西（Michelle D'Arcy）和玛丽娜·尼斯托茨卡娅（Marina Nistotskaya）关注国家是否开展地籍调查及其质量⑥，而托马斯·布兰博尔（Thomas Brambor）等人关注三项信息收集活动的开展时间：全国人口普查的引入、全国统计机构的建立以及统计年鉴的出版。⑦ 梅丽莎·李（Melissa M. Lee）与合作者对国家普查中年龄数据的准确性进行了深入分析，计算了由于在某些数字上的堆积而导致的数据与正常平滑分布的偏离程度。⑧ 这三

---

① Lindvall and Teorell, "State Capacity as Power: A Conceptual Framework", STANCE Working Paper Series, No. 1, 2016.

② Jeffrey Herbst, *States and Power in Africa: Comparative Lessons in Authority and Control*, Princeton: Princeton University Press, 2000.

③ Daron Acemoglu, Simon Johnson, and James A. Robinson, "Institutions as a Fundamental Cause of Long-Run Growth", in Philippe Aghion and Steven N. Durlauf (eds.), *Handbook of Economic Growth*, Elsevier, 2005, pp. 385 – 472.

④ Daron Acemoglu, Jacob Moscona, and James A. Robinson, "State Capacity and American Technology: Evidence from the Nineteenth Century", *American Economic Review*, Vol. 106, No. 5, May 2016, pp. 61 – 67.

⑤ 阿尔伯特·冲（Alberto Chong）也将邮政服务作为能力指标，即不同邮政系统将填写错误地址的国际信件送返所需的时长。与赫布斯特和阿西莫格鲁等人不同，冲等人评估的是产出质量的跨国变化，而不是其国内分布。参见 Alberto Chong, Rafael La Porta, Florencio Lopez-de-Silanes, and Andrei Shleifer, "Letter Grading Government Efficiency", NBER Working Paper, No. 18268, August 2, 2012。

⑥ Michelle D'Arcy and Marina Nistotskaya, "The Early Modern Origins of Contemporary European Tax Outcomes", *European Journal of Political Research*, Vol. 57, No. 1, February 2018, pp. 47 – 67.

⑦ Thomas Brambor et al., "The Lay of the Land: Information Capacity and the Modern State", *Comparative Political Studies*, Vol. 53, No. 2, February 2020, pp. 175 – 213.

⑧ Melissa M. Lee and Nan Zhang, "Legibility and the Informational Foundations of State Capacity", *The Journal of Politics*, Vol. 79, No. 1, October 20, 2016, pp. 118 – 132.

项研究的理论框架都建立在福柯①和斯科特②的基础上，强调国家将公民纳入视野的重要性。基于地理渗透和各种认知能力的测量都比以往的方法更有助于捕捉国家能力概念中的互动特质。

二、理论框架：国家能力的来源

虽然曼③和索伊费尔④基于权力的概念框架区分出不同形式的权力（"通过……获得能力"），但在回顾关于国家能力来源的经典和实验研究时，我们发现区分不同类型的国家目标（"为实现……的能力"）更为有用。从这个角度看，我们识别出国家发展自身能力的三项主要活动：汲取、协调和遵从。表面上，这种分类接近于汉森和西格曼提出的国家活动的三个维度：汲取、强制和管理。⑤ 但是，除了将对军事和强制的关注转向更复杂的遵从以外，我们还关注国家的协调职能，而非管理功能。与索伊费尔相同，我们也强调集体行为者、统治者和被统治者、官僚和委托人的动机如何在每个领域的不同情况下保持一致。这些不同的利益组合意味着每种类型的能力都对应着不同的制度和因果路径，尽管它们最终是相互依赖的。

汲取能力是国家能力最古老的形式之一，也被一些人视为最基本的形式，它包括国家获取资源的能力。汲取并不必然等同于掠夺；所有国家要履行任何职能都必须先获取资源。掠夺只是汲取能力可能采取的众多形式之一。汲取能力中最关键的是寻求资源的国家与拥有资源的公民之间的关

① Michel Foucault, "Governmentality", in James D. Faubion (ed.), *Essential Works of Foucault*, New York: New Press, 2000.

② James C. Scott, *Seeing Like A State: How Certain Schemes to Improve the Human Condition Have Failed*, New Haven: Yale University Press, 1998.

③ Michael Mann, "The Autonomous Power of the State: Its Origins, Mechanisms and Results", *European Journal of Sociology*, Vol. 25, No. 2, November 1984; Michael Mann, "Infrastructural Power Revisited", *Studies in Comparative International Development*, Vol. 43, No. 3, August 6, 2008.

④ Hillel Soifer, "State Infrastructural Power: Approaches to Conceptualization and Measurement", *Studies in Comparative International Development*, Vol. 43, No. 3 – 4, December 2008; Hillel David Soifer, "State Power and the Economic Origins of Democracy", *Studies in Comparative International Development*, Vol. 48, No. 1, March 1, 2013.

⑤ Jonathan K. Hanson and Rachel Sigman, "Leviathan's Latent Dimensions: Measuring State Capacity for Comparative Political Research", *APSA Annual Meeting*, 2013.

系，无论这些公民是精英还是大众。

协调能力主要取决于国家代理人与社会成员——尤其是经济精英——之间的关系。在现代国家中，相关代理人是公务员，他们是使官僚机器运作的齿轮，来协调国家与公民之间的关系。协调能力聚焦于高效的行政管理，能够有效地协调国家代理人之间以及公民之间的集体行动。公务员对国家议程的遵从有助于提高协调能力，但遵从的可取性最终取决于这些议程的内容。盲目服从上级权威可能阻碍准确的信息流动或更高效的程序发展，最终损害协调能力。一个极端的例子是中国"大跃进"期间关于农业产出的虚报情况。

第三个维度即遵从能力，依赖于塑造国家—代理人和官僚—委托人之间互动关系的制度。在国家内部，遵从能力涉及国家高层与执行其议程的低层代理人之间的互动，尤其是克服国家领导人与公共部门代理人之间委托—代理关系中困境的能力。然而，遵从能力还可以指国家领导人通过补偿性支付（side payments）、目标协调或规范制定等方式，在国家之外获取非国家精英和大众合作的能力。这种国家能力的非国家来源对于解释弱国家之间甚至弱国家内部的差异至关重要。

（一）汲取能力

汲取能力，尤其是获取资源的能力，在国家能力来源的讨论中备受关注，研究者认为汲取能力对所有形式的能力都有影响。最有效的汲取方法，如国民所得税，需要国家通过普查和登记在册等耗费巨大的手段来渗透社会，即前文提到的认知能力。因此，汲取与经济发展密切相关并且可能内生于经济发展。缺乏汲取能力的国家通常会转向收益较低但较容易收取的贸易税，其执行限制在边境地区，对行政管理造成的负担较小。①

关注汲取能力的学者将国家能力视为寻求资源的国家和拥有资源的公民（或臣民）之间互动的产物。关于国家与资源持有者关系演变的驱动

---

① Timothy Besley and Torsten Persson, "Why Do Developing Countries Tax So Little?", *Journal of Economic Perspectives*, Vol. 28, No. 4, November 1, 2014, pp. 99 – 120; Charles Tilly, *Coercion, Capital and European States, A. D.* 990 – 1992, Cambridge, MA: Wiley-Blackwell, 1990.

因素，主要有三类解释。在第一类解释中，国家被假定会自动寻求收入最大化，其财政动机被视为基本前提。与此相关的第二类解释是主张战争刺激财政发展的"好战论"（bellicist arguments）。第三类解释将国内冲突视为促进创新并支持汲取的因素。

　　第一类解释的代表作品是玛格丽特·列维（Margaret Levi），[①] 她指出财政收入是统治者的主要关切，统治者的征税动机受三个因素的约束：相对谈判能力、交易成本和贴现率。此论点的关键在于国家通过提供公共产品来交换财政收入。在更明确的合约论解释中，道格拉斯·诺斯（Douglass C. North）和巴里·温加斯特（Barry R. Weingast）将英国政府成功融资的能力归因于议会权衡，因其为债权人提供了可信承诺。[②] 对于诺斯和温加斯特以及列维而言，关键是国家领导人与资源持有者之间的交换，更具体来说是政治约束与贷款的交换。[③]

　　对财政收入的迫切需求也是资源诅咒理论的基础，资源诅咒试图解释拥有自然资源财富如何妨碍国家能力的建设。根据这支文献，资源租金（或相同逻辑下的国际援助）减少了培养广泛税基和建设相关制度的需求。[④]

　　第二类相关解释与好战传统有关，战争（或战争威胁）成为激发财政需求、推动财政能力发展的主要机制。在这一领域最杰出的理论家是查

---

① Margaret Levi, *Of Rule and Revenue*, Berkeley: University of California Press, 1988.

② Douglass C. North and Barry R. Weingast, "Constitutions and Commitment: The Evolution of Institutions Governing Public Choice in Seventeenth-Century England", *The Journal of Economic History*, Vol. 49, No. 4, 1989, pp. 803 – 832.

③ 代表性机构在增强汲取能力方面的作用在这一领域内存在争议。国家权力受限制有助于做出可信承诺，从而增加财政收入，诺斯和温加斯特对英国光荣革命带来财政革命的论述是这一理论观点的重要代表。丁塞科等人对意大利皮埃蒙特地区旨在增加税收的代表性改革的描述也支持了这一观点。然而，黛博拉·布科亚尼斯（Deborah Boucoyannis）认为，在英国的情况下，国家能力的增长早于代表性制度的增长，并且是后者的先决条件，她认为这些制度对国家需求的制约是不足的。赫克托和布鲁斯坦也不同意税收与代表性之间的联系，他们认为在所谓"小商品"生产区域内，代表性机构过于强大，抑制了中央政府的能力建设。参见 Douglass C. North and Barry R. Weingast, "Constitutions and Commitment: The Evolution of Institutions Governing Public Choice in Seventeenth-Century England", *The Journal of Economic History*, Vol. 49, No. 4, 1989; Mark Dincecco, Giovanni Federico, and Andrea Vindigni, "Warfare, Taxation, and Political Change: Evidence from the Italian Risorgimento", *The Journal of Economic History*, Vol. 71, No. 4, December 2011, pp. 887 – 914; Deborah Boucoyannis, "No Taxation of Elites, No Representation: State Capacity and the Origins of Representation", *Politics & Society*, Vol. 43, No. 3, September 1, 2015, pp. 303 – 332。

④ Naazneen Barma, Kai-Alexander Kaiser, Tuan Minh Le, and et al., *Rents to Riches?: The Political Economy of Natural Resource-Led Development*, Washington, D. C.: World Bank Publications, 2011.

尔斯·蒂利（Charles Tilly）[1]，他描述了国家如何与平民就发动战争所需的资源讨价还价，以及随之出现的平民主张和谈判过程如何催生国家制度。由此产生的制度支配了现代世界，这可归结为优胜劣汰的达尔文逻辑。[2] 近年来，提莫西·贝斯利（Timothy Besley）和托斯滕·佩尔松（Torsten Persson）根据不同的逻辑得出了类似的结论，他们论述了为公共品融资的必要性如何导致了对国家法律和财政能力的投资。[3] 值得注意的是，在他们的模型中，战争是公共品的一种典型形式。描述性数据展示了财政技术发展（例如直接扣缴所得税）与战争之间、法制能力与保护财产和更高税收之间的联系，从而证实了这一论点。[4] 赫布斯特发现后殖民时代的非洲国家由于不存在边界威胁，避免了与其国民进行系统性谈判，因而未能生成高质量制度，展示了好战解释的负面版本。[5]

好战论并非没有批判者。米格尔·安赫尔·森特诺（Miguel Angel Centeno）[6] 和卡麦隆·蒂斯（Cameron G. Thies）[7] 援引拉丁美洲案例，讨论了战争推动国家建设所需的条件。西达·斯考切波（Theda Skocpol）展示了在美国内战后对养老金的需求催生恩庇主义现象，无益于长期能力发展。[8] 然而，对好战解释最有力的理论批评是针对它们的功能主义（functionalism），即认为汲取制度服务于战争需求，而不是随着时间推移在谈判中逐渐形成和完善的。

第三类解释将国内冲突视为汲取能力发展的基础。迈克尔·赫克托

[1] Charles Tilly, *Coercion, Capital and European States*, A. D. 990 – 1992, Cambridge, MA: Wiley-Blackwell, 1990.
[2] 然而，通过冲突实现的达尔文优胜劣汰不能解释通过谈判统一而导致国家消失的重要例子，比如德国，或者将现代英国和西班牙的组成部分汇集在一起的王朝政治，等等。参见 Richard Bean, "War and the Birth of the Nation State", *The Journal of Economic History*, Vol. 33, No. 1, March 1973, pp. 203 – 221。
[3] Timothy Besley and Torsten Persson, "The Origins of State Capacity: Property Rights, Taxation, and Politics", *American Economic Review*, Vol. 99, No. 4, September 2009, pp. 1218 – 1244.
[4] Timothy Besley and Torsten Persson, "Why Do Developing Countries Tax So Little?", *Journal of Economic Perspectives*, Vol. 28, No. 4, November 1, 2014.
[5] Jeffrey Herbst, "War and the State in Africa", *International Security*, Vol. 14, No. 4, 1990, pp. 117 – 139.
[6] Miguel Angel Centeno, "Blood and Debt: War and Taxation in Nineteenth-Century Latin America", *American Journal of Sociology*, Vol. 102, No. 6, May 1997, pp. 1565 – 1605.
[7] Cameron G. Thies, "War, Rivalry, and State Building in Latin America", *American Journal of Political Science*, Vol. 49, No. 3, 2005, pp. 451 – 465.
[8] Theda Skocpol, *Protecting Soldiers and Mothers: The Political Origins of Social Policy in the United States*, Harvard: Belknap Press: An Imprint of Harvard University Press, 1992.

（Michael Hechter）和威廉·布鲁斯坦（William Brustein）认为，贵族和城市精英之间的利益冲突推动了早期欧洲国家建设，因此在贵族和城镇利益一致的地区，中央政府汲取的财政收入较少。① 进一步向前追溯，伊莎贝拉·马雷斯（Isabela Mares）和迪达克·克拉尔塔尔（Didac Queralt）将所得税视为土地精英将税负转移给新兴资本并限制穷人政治参与的手段。② 肯尼思·舍弗（Kenneth Scheve）和大卫·斯塔萨维奇（David Stasavage）证明，第一次世界大战期间的平民牺牲直接引发了对累进税的诉求，这有助于制衡战争中的获利者。③ 埃文·利伯曼（Evan S. Lieberman）对发展汲取能力所需的国内冲突形式提出了一些限制性条件，他发现巴西的地区分割促使人们逃避所得税，而南非基于种族排斥的社会结构则鼓励人们遵从所得税。④ 对于这些研究者来说，国内冲突——而不是国家领导层的贪婪或好战行为——促进了财政能力的发展。

（二）协调能力

协调能力指国家代理人组织集体行动的能力。它首先取决于官员之间的关系，其次取决于官员与其所协调的公民之间的关系。职业化的韦伯式官僚机构是实现协调最重要的制度机构。虽然汲取资源对于建立和持续运行协调机构十分必要，但协调还依赖于长期的官僚化过程，该过程有助于建立自主性和专业知识，同时鼓励适当的制度设计和文化规范。

从长远来看，协调能力的起源通常与经济现代化或政治现代化相关联。在经济方面，协调能力回应了工业化社会催生的需求。韦伯认为，现代官僚制度提供了现代文化要求的规则可计算性，是资本市场高效运行所

---

① Michael Hechter and William Brustein, "Regional Modes of Production and Patterns of State Formation in Western Europe", *American Journal of Sociology*, Vol. 85, No. 5, 1980, pp. 1061 – 1094.

② Isabela Mares and Didac Queralt, "The Non-Democratic Origins of Income Taxation", *Comparative Political Studies*, Vol. 48, No. 14, December 2015, pp. 1974 – 2009.

③ Kenneth Scheve and David Stasavage, "The Conscription of Wealth: Mass Warfare and the Demand for Progressive Taxation", *International Organization*, Vol. 64, No. 4, October 2010, pp. 529 – 561.

④ Evan S. Lieberman, "National Political Community and the Politics of Income Taxation in Brazil and South Africa in the Twentieth Century", *Politics & Society*, Vol. 29, No. 4, December 1, 2001, pp. 515 – 555.

需的系统。[1] 卡尔·波兰尼（Karl Polanyi）[2] 和戈斯塔·埃斯平-安德森（Gøsta Esping-Andersen）[3] 的经典分析则采用更加回应性的思路描述国家，将政府监管和社会服务视为国家对市场经济的反应。根据这一思想流派，国家的协调能力源于纠正由外部性、信息不对称和权力垄断引起的市场失灵的需求。早期国家与市场化的互动塑造了协调能力。

其他解释强调政治现代化的作用，它导致旧精英衰落或被替代，有助于实现官僚化。对于韦伯和其他学者来说，大众民主导致了家产制被专业官僚制取代。最著名的是，马丁·谢夫特（Martin Shefter）发现，"官僚自主性的支持者"（constituency for bureaucratic autonomy）[4] 的胜利取决于大众政党最初的形成方式以及官僚改革相对于普选权的引入时机。[5] 精英的替代也可以通过战争来实现，比如埃德加·基瑟（Edgar Kiser）与合作者[6]讨论了中国土地贵族阶层如何在长时间战争中被消灭以及早期官僚化的过程。[7] 在此情形下，协调能力是通过政治现代化建立的，政治现代化确立了国家控制精英的能力和自主性。

除了这些长期和路径依赖的过程，协调能力的质量还取决于短期的制度设计。学者们通常在理性选择框架下研究制度设计对官僚机构运作的影响。[8]

---

[1]　Max Weber, "VIII: Bureaucracy", in Hans Heinrich Gerth and C. Wright Mills (eds.), *From Max Weber: Essays in Sociology*, New York: Oxford University Press, 1946.

[2]　Karl Polanyi, *The Great Transformation: The Political and Economic Origins of Our Time*, Boston, MA: Beacon Press, 1944.

[3]　Gøsta Esping-Andersen, *The Three Worlds of Welfare Capitalism*, Princeton, N. J.: Princeton University Press, 1990.

[4]　Martin Shefter, "Party and Patronage: Germany, England, and Italy", *Politics & Society*, Vol. 7, No. 4, December 1977, p. 413.

[5]　斯莱特还强调了选举的作用，但同时指出竞争性选举必须与大规模动员相结合，以产生既有效又负责任的官僚机构。参见 Dan Slater, "Can Leviathan Be Democratic? Competitive Elections, Robust Mass Politics, and State Infrastructural Power", *Studies in Comparative International Development*, Vol. 43, No. 3 – 4, December 2008, pp. 252 – 272。

[6]　Edgar Kiser and Yong Cai, "War and Bureaucratization in Qin China: Exploring an Anomalous Case", *American Sociological Review*, Vol. 68, No. 4, 2003, pp. 511 – 539.

[7]　瑞安·塞勒（Ryan Saylor）将经济和政治方法结合起来，分析南美商品市场的繁荣，论证了以国家代理人替代地方精英的经济动因。参见 Ryan Saylor, "Sources of State Capacity in Latin America: Commodity Booms and State Building Motives in Chile", *Theory and Society*, Vol. 41, No. 3, May 1, 2012, pp. 301 – 324。

[8]　Terry Moe, "The Politics of Bureaucratic Structure", in John E. Chubb and Paul E. Peterson (eds.), *Can the Government Govern?*, Brookings Institution Press, 1989, p. 198; George Tsebelis, "Decision Making in Political Systems: Veto Players in Presidentialism, Parliamentarism, Multicameralism and Multipartyism", *British Journal of Political Science*, Vol. 25, No. 3, July 1995, pp. 289 – 325.

然而，斯考切波和肯尼斯·费恩戈德（Kenneth Finegold）采用案例研究方法，对两项新政制度——全国工业复兴法和农业调整法——进行分析，也从制度设计的角度解释了后者的成功。[1] 近期的实验证据支持了研究人员关于集体制度激励（collective institutional incentives）的观点，他们发现在美国与财产罚没相关的经济激励（如果能够正常运作）会增加毒品拘捕率。[2]

以现代化和制度设计为中心的分析主要关注官僚机构专业化和自主性的建立，发展型国家的文献则总体上强调官僚机构与社会之间的关系。研究发展问题的学者虽然重视由中央国家发起的协调过程，但同时强调国家以外的渠道也可以作为专业知识和协调能力的来源。针对公共选择理论家对寻租行为的担忧以及韦伯关于脱离社会利益的自主性是国家能力的关键组成部分的观点，埃文斯等学者认为，嵌入式自主性是获得发展的关键，它依赖于国家项目的中央建构与分散化的实施过程，在此过程中政府需要与社会利益充分磋商。[3] 查默斯·约翰逊（Chalmers A. Johnson）对日本通产省的研究为国家主导目标设定并进行咨询的双重过程提供了典型示例，该部门强大且拥有良好声誉的官僚机构帮助建立了"行政指导卡特尔"（administrative guidance cartels）[4]，以推动日本战后经济转型。[5]

（三）遵从能力

遵从能力指国家领导人确保其目标得到遵守的能力。这种遵从的形式

---

[1] Theda Skocpol and Kenneth Finegold, "State Capacity and Economic Intervention in the Early New Deal", *Political Science Quarterly*, Vol. 97, No. 2, June 1, 1982, pp. 255 – 278.

[2] Katherine Baicker and Mireille Jacobson, "Finders Keepers: Forfeiture Laws, Policing Incentives, and Local Budgets", *Journal of Public Economics*, Vol. 91, No. 11, December 1, 2007, pp. 2113 – 2136.

[3] Peter B. Evans, "Predatory, Developmental, and Other Apparatuses: A Comparative Political Economy Perspective on the Third World State", *Sociological Forum*, Vol. 4, No. 4, December 1, 1989, pp. 561 – 587; Atul Kohli, *State Directed Development Political Power and Industrialization in the Global Periphery*, Cambridge: Cambridge Univ. Press, 2004; Linda Weiss, *The Myth of the Powerless State*, Ithaca: Cornell University Press, 1998.

[4] Chalmers A. Johnson, *MITI and the Japanese Miracle: The Growth of Industrial Policy*, 1925 – 1975, Stanford: Stanford University Press, 1982, p. 236.

[5] 发展型国家的起源也像韦伯式官僚一样充满争议，与殖民遗产和生存威胁都有关联。参见 Atul Kohli, *State Directed Development Political Power and Industrialization in the Global Periphery*, Cambridge: Cambridge Univ. Press, 2004; Richard F. Doner, Bryan K. Ritchie, and Dan Slater, "Systemic Vulnerability and the Origins of Developmental States: Northeast and Southeast Asia in Comparative Perspective", *International Organization*, Vol. 59, No. 2, April 2005, pp. 327 – 361。

取决于遵从的来源是谁——是大众、非国家精英，还是甚至国家自身的代理人。意识形态、经济激励以及直接强制，都是实现大众遵从的典型方式；回想一下曼讨论的意识形态、经济和军事权力。[1] 获取遵从甚至可能促进新能力的发展。例如，里查德·多纳（Richard F. Doner）等人将东亚的发展能力视为脆弱精英寻求具有广泛影响和低成本的补偿性支付的结果。[2] 一些相同的技术可以被用来确保精英遵从，但这还要依赖于结构条件。阿西莫格鲁等人证明，在高度不平等的情况下，获取非国家精英的遵从可能更加困难。[3] 相反，古斯塔沃·A. 弗洛雷斯-马西亚斯（Gustavo A. Flores-Macías）认为，哥伦比亚的安全问题促使精英遵从所谓的"民主安全税"（democratic security tax）。[4]

然而，当涉及国家代理人时，通常需要操纵个体官员的偏好来获得遵从。一些学者指出，给予官员适当激励对国家能力有着重要影响。官僚忠诚被视为重要且可以通过社会文化得到加强，物质利益以及习惯、集体自豪感等非物质利益都有助于加强官僚忠诚。根据迪特里希·鲁施迈耶（Dietrich Rueschemeyer）的观点，有效的制度建设需要在核心参与者（即公务员）中传播一套共享的价值观，这种价值观超越个体的归属和忠诚，由"官僚体制中的非官僚元素"（nonbureaucratic elements of bureaucracy）所塑造。[5] 菲利普·戈尔斯基（Philip S. Gorski）将与宗教改革相关的"规训革命"（disciplinary revolution）归功于荷兰和普鲁士建立的适当文化。[6] 本·罗斯·施奈德（Ben Ross Schneider）描述了官员偏好是如何在职业生涯轨迹——从遴选和教育到流通和晋升，最终到退出公共服务——

① Michael Mann, "The Autonomous Power of the State: Its Origins, Mechanisms and Results", *European Journal of Sociology*, Vol. 25, No. 2, November 1984.

② Richard F. Doner, Bryan K. Ritchie, and Dan Slater, "Systemic Vulnerability and the Origins of Developmental States: Northeast and Southeast Asia in Comparative Perspective", *International Organization*, Vol. 59, No. 2, April 2005, pp. 327 – 361.

③ Daron Acemoglu, Davide Ticchi, and Andrea Vindigni, "Emergence and Persistence of Inefficient States", *Journal of the European Economic Association*, Vol. 9, No. 2, April 1, 2011, pp. 177 – 208.

④ Gustavo A. Flores-Macías, "Financing Security Through Elite Taxation: The Case of Colombia's 'Democratic Security Taxes'", *Studies in Comparative International Development*, Vol. 49, No. 4, December 1, 2014, pp. 477 – 500.

⑤ Dietrich Rueschemeyer, *Power and the Division of Labor*, Stanford: Stanford University Press, 1986, p. 59.

⑥ Philip S. Gorski, "The Protestant Ethic Revisited: Disciplinary Revolution and State Formation in Holland and Prussia", *American Journal of Sociology*, Vol. 99, No. 2, September 1993, pp. 265 – 316.

中被塑造的。[1] 对于安德鲁·施兰克（Andrew Schrank）来说，教育、理性化和动员的协同作用鼓励了官员的亲社会行为，最终产生递增回报，将改革后的行为固定下来。[2]

这些文化力量产生了缓慢而全面的影响。然而，近年来一些对官员遵从的研究采用实验方法理解和操纵官员动机。现在，我们将考察官员的选拔、持续激励以及监督的来源和影响。

选拔。理想主义的观点认为，从事公职的个体比私营部门雇员更关心公共服务，而非利润。他们被认为愿意放弃私营部门提供的更高收入，以获得提供服务带来的满足感，尽管他们无疑也因为放弃更高收入而获得了工作保障和福利。然而，更灰暗的观点认为，正是庇护主义政治（clientelistic politics）为公务员提供了工作机会。[3] 此外，由于终身公务员职位通常缺乏绩效奖励，人们认为他们更注重汲取资源，而非提供服务。[4]

理论上，可以利用外部激励来招募优秀的候选人。因为总有许多人渴望进入官僚队伍，许多发展中国家的政府部门职位既是终身职位，又具有较高工资，所以政府能够轻松招募人才。[5] 然而，对公务员职位的供大于求意味着国家必须小心筛选应聘者，以选拔出既有能力又具备服务动机的人。仅仅依靠财务激励无法可靠地选拔有服务动机的高素质个体。一些研

---

① Ben Ross Schneider, "The Career Connection: A Comparative Analysis of Bureaucratic Preferences and Insulation", *Comparative Politics*, Vol. 25, No. 3, 1993, pp. 331 – 350.

② Andrew Schrank, "Toward a New Economic Sociology of Development", *Sociology of Development*, Vol. 1, No. 2, June 1, 2015, pp. 233 – 258.

③ Maxim Boycko, Andrei Shleifer, and Robert W. Vishny, "A Theory of Privatisation", *The Economic Journal*, Vol. 106, No. 435, March 1, 1996, pp. 309 – 319; Andrei Shleifer and Robert W. Vishny, "Politicians and Firms", *The Quarterly Journal of Economics*, Vol. 109, No. 4, 1994, pp. 995 – 1025.

④ 费德里科·费南（Frederico Finan）等人研究了 32 个国家的家庭调查数据，发现各国公共部门都具有更多的福利（如医疗保障和养老金），并且在发展中国家具有教育和工资溢价。他们指出，这种溢价无疑与发展中国家公共部门的工作机会与精英俘获和依附主义有关，因为这些国家的服务质量不及发达国家。参见 Frederico Finan, Benjamin Olken, and Rohini Pande, "The Personnel Economics of the State", NBER Working Paper, No. 21825, December 2015; Bengt Holmstrom and Paul Milgrom, "Aggregation and Linearity in the Provision of Intertemporal Incentives", *Econometrica*, Vol. 55, No. 2, 1987, pp. 303 – 328; Nicholas R. Parrillo, *Against the Profit Motive: The Salary Revolution in American Government*, 1780 – 1940, New Haven: Yale University Press, 2013.

⑤ Ernesto Dal Bó, Frederico Finan, and Martín A. Rossi, "Strengthening State Capabilities: The Role of Financial Incentives in the Call to Public Service", *The Quarterly Journal of Economics*, Vol. 128, No. 3, August 1, 2013, pp. 1169 – 1218; Erika Deserranno, "Essays in Development Economics", PhD Thesis, London School of Economics and Political Science, 2015.

究发现，更高的工资能够吸引对公共服务感兴趣的高素质人才[①]，但其他研究表明，被高薪吸引的人可能更少关注公共服务。[②]

招聘时的外在激励可能会替代而非补充内在激励。罗兰·贝纳布（Roland Bénabou）和让·提奥勒（Jean Tirole）发现，外部激励的存在可能降低了亲社会的价值观。[③] 除了财务等外部激励外，国家可以尝试将亲社会行为和内在激励作为筛选机制。[④] 实验研究表明，亲社会行为意味着更高的绩效和更低的旷工率。[⑤] 然而，尽管研究发现公共部门员工中存在更多的亲社会行为和内在动机[⑥]，但这一结果在腐败严重的国家中并不成立[⑦]，这表明在某些情况下，这些职位也可能吸引腐败者。一些实验研究表明具有作弊倾向的人对公共部门工作更感兴趣，进一步证实了以上发现。[⑧]

激励。在招募后，可以通过激励措施加强或重建公共服务动机。调整工资是影响官僚激励的最常见方式，但与招聘一样，实证结果并不一致。研究发现，与学生考试成绩挂钩的教师工资激励可以提高印度学生的学习成绩，但这是通过增加那些从事未受激励科目教学的教师努力所产生的正向溢出效应——而不是降低教师的旷工率——获得的。[⑨] 相比之下，来自

① Ernesto Dal Bó, Frederico Finan, and Martín A. Rossi, "Strengthening State Capabilities: The Role of Financial Incentives in the Call to Public Service", *The Quarterly Journal of Economics*, Vol. 128, No. 3, August 1, 2013, pp. 1169 – 1218.

② Erika Deserranno, "Essays in Development Economics", PhD Thesis, London School of Economics and Political Science, 2015.

③ Roland Bénabou and Jean Tirole, "Incentives and Prosocial Behavior", *American Economic Review*, Vol. 96, No. 5, December 2006, pp. 1652 – 1678.

④ Nava Ashraf, Oriana Bandiera, and B. Kelsey Jack, "No Margin, No Mission? A Field Experiment on Incentives for Public Service Delivery", *Journal of Public Economics*, Vol. 120, December 1, 2014, pp. 1 – 17.

⑤ Nicola Bellé, "Experimental Evidence on the Relationship between Public Service Motivation and Job Performance", *Public Administration Review*, Vol. 73, No. 1, 2012, pp. 143 – 153; Michael Callen et al., "Personalities and Public Sector Performance: Evidence from a Health Experiment in Pakistan", NBER Working Paper, No. 21180, 2015; Erika Deserranno, "Essays in Development Economics", PhD Thesis, London School of Economics and Political Science, 2015; Rebecca Dizon-Ross, Pascaline Dupas, and Jonathan Robinson, "Governance and the Effectiveness of Public Health Subsidies: Evidence from Ghana, Kenya and Uganda", *Journal of Public Economics*, Vol. 156, December 1, 2017, pp. 150 – 169.

⑥ Sheheryar Banuri and Philip Keefer, "Intrinsic Motivation, Effort and the Call to Public Service", Policy Research Working Paper, No. 6729, December 2013.

⑦ Edd Cowley and Sarah Smith, "Motivation and Mission in the Public Sector: Evidence from the World Values Survey", *Theory and Decision*, Vol. 76, No. 2, February 1, 2014, pp. 241 – 263.

⑧ Ritwik Banerjee, Tushi Baul, and Tanya Rosenblat, "On Self Selection of the Corrupt into the Public Sector", *Economics Letters*, Vol. 127, February 1, 2015, pp. 43 – 46.

⑨ Muralidharan, Karthik, and Venkatesh Sundararaman, "Teacher Opinions on Performance Pay: Evidence from India", *Economics of Education Review*, Vol. 30, No. 3, June 1, 2011, pp. 394 – 403.

肯尼亚的有关教师激励的证据表明，激励对教学表现只存在直接效应，没有间接效应，这表明其促进了"应试教学"而不是促进学习本身。[1]

在健康领域，基于医疗服务质量和数量的额外补贴的大规模激励措施对卢旺达母婴的产前和产后健康情况具有积极影响。[2] 即使现金激励是针对地理区域（如村庄）及其人口——而非医疗保健人员的个体行为，似乎也是奏效的。[3] 受激励的地区取得了更好的健康指标，特别是营养不良方面，尽管这些差异随着时间推移变得不那么显著。[4] 教育和卫生部门对激励具有不同反应，这可能是因为两个部门的绩效结果显现的时间存在差异。

正如费南等人所总结的那样[5]，尽管财务激励似乎对公务员的绩效产生积极影响，但要确定它何时以何种方式起作用并不简单，因为终身任职和以非赢利为基础的绩效测量会影响激励的性质。[6] 实验结果极为复杂可

---

[1] Paul Glewwe，Nauman Ilias，and Michael Kremer，"Teacher Incentives"，*American Economic Journal：Applied Economics*，Vol. 2，No. 3，July 2010，pp. 205 – 227. 该研究发现只有那些在激励范围内的科目，学生考试成绩才有所提高，并且教师出勤和作业布置等与考试结果无直接关联的领域无明显变化，因此表明激励只会促进以考试为目标的学习活动。——译注

[2] Paulin Basinga et al.，"Effect on Maternal and Child Health Services in Rwanda of Payment to Primary Health-Care Providers for Performance：An Impact Evaluation"，*The Lancet*，Vol. 377，No. 9775，April 23，2011，pp. 1421 – 1428；Paul Gertler and Christel Vermeersch，"Using Performance Incentives to Improve Health Outcomes"，Policy Research Working Paper，No. 6100，June 2012.

[3] 相比之下，本杰明·奥肯（Benjamin A. Olken）等人在教育领域的研究没有发现因果效应，这也许是因为其研究的激励措施是针对社区而不是像其他教育研究中是针对个体公务员的。参见 Benjamin A. Olken，Junko Onishi，and Susan Wong，"Should Aid Reward Performance？Evidence from a Field Experiment on Health and Education in Indonesia"，*American Economic Journal：Applied Economics*，Vol. 6，No. 4，October 2014，pp. 1 – 34。

[4] Benjamin A. Olken，Junko Onishi，and Susan Wong，"Should Aid Reward Performance？Evidence from a Field Experiment on Health and Education in Indonesia"，*American Economic Journal：Applied Economics*，Vol. 6，No. 4，October 2014，pp. 1 – 34.

[5] Frederico Finan，Benjamin Olken，and Rohini Pande，"The Personnel Economics of the State"，NBER Working Paper，No. 21825，December 2015.

[6] 在印度，激励措施也可能采用工作调动的形式，通常用来奖励或惩罚具有终身任期的公务员。然而，近期研究发现，在印度行政管理服务人员之间的调动更有可能在新的选举周期/行政长官更迭之后发生。此外，它不仅受到绩效的驱动，还受到族群从属关系的影响，表明存在依附主义特征而非严格技能导向。参见 Iyer，Lakshmi，and Anandi Mani，"Traveling Agents：Political Change and Bureaucratic Turnover in India"，*The Review of Economics and Statistics*，Vol. 94，No. 3，2012，pp. 723 – 739。因此，调动很少被用作纯粹的绩效激励，最近的研究没有发现其有效性；例如，阿比吉特·班纳吉（Abhijit V. Banerjee）等人发现在印度拉贾斯坦邦警察中，将职位调动作为激励措施没有效果。参见 Abhijit V. Banerjee，Raghabendra Chattopadhyay，Esther Duflo，Daniel Keniston，and Nina Singh，"Can Institutions Be Reformed from Within？Evidence from a Randomized Experiment with the Rajasthan Police"，NBER Working Paper，No. 17912，2014；Davis（2003）甚至描述了频繁的调动如何通过为理想的职位创造一个次级市场来增加腐败。参见 Jennifer Davis，"Corruption in Public Service Delivery：Experience from South Asia's Water and Sanitation Sector"，*World Development*，Vol. 32，No. 1，2003，pp. 53 – 71。

能是因为单独的外在激励或内在激励都不足以建设国家能力，未来的研究应尝试在设计干预措施时结合这两种形式的激励。

监督。监督可以采取政府自上而下的形式，旨在解决避责与旷工等委托代理问题，也可以直接收集来自公民的反馈信息，推动自下而上的执行。例如，可以通过政府指导的审计（自上而下）或公民的电子报告来监督出勤和项目成果（自下而上）。自上而下的审计不仅可以提高绩效和减少腐败[1]，还可以惩罚违规者，降低他们的连任机会。[2] 然而，随着时间推移，这些效果可能会减弱，因为人们会琢磨出逃避监督的办法。尽管监督对优化服务供给具有积极影响，但公务员倾向于规避监督系统[3]或抱怨并贬低它[4]。因此监督可能导致非预期的效果，即公务员将精力集中在如何应付监督，而非做好工作上[5]，这不仅不会激发动力，反而会导致士气低落和沮丧情绪。[6]

自上而下的监督也可能成本高昂。确保审计员的激励与政府一致，不容易受到腐败或勒索影响非常重要。其中一个办法是向审计员支付客观公平且具有竞争力的工资，并确保该工资不来自他们所审计的机构。[7] 还有证据表明，让审计员自行决定审计对象和审计时间，有助于优化资源利用、改善审计绩效。[8]

与传统的自上而下的监督相比，公众的自下而上的监督在发展研究中

---

[1] Benjamin A. Olken, "Monitoring Corruption: Evidence from a Field Experiment in Indonesia", *Journal of Political Economy*, Vol. 115, No. 2, April 2007, pp. 200 – 249.

[2] Claudio Ferraz and Frederico Finan, "Exposing Corrupt Politicians: The Effects of Brazil's Publicly Released Audits on Electoral Outcomes", *The Quarterly Journal of Economics*, Vol. 123, No. 2, May 1, 2008, pp. 703 – 745.

[3] Abhijit V. Banerjee, Esther Duflo, and Rachel Glennerster, "Putting a Band-Aid on a Corpse: Incentives for Nurses in the Indian Public Health Care System", *Journal of the European Economic Association*, Vol. 6, No. 2 – 3, May 1, 2008, pp. 487 – 500.

[4] Iqbal Dhaliwal and Rema Hanna, "Deal with the Devil: The Successes and Limitations of Bureaucratic Reform in India", NBER Working Paper, No. 20482, September 11, 2014.

[5] Frederico Finan, Benjamin Olken, and Rohini Pande, "The Personnel Economics of the State", NBER Working Paper, No. 21825, December 2015.

[6] Jennifer Davis, "Corruption in Public Service Delivery: Experience from South Asia's Water and Sanitation Sector", *World Development*, Vol. 32, No. 1, 2003, pp. 53 – 71.

[7] Esther Duflo et al., "Truth-Telling by Third-Party Auditors and the Response of Polluting Firms: Experimental Evidence from India", *The Quarterly Journal of Economics*, Vol. 128, No. 4, November 1, 2013, pp. 1499 – 1545.

[8] Esther Duflo, Pascaline Dupas, and Michael Kremer, "School Governance, Teacher Incentives, and Pupil-Teacher Ratios: Experimental Evidence from Kenyan Primary Schools", *Journal of Public Economics*, Vol. 123, March 1, 2015, pp. 92 – 110.

变得愈发重要。电子监督的引入使公民能够亲自参与某些监督活动。公民可以担任审计员，利用信息来问责公务员。最近一些研究试图评估这些举措的效果，通过向公民提供地方公共服务的信息（通过会议、邮寄明信片和额外的公共信息），发现这对优化公共服务存在积极影响。在医疗保健领域，研究人员发现，乌干达的社区监督也取得了积极效果。[①] 在教育领域，一些研究未发现志愿报告卡对改善印度学生的学习存在显著效果[②]，但在印度尼西亚，有研究发现与村庄委员会相联系的学校委员会的问责能力得到了加强。[③]

自下而上的监督还引导我们关注非正式、非国家的制度如何推动国家计划的实施。这种国家能力的非国家来源有赖于监督规范的建立。阿克谢·曼格拉（Akshay Mangla）分析了喜马偕尔邦采用的"协商模式"（deliberative model）如何使其在教育方面的表现优于同样位于喜马拉雅山脉的邻邦北阿坎德邦。[④] 正如普瑞纳·辛格（Prerna Singh）关于印度南部邦克拉拉邦和泰米尔纳德邦的地区民族主义的研究所展示的，监督规范既可以来自官员，也可以来自公民。[⑤] 辛格认为，印度南部邦克拉拉邦和泰米尔纳德邦的民族主义促进了公众参与公共物品供给，这解释了这两个邦在服务提供方面的优越表现。蔡晓莉讨论了中国农村与此类似但更传统的监督能力的文化来源，如宗祠和教堂，她发现宗祠是"非正式问责"的强大来源，激励地方政府更好地提供公共物品。[⑥]

这些基于规范的非正式自下而上的监督构成了国家能力的另一种来

[①] Martina Björkman and Jakob Svensson, "Power to the People: Evidence from a Randomized Field Experiment on Community-Based Monitoring in Uganda", *The Quarterly Journal of Economics*, Vol. 124, No. 2, May 1, 2009, pp. 735 – 769.

[②] Abhijit V. Banerjee et al., "Pitfalls of Participatory Programs: Evidence from a Randomized Evaluation in Education in India", *American Economic Journal: Economic Policy*, Vol. 2, No. 1, February 2010, pp. 1 – 30.

[③] Menno Pradhan et al., "Improving Educational Quality through Enhancing Community Participation: Results from a Randomized Field Experiment in Indonesia", *American Economic Journal: Applied Economics*, Vol. 6, No. 2, April 2014, pp. 105 – 126.

[④] Akshay Mangla, "Bureaucratic Norms and State Capacity in India Implementing Primary Education in the Himalayan Region", *Asian Survey*, Vol. 55, No. 5, October 1, 2015, p. 885.

[⑤] Prerna Singh, *How Solidarity Works for Welfare: Subnationalism and Social Development in India*, Cambridge: Cambridge University Press, 2015.

[⑥] Lily L. Tsai, "Solidary Groups, Informal Accountability, and Local Public Goods Provision in Rural China", *American Political Science Review*, Vol. 101, No. 2, May 2007, pp. 355 – 372.

源，主要活跃于正式问责机制不起作用的弱国家中。[1] 然而，这种非国家来源的国家能力在解释弱国家之间及其内部的能力差异方面至关重要。鉴于正式制度的强度存在很大差异[2]，非正式制度能够弥补正式制度留下的空白，可能成为推进官僚改革的重要力量。尚待观察的是，这些非正式机制是否可以对正式的国家能力建设形成补充，以及是否会阻碍持久改革。

三、研究议程

正如埃文斯等人在 30 多年前所得出的结论："国家实施特定类型干预的可能性并不产生于某种国家能力或'国家实力'的总体水平。"[3] 前文提出了一个纳入国家能力多样性的分析框架，区分了国家持续建设的汲取、协调和遵从能力。这三种形式的国家能力建立在统治者和被统治者之间以及促进这些互动的官僚之间的不同关系之上。国家、公民和官僚的激励在某些领域保持一致，在其他领域则存在分歧，这对国家能力研究存在直接影响。不同的利益组合会影响对这三种能力形式开展实验研究的难易程度，因此，每种形式都具有独特的实证趋势。

（一）汲取能力

首先，汲取能力是国家领导人与资源持有者之间关系的产物。与汲取能力相关的制度通常包括受约束的行政机构、代表性机构和认知信息收集活动，这些都是该关系的形式化表现。在资源丰富的情况下，国家领导人可以直接获取资源，无须拘泥于其与资源持有者的关系，因此出现了众所周知的资源诅咒现象。

对研究者来说，汲取能力因可量化具有天然的吸引力。然而，与国家

---

[1]　另请参阅 Joel S. Migdal, *Strong Societies and Weak States: State-Society Relations and State Capabilities in the Third World*, Princeton: Princeton University Press, 1988, 了解国家如何在与其他社会组织达成妥协的情况下生存但不占主导地位。

[2]　Steven Levitsky and María Victoria Murillo, "Variation in Institutional Strength", *Annual Review of Political Science*, Vol. 12, No. 1, June 2009, pp. 115 – 133.

[3]　Peter B. Evans, Dietrich Rueschemeyer, and Theda Skocpol (eds.), *Bringing the State Back In*, Cambridge Cambridgeshire; New York: Cambridge University Press, 1985, p. 353.

汲取能力相关的大多数研究是观察性而非实验性的，采用历史和比较案例研究①或基于面板数据开展研究②。然而，收集可比的历史财政数据仍然具有挑战性。

出于实践和伦理原因，很难采用实验方法研究汲取能力。严重缺乏实验研究是该领域文献中的一大空白。实验研究者可能对鼓励过度执法而保持警惕，如果汲取会导致掠夺或公务员滥用职权等不良效果，那么这在研究规范上就并不可取。从古罗马到法国大革命前，包税制都是一项广为人知的声名狼藉的激励举措，因为这一制度鼓励包税人横征暴敛，激起民愤。有趣的是，最近一项关于巴基斯坦征税官绩效工资的研究发现，纯粹基于税收的激励措施不仅不会增加纳税人的不满，反而比其他基于满意度的绩效指标更有利于增加税收。③ 总之，尽管实验方法对于识别如何促进高效、非剥削性的征税很有帮助，但目前相关实验研究的成果仍然很少。

实验研究的缺失并不仅仅是因为研究者的疏忽，或担心引起不满。国家经常对汲取权力的行使主体心存忌惮，因为过度下放征税权可能对统治者和平民都构成威胁。韦伯④和列维⑤都指出，放弃对税收来源的控制最终会削弱中央政权。因此，大多数汲取能力的提升都是通过采取新的征税方法，如直接扣缴所得税⑥，减少尼古拉斯·帕里洛（Nicholas R. Parrillo）⑦ 所称的"利润动机"（profit motive）或剔除代理人来实现的。因此，未来大部分关于汲取能力的研究可能要么继续采用观察方法，要么关注引入新技术带来的影响。马克·丁塞科（Mark Dincecco）和乌戈·特罗伊

① Margaret Levi, *Of Rule and Revenue*, Berkeley：University of California Press, 1988.

② Timothy Besley and Torsten Persson, "Why Do Developing Countries Tax So Little?", *Journal of Economic Perspectives*, Vol. 28, No. 4, November 1, 2014；Kenneth Scheve and David Stasavage, "The Conscription of Wealth：Mass Warfare and the Demand for Progressive Taxation", *International Organization*, Vol. 64, No. 4, October 2010.

③ Adnan Q. Khan, Asim I. Khwaja, and Benjamin A. Olken, "Tax Farming Redux：Experimental Evidence on Performance Pay for Tax Collectors", *The Quarterly Journal of Economics*, Vol. 131, No. 1, February 1, 2016, pp. 219 – 271.

④ Max Weber, "VIII：Bureaucracy", in Hans Heinrich Gerth and C. Wright Mills (eds.), *From Max Weber：Essays in Sociology*, New York：Oxford University Press, 1946.

⑤ Margaret Levi, *Of Rule and Revenue*, Berkeley：University of California Press, 1988.

⑥ Timothy Besley and Torsten Persson, "Why Do Developing Countries Tax So Little?", *Journal of Economic Perspectives*, Vol. 28, No. 4, November 1, 2014.

⑦ Nicholas R. Parrillo, *Against the Profit Motive：The Salary Revolution in American Government*, 1780 – 1940, New Haven：Yale University Press, 2013.

亚诺（Ugo Troiano）采用了征税技术研究路径，将美国州级所得税的陆续引入作为干预，发现只有在民主党州长领导下引入的所得税才显著增强了汲取能力。[1] 类似地，达西和尼斯托茨卡娅[2]以及布兰博尔等人[3]也利用引入新技术的时间点进行研究。最近公开的避税天堂数据为研究汲取能力提供了新的机会，数字化的不断推进也为创造新的征税技术提供了机遇。

（二）协调能力

协调能力即国家组织集体行动的能力。其关键制度包括实行协调的官僚机构，以及高级官僚与社会之间的其他常规互动。过去的研究表明，协调能力的发展集中于规范国家如何应对市场经济以及规范国家代理人与经济精英之间的互动。官僚自主性和专业知识依赖于与旧精英达成妥协，而发展能力则源于与当前精英建立联系。

然而最近对协调能力的研究愈发认识到高水平韦伯式的官僚机构，甚至是发展型国家中的嵌入式官僚机构，并非实现协调能力的唯一手段。地方自由裁量的重要性在《建设国家能力》（*Building State Capability*）一书中得到清楚体现，马特·安德鲁斯（Matt Andrews）等人借鉴斯科特[4]等经典作品，强调了"绩效的内部民间文化"（internal folk culture of performance）对于提高官僚组织效率的作用。[5] 薇薇·阿拉塔斯（Vivi Alatas）等人讨论了印度尼西亚的地方精英为促进政府福利的高效分配引入的实用技巧。[6] 阿西莫格鲁等人[7]也很重视地方效应，他们研究了市级国

① Mark Dincecco and Ugo Troiano, "Broadening the State: Policy Responses to the Introduction of the Income Tax", *NBER Working Paper*, No. 21373, 2015.

② Michelle D'Arcy and Marina Nistotskaya, "The Early Modern Origins of Contemporary European Tax Outcomes", *European Journal of Political Research*, Vol. 57, No. 1, February 2018, pp. 47 – 67.

③ Thomas Brambor et al., "The Lay of the Land: Information Capacity and the Modern State", *Comparative Political Studies*, Vol. 53, No. 2, February 2020, pp. 175 – 213.

④ James C. Scott, *Seeing Like A State: How Certain Schemes to Improve the Human Condition Have Failed*, New Haven: Yale University Press, 1998.

⑤ Matt Andrews, Lant Pritchett, and Michael Woolcock, *Building State Capability: Evidence, Analysis, Action*, Oxford: Oxford University Press, 2017, p. 116.

⑥ Vivi Alatas et al., "Does Elite Capture Matter? Local Elites and Targeted Welfare Programs in Indonesia", *AEA Papers and Proceedings*, Vol. 109, 2013, pp. 334 – 339.

⑦ Daron Acemoglu, Camilo García-Jimeno, and James A. Robinson, "State Capacity and Economic Development: A Network Approach", *American Economic Review*, Vol. 105, No. 8, August 2015, pp. 2364 – 2409.

家能力的外溢效应。[1]

正如阿西莫格鲁等人所展示的[2]，关注历史遗产是研究协调能力的一个重要趋势。发展研究长期尊重国家和文化背景的作用，强调历史和路径依赖在影响制度改革方面的重要性。[3] 国家性的历史遗产也被证明对增强协调能力具有直接作用，例如，阿西莫格鲁等人曾将好制度的创建与早期欧洲殖民者的定居联系起来。[4]

许多近期研究并不关注特定制度，而是将现代治理水平的差异归因于国家的古老历史。对博克斯泰特等人[5]来说，早期国家促进语言统一和族群同质性，进而促进经济增长；安德烈亚斯·威默（Andreas Wimmer）也采用相同因素解释识字率和铁路建设。[6] 根据巴德汉的观点[7]，历史上国家的制度遗产有助于保持法治、解决社会分裂造成的集体行动难题，而对于莱卡·布斯蒂科娃（Lenka Bustikova）和克里斯蒂娜·科尔杜内亚努－胡奇（Cristina Corduneanu-Huci）[8]，历史国家能力的关键遗产是建立了公共信任。

梅丽莎·戴尔（Melissa Dell）等人的研究在因果框架内更深入地探讨了历史遗产的影响[9]，他们利用 17 世纪大越帝国和高棉王国之间的边

---

[1]　然后，阿西莫格鲁等人紧接着讨论了国家层面协调的重要性，因为仅依靠地方会导致供给不足。参见 Daron Acemoglu, Camilo García-Jimeno, and James A. Robinson, "State Capacity and Economic Development: A Network Approach", *American Economic Review*, Vol. 105, No. 8, August 2015, pp. 2364 – 2409.

[2]　Daron Acemoglu, Camilo García-Jimeno, and James A. Robinson, "State Capacity and Economic Development: A Network Approach", *American Economic Review*, Vol. 105, No. 8, August 2015, pp. 2364 – 2409.

[3]　Michael J. Trebilcock and Mariana Mota Prado, *What Makes Poor Countries Poor? Institutional Determinants of Development*, Edward Elgar Publishing, 2011.

[4]　Daron Acemoglu, Simon Johnson, and James A. Robinson, "Institutions as a Fundamental Cause of Long-Run Growth", in Philippe Aghion and Steven N. Durlauf (eds.), *Handbook of Economic Growth*, Elsevier, 2005, pp. 385 – 472.

[5]　Valerie Bockstette, Areendam Chanda, and Louis Putterman, "States and Markets: The Advantage of an Early Start", *Journal of Economic Growth*, Vol. 7, No. 4, December 1, 2002, pp. 347 – 369.

[6]　Andreas Wimmer, "Is Diversity Detrimental? Ethnic Fractionalization, Public Goods Provision, and the Historical Legacies of Stateness", *Comparative Political Studies*, Vol. 49, No. 11, 2015, p. 201.

[7]　Pranab Bardhan, "Institutions Matter, But Which Ones?", *Economics of Transition*, Vol. 13, No. 3, 2005, pp. 499 – 532.

[8]　Lenka Bustikova and Cristina Corduneanu-Huci, "Patronage, Trust, and State Capacity: The Historical Trajectories of Clientelism", *World Politics*, Vol. 69, No. 2, April 2017, pp. 277 – 326.

[9]　Melissa Dell, Nathan Lane, and Pablo Querubin, "The Historical State, Local Collective Action, and Economic Development in Vietnam," *Econometrica*, Vol. 86, No. 6, 2018, pp. 2083 – 2121.

界，表明过去更强大的国家有助于实现如今的良好治理。借助各种数据源，包括美国和南越村落评估、现代越南家庭生活水平调查等，学者们发现地方集体行动的传统建立了关于公民参与的持久规范，促进了公共物品供给和经济发展。这类关于协调能力的地方和历史来源的研究开辟了新的研究领域，使我们对协调能力来源的理解超出了已经得到充分关注的韦伯主义和发展情境。

（三）遵从能力

与汲取和协调能力不同，遵从能力取决于三类行为者之间的关系：国家领导人、官僚和公民。一些观察家进一步细分公民群体，将存在不同遵从关系的阶级类别考虑在内。然而，本文选择关注与国家领导人及其代理人——尤其是经常成为实验干预目标的低级别官僚——之间的关系相关的遵从能力。

遵从能力比其他能力更依赖于个体的行动，特别是公务员的行动，有可能在短期内得到改变。因此，可以采用实验方法探讨特定干预措施对腐败和绩效的影响。[①] 这些研究覆盖的议题包括调查基础设施项目中的腐败问题[②]、卫生保健[③]和教育领域[④]的干预措施等。值得注意的是，大多数政治科学研究是在发展中国家进行的。发达国家对公共服务实验干预的开放度较低，因为它们拥有更为成熟（因此更为根深蒂固）的制度结构，并且不依赖那些将援助与实施干预挂钩的外国捐助者或非政府组织。

与汲取或管制活动相比，服务提供领域更适合开展实验干预。激励管制机构可能会鼓励不良行为，导致负面结果，例如民事没收法律在美国遭

---

① 参见费南等人对近期关于人员选拔和管理的实验研究进行的精彩述评：Frederico Finan, Benjamin Olken, and Rohini Pande, "The Personnel Economics of the State", NBER Working Paper, No. 21825, December 2015.

② Benjamin A. Olken, "Corruption Perceptions vs. Corruption Reality," *Journal of Public Economics*, Vol. 93, No. 7, August 1, 2009, pp. 950 – 964.

③ Martina Björkman and Jakob Svensson, "Power to the People: Evidence from a Randomized Field Experiment on Community-Based Monitoring in Uganda", *The Quarterly Journal of Economics*, Vol. 124, No. 2, May 1, 2009, pp. 735 – 769.

④ Ritva Reinikka and Jakob Svensson, "Local Capture: Evidence from a Central Government Transfer Program in Uganda", *The Quarterly Journal of Economics*, Vol. 119, No. 2, May 1, 2004, pp. 679 – 705.

到广泛滥用。[1] 该领域的过度执法可能对公民不利，并且对研究人员构成伦理问题。在管制机构中激发内在激励也可能出现类似问题，因为执法人员的亲社会态度会削弱其对委托人的负责。这种态度或许可以服务于威慑目的，但在提升公民满意度方面是不受欢迎的。[2]

对个体遵从的关注有助于更加细致地研究行为体的激励及其对国家能力的影响，并使观察增量变化[3]和技术变革过程成为可能。技术进步推动了许多在遵从能力方面的干预。生物识别、时间戳照片、移动钱包和智能手机应用程序等都被用来打击资源浪费和旷工。[4] 同样，里特维克·巴内尔吉（Ritwik Banerjee）等人发现数字治理改革有助于减少腐败[5]；肖恩·刘易斯-福佩尔（Sean Lewis-Faupel）等人发现电子采购增加了获取信息的途径，有助于绩效改进。[6]

对遵从能力进一步展开研究的最后一个途径是研究国家能力的非国家来源，例如与文化传统相关的遵从规范，以及促进或直接提供监督和反馈的非正式制度。虽然列维[7]和米格代尔[8]等很早就在国家能力讨论中引入了遵从问题，但大多数研究在评估国家能力时仍然关注正式制度。在对能力的评估中，同时考虑非正式制度和正式制度可能会降低可比性，却有助于解释国家内部和国家之间的能力差异。沿着这些方向，阿丽莎·荷兰

---

① Sarah Stillman, "Taken", *The New Yorker*, August, 2013, https：//www.newyorker.com/magazine/2013/08/12/taken.

② Canice Prendergast, "The Motivation and Bias of Bureaucrats", *American Economic Review*, Vol. 97, No. 1, March 2007, pp. 180 - 196.

③ Andrew Schrank, "Professionalization and Probity in a Patrimonial State：Labor Inspectors in the Dominican Republic", *Latin American Politics and Society*, Vol. 51, No. 2, July 2009, pp. 91 - 115.

④ Michael Callen et al., "Personalities and Public Sector Performance：Evidence from a Health Experiment in Pakistan", NBER Working Paper, No. 21180, 2015; Esther Duflo, Rema Hanna, and Stephen P. Ryan, "Incentives Work：Getting Teachers to Come to School", *American Economic Review*, Vol. 102, No. 4, June 2012, pp. 1241 - 1278.

⑤ Ritwik Banerjee, Tushi Baul, and Tanya Rosenblat, "On Self Selection of the Corrupt into the Public Sector", *Economics Letters*, Vol. 127, February 1, 2015, pp. 43 - 46.

⑥ Sean Lewis-Faupel et al., "Can Electronic Procurement Improve Infrastructure Provision? Evidence from Public Works in India and Indonesia", *American Economic Journal：Economic Policy*, Vol. 8, No. 3, August 2016, pp. 258 - 283.

⑦ Margaret Levi, *Of Rule and Revenue*, Berkeley：University of California Press, 1988.

⑧ Joel S. Migdal, *Strong Societies and Weak States：State-Society Relations and State Capabilities in the Third World*, Princeton：Princeton University Press, 1988.

（Alisha C. Holland）证明，执法可能既是一种能力，也是一种选择①，而基姆利·卡萨拉（Kimuli Kasara）认为，区域联系本质上是一种自上而下的国家渗透的替代方法，因此非洲统治者能够在其统治区域中更有效地选择和监督中介机构，从而征收更高税款。② 在该领域内开展进一步研究可以对理解国家能力做出更大贡献。

结 论

旨在加强国家能力、改善治理的国家干预日益增加。目前的发展趋势表明我们将在未来几年面临与善治、国家能力和国家实力相关的一系列问题。本文基于国家在汲取、协调和遵从方面面临的各种能力挑战，将传统和实验方法整合至一个共同的理论框架中，以推动国家能力建设相关的研究和实践开展。该框架强调了汲取、协调、遵从能力等领域涉及的各种制度如何塑造国家、公民和代理人之间的不同关系。

在方法层面，未来的学术研究需要考虑到诸如情境和历史遗产、相关变革理论以及测量策略等重要因素。上文讨论了来自南亚和东南亚（印度、巴基斯坦和印度尼西亚）、中国、拉丁美洲（墨西哥）、非洲（乌干达、赞比亚、卢旺达等）、欧洲和美国等地的实证研究。地方情境无疑对于政治、社会和经济互动中的正式和非正式规范都很重要，调节着国家领导人、官僚和公民之间的关系。在引入新的改革前，国家必须了解现有的制度遗产和结构，与利益相关者充分协商。与此相关的是，在裁剪通用规则以适用于构建有效国家时，有必要去思考哪些部分具有普遍真实性，积极利用现有的理论和激励原则回答重要问题。换句话说，这些干预必须在一种变革理论的指导下进行，而不能仅仅停留在对有效官僚的设想阶段。

---

① Alisha C. Holland, "The Distributive Politics of Enforcement", *American Journal of Political Science*, Vol. 59, No. 2, 2015, pp. 357 – 371.

② Kimuli Kasara, "Tax Me If You Can: Ethnic Geography, Democracy, and the Taxation of Agriculture in Africa", *American Political Science Review*, Vol. 101, No. 1, February 2007, pp. 159 – 172.

尽管我们对国家能力的讨论同时参考了观察和实验研究，但随机对照实验越来越成为评估能力建设干预的首选设计。如前文所述，现在已有大量这类研究，尤其是在服务提供领域，比如教育和医疗保健，其中一些研究结果趋于一致，但也不乏分歧——这可能是由干预性质、当地背景和历史遗留问题以及测量策略等因素的差异造成的。要更好地理解哪些结论能够适用于不同背景，还需要开展复制研究，学术界正在开展更多合作追求这一目标。治理与政治证据组织（Evidence in Governance and Politics）和加州大学伯克利分校政治发展中心已经启动了他们的 Metaketa 计划（http：//egap. org/metaketa），该计划将同一主题的相关项目汇总起来，通过协调研究设计、假设、干预、工具变量和测量策略，以实现更具通则性的推断。在未来，我们还鼓励学者和政策制定者之间开展更多合作，以及世界各地的学者之间的合作，以促进研究复制和知识高效积累。

State Capacity Redux: Integrating Classical and Experimental Contributions to an Enduring Debate

Elissa Berwick and Fotini Christia

trans. by Jiang Guangming

proof. by Chen Lifu

Abstract: What state capacity is and how to strengthen it remain open questions, as the underlying incentives of the state, its citizens, and its agents align in some areas of state activity and diverge in others. This article lays out a framework that integrates classical and experimental approaches within a common theoretical structure based on the diverse capacity challenges states face with respect to extraction, coordination, and compliance. Addressing each in turn, we show that state capacity is an interactive process, the product of institutions governing relations between the state, mass publics, and bureaucrats. We argue that the institutions ensuring state capacity and the processes that bring them into being vary. Our review highlights trends in recent research, as well as relevant differences in opportunities for and obstacles to empirical work on the subject.

Keywords：Governance；Taxation；Civil Service；Bureaucrats；Development；Institutions；Experiments

利维坦的潜在维度：测量比较政治研究中的国家能力

〔美〕乔纳森·K.汉森

密歇根大学

〔美〕蕾切尔·西格曼

美国海军研究院

姚蛙苗　游奕昕　译

北京大学政府管理学院硕士研究生

中山大学政治与公共事务管理学院硕士研究生

李祉球　校

北京大学政府管理学院博士研究生

编者按

国家能力是政治学研究中的核心概念之一，人们普遍认为国家机构对经济发展、国内冲突、民主巩固和国际安全的结果具有重大影响。然而，这一研究领域的学者在国家能力的概念化和测量方面面临着共同的问题。本文探讨了这些概念性问题，确定了国家能力的三个核心维度，并预估这些维度是相互支持、相互联系的。随后，作者使用贝叶斯潜变量分析法，结合与这些维度相关的指标来估算国家能力。作者发现这三个维度之间存在紧密的相互关系，并得出了一种新的、通用的国家能力测量方法，其有效性已得到证明，可进一步用于广泛的实证研究。希望本文能为研究国家能力相关原因与结果问题的研究人员提供有效的指导与工具。

关键词　国家；国家能力；贝叶斯潜变量模型

彼得·埃文斯（Peter Evans）、特里希·鲁施迈耶（Dietrich Rueschemeyer）和斯考切波（Theda Skocpol）在《找回国家》这一有影响力的书中指出，将国家视为一个行动者的研究旨趣正在学界兴起，近些年来这一态势也并未减退。人们普遍认为，国家机构对经济增长、人类发展、国内冲突、国际安全以及民主巩固等结果具有重大影响力，然而，随着将国家能力作为解释变量的理论不断涌现，国家能力的概念化也出现了分歧，这阻碍了我们对研究结果的比较和国家能力作用的理解。而进一步加剧了此问题的是，无论如何概念化，都很难从经验上对国家能力进行测量。

研究国家能力的学者们面临的一个核心问题在于，如何处理这一概念的多维性。尽管国家能力已有许多理论上的基本维度，但学界对这些维度之间在概念和实证上的相互关系仍知之甚少，从而导致了许多潜在的测量问题。首先，如果没有明确界定国家能力的基本概念，研究人员可能会选择一些与他们研究问题并不相关的维度和测量方法（Berwick and Christia, 2018；Cingolani, 2013；Soifer, 2008），或诉诸更广义的国家能力概念。其次，测量指标经常会和经济发展或政体类型等相关概念混淆。最后，许多国家能力衡量指标的地理和时间覆盖范围较小，可能会阻碍研究人员使用最佳衡量指标。

在本文中，我们从理论和实证两个方面应对这些挑战。首先，我们借鉴了国家能力领域内激增的文献，确定了现代国家最基本的职能，并概述了国家组织为了履行这些职能必须具备的三项核心能力。其次，我们利用一系列精心挑选的指标，使用贝叶斯马尔可夫链蒙特卡洛（Markov-Chain Monte Carlo, MCMC）模型，将国家能力作为一个潜变量（latent variable）进行分析。结果有力地证明了这三个维度之间的相互关系，有效性检验也证明了这一变量在国家能力综合评估中的效用。

因此，本研究的核心成果是一种建立在国家能力产生于公认基本维度的相互联系这一理念之上的通用型实证工具。相较于这一领域中的其他工作，该估计方法在实证分析方面有两大优势。首先，该方法通过纳入与国家能力的多个维度相关的指标，比针对单一维度的度量方法更为全面。其次，通过对每个国家1960—2015年的政体数据进行年度评估，该方法相较于其他试图全面衡量国家能力的项目，涵盖了更长的时段和更广阔的地理覆盖范围。因此，这一评估方法适用于各类比较分析，尤其是战后和后殖民时代的跨国比较研究。

一、定义国家能力

在政治学及相关学科的文献中，"国家能力"一词的用法差异很大，而这种差异可能对国家能力作为一种"富有成效的分析概念"（Centeno et al.，2017，4）进行运用以及测量产生混淆。"国家能力"用法的复杂性还来自于大量与之密切相关，且具有国家属性的概念：国家力量（strength）、脆弱性（fragility）、失效国家（failure）、有效性（effectiveness）、效能（efficiency）、绩效（quality）、合法性（legitimacy）、自主性（autonomy）、范围（scope）等。由于概念的使用范围之广泛，国家能力"仍然是一个需要精确定义和衡量的概念"（Hendrix，2010，273）也就不足为奇了。

我们认识到，许多著作从能够进行比较测量，并且避免与其他概念混淆这一角度出发，对国家能力进行定义，其核心思想都是国家能力意味着国家实施其目标或政策的能力（Cingolani，2013）。然而，在这一共识之外，对于"国家拥有这种能力意味着什么"这一问题，还存在两个关键领域的分歧：一个是对国家权力的性质的关切，另一个则涉及对国家能力进行评估的一系列职能的界定。在本节中，我们将探讨这些争论，并概述国家能力的定义，这一定义包含不同分析路径之间的交集。

国家能力包含国家权力，即一个行为体（国家）让另一个行为体（社会成员）做他们本不会做的事情的能力（Dahl，1957）。与该领域的其他研究者一样，我们寻求一个既不与其他概念混淆的国家权力概念，也避免讨论何为合法行使国家权力的规范性信念（e. g., Centeno et al., 2017；Lindvall and Teorell, 2016）。我们不妨从迈克尔·曼（Michael Mann）的基础性权力概念入手，即国家渗透社会并"在整个领域执行其政治决策"的制度性能力（Mann, 1984, 189）。

正如希勒尔·索伊弗（Soifer, 2008）所言，学者们从三个方面思考基础性权力：国家的物质实力、国家对社会的影响以及国家的领土性。在定义国家能力时，为了建立一个适用于比较研究的衡量标准，更有建设性的做法是关注国家组织结构中存在的能力以及这些能力的领域范围，而不是关注国家行动对社会关系和身份认同的影响。根据国家对社会的影响来评估国家能力，存在将"不部署国家权力的决定"与"无力部署国家权力的决定"相混淆的风险。此外，在政治科学研究中，上述结果往往是因变量。

国家能力包括国家内部的物质资源和组织能力，这独立于如何部署这些能力的政治决策。例如，吉登斯指出，"资源是权力行使的媒介"（Giddens, 1979, 141）。同样，伦德瓦尔和特奥雷尔（Lindvall and Teorell, 2016）将国家权力描述为资金、人力和信息资源的获取。还有人直接聚焦于国家机构的组织和官僚能力（Centeno et al., 2017, 4–7），这种能力来自于资源与专业化。国家的领土范围同样是其能力水平的核心，我们注意到，涉及国家能力在次国家层面的差异的学术研究十分活跃（Foa and Nemirovskaya, 2016；Harbers, 2015；Harbers and Steele, 2020；Soifer, 2008）[①]。

最后，我们认为曼的专制性权力概念——"精英有权在不与公民社会团体进行制度化协商的情况下采取一系列行动"（Mann, 1984, 188）——与政治体制的特征和国家自主性问题密切相关，且这些特征和问题应该与国家能力概念区分开来。正如伦德瓦尔和特奥雷尔所言，国家能力发挥着所投射的权力的作用，在概念上也有别于社会参与政治决策的机制，即国家应该追求什么样的结果（如民主）；也有别于公民社会反击

[①]　尽管我们在本文中的重点不是国家以下各级对国家能力的衡量，但我们认为，以这种方式衡量国家能力的努力是对我们方法的补充。

国家的力量（Migdal，1988）。

定义国家能力的第二条文献脉络是：一个有能力的国家应该履行哪些职能？有能力做些什么？与这一问题相关的是，我们是否可以将国家能力视为与国家核心职能相关的一般性特征，或者是否需要采用某种分类方法。

在光谱的一端是根据国家最基本的特征和职能来定义国家能力的方法。例如，一些国家能力研究关注"国家性"（stateness）概念，这涉及国家在多大程度上符合韦伯定义的在其领土上合法使用暴力的垄断权（Linz and Stepan，1966），有时候可与国家能力概念互换使用（Moller and Skaaning，2011）。这样的表述会掩盖现代国家的复杂性，使度量方法无法捕捉当代国家能力的重要变化。要研究现代、后殖民时代的国家，就必须认识到国家的预期角色不仅仅是建立对合法使用武力的垄断。

光谱的另一端则认为，国家的职能范围要广泛得多。该视角下的研究认为国家之手将在无形中影响一切，如经济体系的发展和维护，公共物品的提供以及司法行政（Bersch，Praca and Taylor，2017；Besley and Persson，2011；Rauch and Evans，2000）。例如，贝斯利和佩尔松（Besley and Persson，2011）在其对国家能力的定义中包含了广泛的财政、行政、公共服务提供和法律能力。

概念和测量问题源自于上述范围争议。正如玛格丽特·列维（Margaret Levi）所言，"好的分析需要区分国家的各种特征，以评估其相对重要性；国家变得小于其各个部分的总和"（2002，34）。据此逻辑，国家能力需要根据特定的功能或目标进行全面评估。斯考切波（Skocpol，1985）在其奠基之作中使用了"国家能力"的复数形式，指出了国家能力可能在不同政策领域或部门之间存在不均衡性。近期的实证研究探讨了国家内不同部门和地区间能力的差异，在这一观点的基础上进行了富有成效的拓展（Bersch et al.，2017；Foa and Nemirovskaya，2016；Gingerich，2013）。

然而，在细分国家职能的基础上定义国家能力，可能会偏离"国家达成其目标的能力"这一核心理论重点（Cingolani，2013，36 - 37），转而捕捉"国家内部以及国家与行动者之间就干预社会的程度、类型和形式进行协商"的结果（Centeno et al.，2017，4）。换言之，这些方法有可能将国家在特定部门或地区执行政策的能力问题与优先考虑这些职能的政治决策混为一谈。为此，福山（Fukuyama，2004，7）区分了国家范围（scope）和国家力量（strength），他解释到，美国国家的活动范围相对有限，但"在这个范围内，国家制定和执行法律和政策的能力非常强"。

为了进一步明晰概念，考虑到现代国家具备多种职能的现实，并促进跨国测量的可比性，我们在这些观点之间寻求一个中间地带。因此，我们将国家能力定义为国家履行现代国家公认所需的核心职能的能力，这些核心职能包括：抵御外部威胁（Tilly，1990）、维护内部秩序、基础设施建设（Mann，1984）以及收入汲取能力（Levi，1988；North，1981；Tilly，1990）。这种进路不仅规避讨论国家应该做什么的规范性问题，还避免了将能力与决策优先事项混为一谈，并为比较分析建立了一个可行的框架。它为如何测量提供了基础，该度量方法侧重于国家能力的关键维度，而不是将这一概念分解为愈发细微的职能角色。

二、国家能力的维度

即使关注的是国家的核心职能，所涉及的国家能力的理论维度仍然很多。这一系列潜在的维度引发了研究人员在使用这一概念和选择适当的度量方法时的困惑，同时引发了一个更大的问题：在如此众多的基本维度下，国家能力这一概念是否具有足够连贯性[①]以便进行测量？在本节中，我们将讨论现有研究是如何处理国家能力的多重维度，并从众多维度中提炼出三个基础性的、相互区分的维度。在此基础上，我们考虑到这些维度之间相互作用的性质，并提出了"国家能力可作为位于这些维度交叉点上的潜在概念来测量"这一论点。

在对国家能力研究的文献回顾中，辛戈拉尼（Cingolani，2013）指出了学界至少使用了七个不同的维度来理解国家能力：强制能力、财政能力、行政/执行能力、转型/工业化能力、相关性/领土能力、法律能力和

[①] 连贯性是概念形成的一个重要特征，指的是现象的实例或属性的内部一致性（Adcock and Collier，2001；Saylor，2013）。

政治能力。我们在此基础上又增加了几个维度，并阐述了各种文献中大相径庭的术语。贝里克和克里斯蒂亚（Berwick and Christia，2018）在另一篇综述中指出，研究人员在描述国家能力时往往只涉及他们在特定研究中的面向，不但导致了一系列令人困惑的维度，而且对具体维度与广义的国家能力概念之间的关系问题缺乏关注。

国家能力的多维性在文献中以三种基本方式出现。第一，许多方法或直接或间接地将这些维度视为彼此独立的方面。例如，阿尔伯特和梅纳尔多（Albertus and Menaldo，2012）论证强制性能力会严重破坏民主化，因为它存在着有效镇压民主运动的可能。与此同时，在一项有关国家遵守国际人权条约的研究中，柯尔（Cole，2015）主张有且只有行政能力有助于有效执行此类条约。这类研究强调了以分解的方式测量国家能力及其维度的可取性。

第二，许多方法通过运用国家能力的单一维度，作为国家能力整体概念的有力代表。例如，许多研究指出，因为征税有赖于广泛的基础性能力，政府的征税能力能够很好地代表国家能力的整体水平（Brautigam，Fjeldstad and Moore，2008；Harbers，2015；Rogers and Weller，2014）。在近期其他的研究中，布兰博等人（Brambor et al.，2020）、达西（D'Arcy）、尼斯托茨卡娅（Nistotskaya）和埃利斯（Ellis，2019）以及 Lee 和 Zhang（2017）制定了"可读性"（legibility）和"信息能力"的衡量标准，指出信息作为国家的一种资源，在税收、征兵、促进增长和行政管理方面发挥着至关重要的作用。因此，这两组研究都表达了这样一种观点：国家能力存在某个关键的、支持并联系着其他维度的单一维度。

第三，其他方法将国家能力不同维度的相互关系进一步推进，将其视为一系列相互依存的基本要素，它们协同作用使国家能够履行更广泛的职能。蒂利（Tilly，1990）关于欧洲国家建构的论述就体现了这一流派的精神，根据他的论述，捍卫和征服领土的需要推动了有能力加强税收、建设军队和提供公共产品的国家的发展。同样，贝斯利和佩尔松观察到国家财政和法律能力的发展的极强互补性，指出"对国家某一方面的投资强化了对其他方面投资的动力"（Besley and Persson，

2011，15）。

我们注意到，对国家能力进行分类的实证努力产生了模棱两可的研究结果。例如，亨德里克斯（Hendrix，2010）区分了军事能力和行政能力的概念，但在因子分析中发现，军费开支等指标与高质量的官僚机构在同一维度（因子）上的负荷很大。在另一项研究中，福廷-里特伯格（Fort-in-Rittenberger，2014）考察了以下两个维度之间的关系：基础性能力（结合了汲取能力和行政能力的指标）和强制能力。她的研究结果也指出了衡量这些维度，尤其是强制能力的难度。她发现，大规模武装力量在基础设施能力较低和较高的国家中分布相同，因此增加了区分这两个维度的复杂性。因此，我们认为，研究人员应该更加关注国家能力是否应该作为一个单一的概念来构思和衡量，或者思考聚焦于国家能力的具体维度是否会获得更多研究成果。

为了解决聚合问题，在遵循上一节的定义的同时，我们对国家能力分析的重点在于：（1）履行当代国家职能所必需的能力的最小值；（2）不同维度之间尽可能互斥。根据这些标准，我们确定了三个维度：汲取能力、强制能力和行政能力。这三个维度符合斯考切波所认为的"国家能力的普遍基础要素"；丰富的资源、对领土的"行政—军事"控制以及忠诚而富有经验的官员。[①]

国家能力的汲取、强制和行政方面是现代国家的基本要素。增加税收收入不仅是国家支持自身所有活动的关键功能，还包括国家广泛行使其权力所依托的一系列特定能力。尤其是国家必须能够接触到其国民，收集并保存经济信息，任命可信赖的代理人管理税收，并以强制执行能力保证服从（Pomeranz and Vila-Belda，2019）。诺斯将国家的边界定义为其税收机构可覆盖的范围，而列维（1988）和蒂利（1990）更是将国家税收与延续统治的可能性直接关联。经验表明，税收与财产权（Besley and Persson，2009）、国家的覆盖范围（the reach of the state）（Harbers，2015）和国家可读性（Lee and Zhang，2017）相关。

[①] 国家能力的这三个方面也类似于索伊弗（Soifer，2015）在其对拉丁美洲国家建设的研究中提出的观点，以及贝里克和克里斯蒂亚（Berwick and Christia，2018）提出的统一框架。

　　与汲取能力一样，强制能力也是国家概念的核心，特别是韦伯式的传统中将国家定义为在其领土内合法垄断武力使用权的组织。强制能力直接关系到国家维护边界、抵御外部威胁、维持内部秩序以及强制遵守法律的能力。为了履行其他职能，包括征税，国家必须拥有在其境内遏制威胁所需的武力，或者至少让政敌相信情况确是如此。虽然强制并不是维持秩序和唤起国民服从的唯一方式（Levi，1988），但它却是国家赖以生存和施政的一个重要方面。

　　行政能力是一个涵盖面很广的维度，与国家在发展政策、提供公共服务以及规制商业活动等方面的组织能力息息相关。有效的政策执行是在有能力的国家代理人、技术能力、数据收集和记录保存、监督和协调机制以及有效深入国家领土与社会群体这些要素共同作用的结果。马克斯·韦伯（Max Weber，1919）尤其强调了职业化官僚在国家权威合法化确认、管理复杂事务以及确保效率方面的重要性。但是非韦伯式的官僚组织形式也能有效发挥作用（Darden，2008）。

　　因此，虽然人们可以通过基于不同的概念视角的维度有效地思考国家能力，但有理由相信，在实践中这些维度是相互建构和相互关联的。蒂利（1990）认为，正是对强制能力的追求促使国家领导人采用税收制度并提供公共物品和服务。例如格尔（Gurr，1988）主张，强制能力涉及强制手段的制度化，这需要有能力的人员和国家机构的职能专业化。列维（1988）认为，有效征税的关键在于统计、监督和执行能力，而在现代国家，这往往需要以强制机器为后盾的税收机构。最后，正如费耶尔德和德·索伊萨所述："政府依靠税收对军队、警察和官僚机构进行投入，这一投入反过来又促进政府累积权力，以进一步渗透和扩大国家统治。"（Fjelde and De Soysa，2009，8）

　　如果国家能力的强制能力、汲取能力和行政能力之间存在重要的联系，我们就应该预设它们在实证意义上具有相关性。这一逻辑为预测国家能力这一潜变量的方法提供了基础，而国家能力是由国家的汲取、强制和行政能力三者共同作用而产生的。这项调查结果有利于增进我们对国家能力的了解，如果国家能力的各个维度在实证上是不可分割的，那么聚焦于国家能力单一维度的研究事实上可能捕捉到了更广泛的现象。反之，如果国家能力的各个维度不能结合成一个更广泛的概念，研究人员就必须审慎选择那些能反映狭义概念的度量方法。

三、度量方法和挑战

作为一个潜在概念，国家能力（或其基本层面）是无法直接观察到的，但它与一系列指标相关联，我们可以据此了解有关国家能力水平的信息。在本节中，我们将考虑与上述三个维度相关的指标。对于每个维度，我们都讨论了一系列可能的度量方法并解释我们对指标的选择。

我们采用以下标准来决定将哪些指标纳入潜变量模型。首先，我们考虑的是与国家能力三个核心维度的概念吻合度，避免与其他概念过于重叠的指标。其次，我们的目标是收集足够的信息以便捕捉大量国家在 50 年来国家能力的变化，因此我们寻求广泛的地理和时间跨度。[1] 最后，我们避免使用综合指数，因为它们可能包括我们模型中单独使用的指标或与其他概念联系更紧密的指标。

（一）汲取能力指标

汲取能力的测量通常有两种方式。首先，许多研究者使用政府税收数据来衡量国家能力。[2] 大多数国家的税收数据始于 20 世纪 70 年代初，通常来自国际货币基金组织的《政府财政统计》，不同类型的税收数据通常以原始金额、占 GDP 的比例或占总税收的比例表示。[3] 正如李伯曼（Lieberman，2002）所解释的，在选择符合特定目的的收入指标时需要考虑诸多因素。

---

[1]　与最近为生成国家能力特定维度的长期时间序列所做的努力相比（Brambor et al. , 2020；D'Arcy and Nis-totskaya, 2017），我们所追求的时间覆盖范围更有限，但包括了更广泛的国家覆盖范围和更全面的概念方法。

[2]　参见贝斯利和佩尔松（Besley and Persson, 2009）以及丁切科（Dincecco, 2017）相关数据。

[3]　Prichard 等人（ICTD/UNU-WIDER, 2017）对国际货币基金组织国家记录中的税收数据进行了有效的标准化和汇编。税收数据也可从其他来源获得，如经济合作与发展组织（OECD）。

例如，总收入对于汲取能力来说是一个噪声指标（noisy indicator）。对于汲取能力相对较高的国家，税收水平反映的是政策选择而非汲取能力。此外，不同类型的税收在管理复杂程度上也有很大的差异。正如李伯曼、罗杰斯和韦勒（Rogers and Weller，2014）所主张的，最有可能反映国家能力相关概念的收入来源包括所得税、财产税和国内消费税。与其他税收来源相比，这些税收在管理上更为复杂，需要更高级别的记录保存、透明度和更复杂的行政机构。其次，国际贸易税则更容易征收，而且像从矿产资源中收取租金（rents）一样，并不需要更强的执法能力（Liberman，2002）。在某些情况下，研究人员试图评估有关预期收入的税收额（Arbetman-Rabinowitz et al.，2012；Kugler，2018）。虽然这种"相对政治能力"（relative political capacity）的度量方法在某些应用中非常有效，但我们认为它在概念上不同于国家能力，并且在实证检验中发现它的相关性很弱。

我们通过以下两种路径测量财政收入数据。首先，我们使用税收总额占 GDP 的比重反映总体汲取能力。基于李伯曼的观点，我们排除了非税收收入。其次，我们认为税收收入的总和——尤其是所得税和贸易税——提供了有关国家汲取能力和行政能力的信息。在税收水平一定的情况下，所得税在税收中的占比越高，预期的行政能力水平就越高，贸易税在税收中的占比则应该与此相反，因为贸易税就其管理方式而言易于征收。因此，我们用税收收入（而非税收占 GDP 的比例）中所得税和贸易税的占比来衡量国家向外界汲取的行政能力。

我们还将专家编码指标纳入指标体系，如世界银行（2017）的国家政策和体制评估（CPIA）对税收动员效率的评级。根据科普奇等人（Coppedge et al.，2019）的研究，我们使用了国家财政能力的衡量指标（v2stfisccap），该指标反映了国家通过行政程序上更复杂的税收，为自身提供资金的能力。最后，我们假设一些在逻辑上与强制能力和行政能力相关的指标也将提供有关汲取能力的信息，如国家收集公民信息的能力与汲取能力相关，我们将在下文中详细讨论。

（二）强制能力指标

为了测量强制能力，研究者可能会将注意力转向军事规模或复杂程度，以及被认为有助于维护国家秩序的因素。有关军事开支、军事人员和安全部队的数据可从世界发展指标、斯德哥尔摩国际和平研究所（SIPRI）以及战争关联项目数据库（COW）中获得（Singer, Bremer, and Stuckey, 1972）。1960 年至今，这些测量方式在大多数国家的覆盖范围广泛、可靠性高。然而，强制力和一个国家的强制能力之间的关系并不一定是直接的（Hendrix, 2010；Kocher, 2010；Soifer and Matthias vom Hau, 2008）。尽管也有一些国家仅靠少量军队或没有军队就能维持秩序，但有能力维持秩序的国家可能拥有高效的军队和/或安全部队。此外，庞大的军事力量可能是战争或危险的征兆，这两种情势都可能损耗国家能力。我们使用每百万人口军事支出的对数值和每千人口中军事人员的数量（Singer et al., 1972；World Bank Group, 2020）作为军事能力指标。我们还采用了联合国毒品和犯罪问题办公室提供的警察部队规模指标。

鉴于人员或支出相关指标的潜在问题，我们还纳入了由专家编码的其他强制能力指标。根据贝塔斯曼转型指数（BTI），我们采用了一种评估国家垄断使用武力程度的指标（Bertelsmann Stiftung, 2006）。我们还采用了政治风险服务（PRS）中的国际国家风险指南对"法律与秩序"的评级，以评估法律体系的力量和公正性以及民众遵守法律的程度（Howell, 2011）。

另外，有两个指标通过反映国家在疆域上的制度化水平或在领土上的存在程度（即国家性）来体现强制能力维度。首先，我们使用多样民主数据库（V-Dem）（Coppedge et al., 2019）的国家领土权威指标（v2svstterr）来衡量中央政府控制的领土比例①。其次，我们扩展博克斯特特（Bockstette）、昌达（Chanda）和普特曼（Putterman）（2002）开发的古代国家指数，对另外 27 个国家进行编码，以反映 1950 年后的领土和主权的变化

---

① 相应的比例被转换为累积标准正态分布的倒数。

情况。① 这一度量方法基于表明国家在其领土上的历史根源重要性的研究成果（Boone，2003；Herbst，2014；Wimmer，2016）。

（三）行政能力指标

由于行政能力是国家能力的一个广泛的维度，因此有许多不同的衡量方法。首先，衡量行政能力的一种常见方法是考察公共产品和服务提供的结果，如小学入学率、婴儿死亡率或识字率。这些衡量标准因其覆盖面广和可比性而具有吸引力，但根据此类衡量标准来评估行政能力会带来一些问题。首先，如上文所述，一个国家可能不会优先考虑所测量的具体结果，如入学率、健康水平或基础设施。其次，因为这些类型的结果与经济发展、政治制度的性质或参与有政策条件的国际项目密切相关，使用这些测量标准可能会带来分析杠杆（analytical leverage）。

在行政能力指标中，最受欢迎的两个指标是全球治理指标（WGI）的政府效能评级（Kaufmann，Kraay，and Mastruzzi，2003）和国际国家风险指南（ICRG）的官僚质量评级（Howell，2011）。这两项标准都受到了严格审查。一方面，WGI 经常因其聚合程序以及模糊不同政府治理指数的分析界限而受到批评。② 在我们的案例中，使用 WGI 分数将是重复的，因为其组成指标集与我们使用的其他指标重叠。另一方面，ICRG 的官僚质量评级可能出现基于分析人员对经济或社会结果的主观看法而非源自官僚质量本身的测量误差（Henisz，2000）。不过，我们还是将 ICRG 的官僚质量评级纳入了我们的分析，因为它是为数不多覆盖面相对较广、侧重于官僚机构实力（包括招聘和培训机制）的衡量指标之一。我们预计在测量过程中各成分指标中会出现一些干扰项。

我们还纳入了不同来源的行政能力衡量指标：行政效率（Adelman and Morris，1967）、韦伯式科层制指数（Rauch and Evans，2000），以及世

---

① 我们扩展了最初的衡量标准，对1950—2015 年数据的三个组成部分进行年度编码——国家的存在、该国家控制下的领土百分比以及该国家是否拥有主权。

② 关于 WGI 的有效性、可靠性和综合性存在争议。关于对批评的概述和回应，请参阅考夫曼、克拉伊和马斯特鲁齐（Kaufmann、Kraay Mastruzzi，2007）。

界银行 CPIA 指数对预算和财务管理质量以及公共行政质量的评级。虽然这些指标所涵盖的时间都不长，但这些指标的组合覆盖了 1960—2015 年中的大部分时间。[①] 最后，我们纳入了由 V-Dem（Coppedge et al.，2019）开发的衡量公共行政公正性的指标，该指标基于专家对公职人员遵守法律的程度的调查评级。

此外，我们还纳入了一系列旨在衡量各国信息收集能力的指标。首先，我们利用美国人口普查局提供的国家人口普查频率[②]。正如森特诺（Centeno，2002b）和索伊弗（Soifer，2013）所指出的，能够进行人口普查的国家不仅有能力收集，而且还具有更高的领土覆盖率。这些数据涵盖了 173 个国家在 1960—2015 年的人口普查频率。其次，我们使用布兰博（Brambor et al.，2020）开发的信息能力衡量指标，该指标涉及一个国家是否拥有统计机构、民事登记机构、人口登记机构，以及其编制人口普查和统计年鉴的能力，该指标涵盖了 1960—2015 年的 70 个国家。最后，我们纳入了世界银行的统计能力衡量指标，该指标从 2004 年至今每年对多达 139 个国家的统计系统的广泛性进行评估。

（四）总体指标

我们总共采用了 21 个与国家能力的三个关键维度相关的指标（见表 1）。这些指标时间跨度达 56 年（1960—2015），涉及 163 个国家，共有 94135 个数据点。在 99% 的"国家—年份"数据中，至少有 6 个指标是存在的，指标数量的中位数为 12 个。通过潜变量分析法，我们可以利用这些对相同基本概念的多重测量，来了解产生观测指标的潜在参数的分布情况，这与评估民主（Pemstein，Meserve，and Melton，2010；Treier and Jackman，2008）和治理（Arel-Bundock and Mebane，2011；Bersch and Botero，2014）的度量方法类似。

[①] 根据创建者的目标，我们将行政效率的数据编码为涵盖 1960—1962 年，将韦伯式科层制的数据编码为涵盖 1970—1990 年。
[②] 我们通过回顾某一年的时间来寻找最近的人口普查，从而将这一指标年度化。每次人口普查间隔越长，衡量人口普查频率的标准就越低。

表1　国家能力指标

指标	国家数量	年份
行政效率（Adelman and Morris，1967）	69	1960—1962
官僚质量（政治风险服务）	141	1984—2015
人口普查频率（根据联合国 2016 年数据计算）	173	1960—2015
调动收入的效率（世界银行 CPIA）	72	2005—2015
财政能力（V-Dem 编码版本 v9）	174	1960—2015
信息能力（Brambor et al.，2020）	70	1960—2015
法律与秩序（政治风险服务）	141	1984—2015
（log/取对数）每千人中军事人员的占比（COW，WDI）	176	1960—2015
（log/取对数）人均军事支出（SIPRI，COW）	176	1960—2015
垄断使用武力（BTI）	129	2006—2015
（log/取对数）每千人拥有的警力（联合国）	121	1973—2015
预算和财务管理质量（世界银行 CPIA）	72	2005—2015
公共行政质量（世界银行 CPIA）	72	2005—2015
严格和公正的公共行政管理（V-Dem v9）	177	1960—2015
古代国家指数，基于博克斯特特等人（2002）	172	1960—2015
国家领土权威（V-Demv9）	177	1960—2015
统计能力（世界银行）	127	2004—2015
所得税占税收的百分比（ICTD，IMF）	168	1963—2015
国际贸易税占税收的百分比（ICTD，IMF）	167	1960—2015
税收总额占国内生产总值的百分比（ICTD，IMF，OECD）	167	1960—2015
韦伯式科层制（Rauch and Evans，2000）	34	1970—1990

注：CPIA = Country Policy and Institutional Assessment，即国家政策和机构评估；COW = Correlates of War，即战争的后果；WDI 来自世界银行集团（2020）；BTI = Bertelsmann Transformation Index，即贝塔斯曼转型指数；SIPRI = Stockholm International Peace Research Institute，即斯德哥尔摩国际和平研究所；ICTD = ICTD/UNU-WIDER（2017），即国际税务和发展中心（信通中心）和联合国大学世界发展经济学研究所（联合国大学发展经济学所）。

四、潜变量分析

我们采用了文森特·阿里尔–邦多克和梅巴内（Arel-Bundock and Mebane，2011）开发的潜变量估计法，该方法使用贝叶斯马尔可夫链蒙特卡洛（MCMC）技术来识别潜在因子。该技术以李（2007）的早期工作为基础，与传统因子分析相比具有许多优势，包括对缺失数据的稳健性。通过整合多种来源的国家能力指标，我们试图提供"Polity 数据集"（Marshall and Jaggers，2016）中出现的所有国家从 1960—2015 年的国家能力年度测量指标。

具体而言，i 国在时间 t 上的每个观测指标 x_k 是 J 个潜变量和干扰项 ε_k 的线性函数：

$$x_{kit} = c_k + \sum_{j=1}^{J} \lambda_{kj} \xi_{jit} + \varepsilon_{ki} \tag{1}$$

在方程式（1）中，ξ_{jit} 是时间 t 中 i 国国家能力第 J 个维度的潜在值，是第 J 个维度对观测指标 x_k 的线性效应。因此，总的来说，各类观测指标是以下指标的线性函数：

在每个维度上测量国家能力的潜在值都存在一定误差。由于有 k 个观测值是在多个国家的多个年份中测量的，因此我们有多个数据点来获得潜在参数的后验分布的潜在参数[1]，并将标准正态先验分配给潜在因子。截距 c_k 具有独立的扩散正态前验，扰动项 ε_k 具有独立的均值为零的均匀前验。一般来说，每个 λ_{kj} 都使用扩散正态前验。

为便于识别，在分析中，J 个维度中的每个维度的参数 λ_{kj} 都固定为 1。在这些情况下，截距 c_k 被固定为 0。此外，截断（阳性）正态先验被用于促进识别，因为我们有强烈的先验假设，即给定指标 x_k 和代表能力的参数 ξ_j 之间是正相关的。在我们的主要模型（J＝1）中，截断正态先验适用于以下情况：人口普查频率、古代国家指数、所得税、韦伯式科层制、世界银行的统计能力指数、信息能力、V-Dem 公共行政衡量标准、PRS 法律与秩序以及阿德尔曼和莫里斯（Adelman and Morris，1967）的行政效率评级。[2]

---

[1] 指标数量越多，我们对时间为 t 时国家 i 的国家能力潜在维度值的信息就越多，"国家—年份"的数值越大。我们需要揭示的维度 J 下 λ_{kj} 对指标 k 的影响，指标 k 被视为随时间变化的常数。

[2] 否则，一些链会呈现出与其他链相反的符号。

MCMC 是通过 R 语言中的软件包 rjags（Plummer，2012）在 JAGS 中实现的。该算法在方程式（1）所代表的方程组指定的参数空间中进行抽取，连续抽取会产生对其余参数后验分布的描述，从而获得可观测的国家能力指标。典型的 MCMC 运行包括 5 个链，适应阶段为 5000 次，磨合阶段为 10000 次迭代，采样阶段为 5000 次迭代。样本稀释度设置为 5，以缓解内存/存储限制。

为了测试这三个理论维度是否能独立地在数据中体现出来，我们进行了多次分析，维度 J 的数量从 1 到 3 不等。选择特定维度数量所得出的参数估计与我们所描述的理论维度可能不存在特定的关系。与传统的因子分析一样，我们将依靠分析那些与结果参数相一致的指标来解释该维度。一种可能的情况是，每个连续的维度都能捕捉到观测指标中更多的边际变化，而不是清晰的维度。

五、隐变量分析结果

在重复测试中，我们发现一维模型（J = 1）是唯一能持续收敛的模型。试图识别第二或第三维度的尝试没有取得成果。通常情况下，不同的序列都无法收敛。然而，某些参数的后验分布会表现出很强的非正态性。当 MCMC 程序无法为各种参数生成静态分布时，就会出现这些结果。换句话说，给定一组特定的观测指标，以及与这些指标相关联的多个国家能力维度的说明，该程序不会产生这些维度中不同国家能力水平的相对概率信息，以及将水平与观测指标相关联的参数信息。因此，在接下来的章节中，我们会展示反映单一潜在维度的结果，将其称之为"综合能力"。

因此，我们认为研究结果与理论假设是一致的，即国家能力的汲取、强制和行政方面虽然在表面上截然不同，但事实上是相互关联的。汲取能力既支持强制能力，又能提供维持复杂的行政官僚体系所需的资源。同样，缺乏强制力和行政能力的国家很可能发现汲取税收将变得举步维艰。最后，尽管国家可以采取多种形式进行强制，其中有些形式非常简易，但一个组织严密、层级复杂的强制机构会为国家的压制权力提供便利。这些相互关联性使我们很难根据经验将国家能力分解为不同的维度，这一点在过往文献中已有提及（Fortin-Rittenberger, 2014；Hendrix, 2010）。[①]

六、探索整合度量

作为一个处于国家能力核心维度交集处的隐变量，"综合能力"比以往只关注单一指标或维度的研究更全面地覆盖了这一概念。此外，与战后和后殖民时代研究中最常用的国家能力一般指标相比，"综合能力"预测值的覆盖范围更广，共有 8254 个观测值。因此，该指标可以填补涉及国家能力的跨国比较研究的一个重要空白，特别是在大样本分析方面。"综合能力"测量的结果范围为从 – 2.31 到 2.96，平均值为 0.26，标准差为 0.95。

为了解哪些因素影响了对"综合能力"的评估，我们首先考察了其与测量方法中观测指标的相关性，如表 2 所示。总体而言，"综合能力"似乎是衡量国家能力的通用指标，它集三个理论性维度指标所长。

表 2 "综合能力"与基础指标的相关性

指标	r	N
统计能力	0.83	1492
官僚质量	0.81	4089
严格和公正的公共行政管理	0.80	8252
法律与秩序	0.77	4089
公共行政质量	0.74	724
垄断使用武力	0.74	1247
财政能力	0.73	7673
预算和财务管理的质量	0.71	724
行政效率	0.70	199
(log/取对数) 人均军事支出	0.70	7925
调动收入的效率	0.67	724
国家领土权威	0.66	8237

---

① 我们还使用传统的因子分析进行了维度测试，得出的结果也发现潜在因素与三个维度缺乏任何明确关系。

（续表）

指标	r	N
税收总额占国内生产总值的百分比	0.66	6413
信息能力	0.66	3591
韦伯式科层制	0.59	714
人口普查频率	0.59	8201
所得税占税收的百分比	0.57	5854
古代国家指数	0.42	8032
（log/取对数）每千人中军事人员的占比	0.26	8116
（log/取对数）每千人拥有的警力	0.03	1569
国际贸易税收占税收的百分比	−0.67	6270

与"综合能力"相关性最高的是世界银行的"统计能力"指标（r = 0.83）、PRS 的官僚质量指标（r = 0.81）、V-Dem 的严格和公正的公共行政管理（r = 0.80）、PRS 的法律和秩序评估（r = 0.77）、CPIA 的公共行政质量评价（r = 0.74）、BTI 的垄断使用武力层级评价（r = 0.74）以及 V-Dem 的国家财政能力指标（r = 0.73）。大多数指标与"综合能力"的相关性达到0.5或更高（贸易税的相关性低于−0.5）。

与"综合能力"相关性最低的是与军事和警力有关的指标。由于其他衡量强制能力的指标与"综合能力"密切相关，因此这种"低相关"现象似乎也只限于国安人员领域。以下几种解释具有一定可信度：首先，"综合能力"衡量标准忽略了国家部署安保人员所产生的强制力。其次，弱国家或卷入冲突的国家的统治者往往会扩大其安保部队以应对这种弱点，从而进一步削弱这种关系。最后，重要的不是安保人员的数量，而是以其行政组织或技术先进性衡量出的能力水平。

七、有效性检验

为了使模型运转良好，覆盖国家越广泛与时间跨度越长越好。我们的目的是研究对"综合能力"的度量方法是否符合预期，以及它是否有助于研究国家能力的理论问题。借鉴阿德科克和科利尔（Adcock and Collier, 2011)、麦克曼（McMann）等人（即将出版）以及西赖特和科利尔（Seawright and Collier, 2014）的经验，我们从表面效度（face validity）、内容效度（content validity）、收敛效度（convergent validity）和名义效度（nomological validity）等方面对新的度量方法进行了研究。

图 1 显示了 2015 年各国"综合能力"后验分布的平均值和标准差的

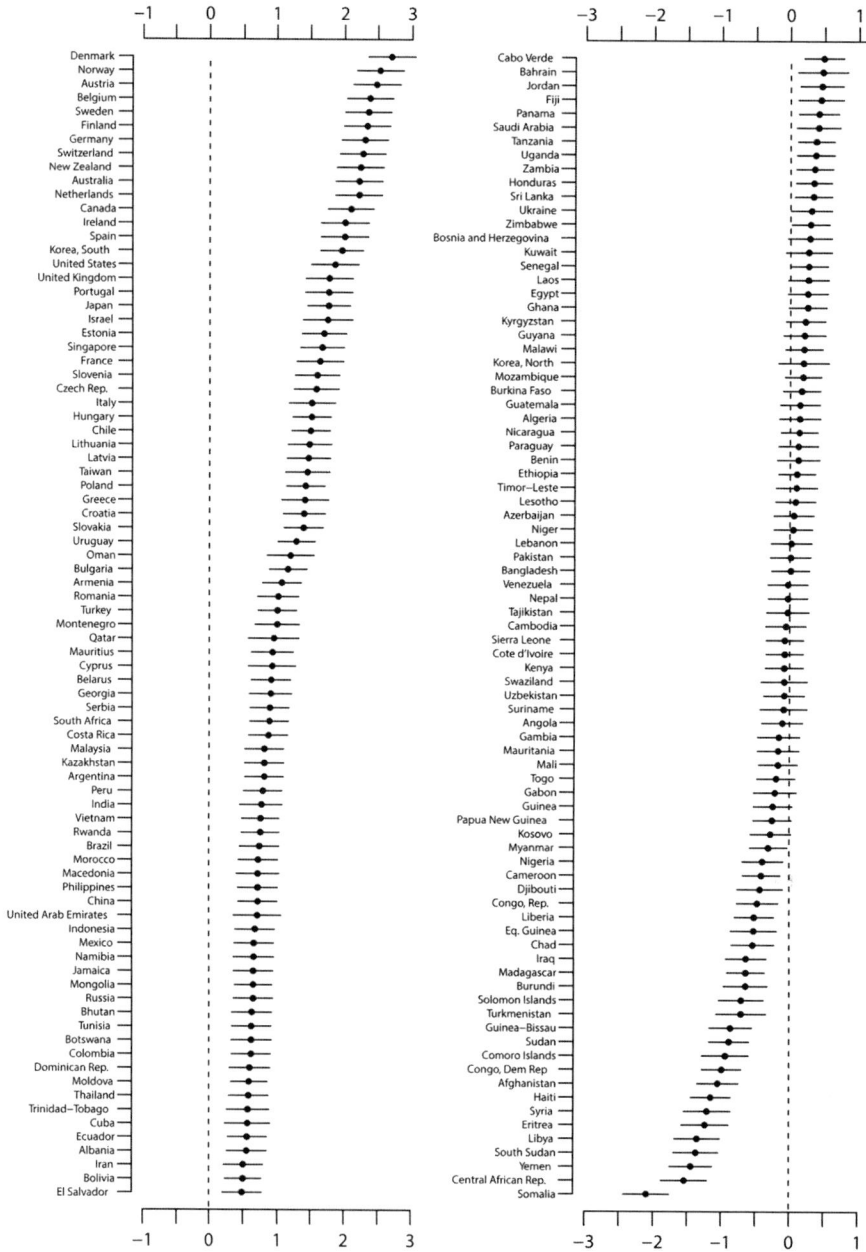

图 1　2015 年各国"综合能力"的后验分布

降序排列。从表面效度来看，我们可以预测国家能力强的国家得分较高，而那些正在经历或最近经历过战争的国家或弱国家得分较低。新加坡跻身"综合能力"得分最高的 25 个国家之列，这帮助我们理解到这些测量方式捕捉到了与能力本身更接近的概念，而不是民主治理问题。在得分较低的国家中，我们看到索马里、也门和中非共和国这些或陷入冲突，或缺乏国家结构，或两者兼而有之的国家。

为研究不同时期的变化，图 2 绘制了数据集中所有国家的"综合能力"得分，x 轴为 1975 年得分，y 轴为 2015 年得分，两者之间是一条 45°线。正如理论所预测的那样，不同年份的能力变量之间的关系是强烈的正相关。大多数在 1975 年得分较高的国家，2015 年的得分也较高。总体而言，大多数国家的"综合能力"都有所提高，其中乌干达、玻利维亚、卢旺达、莱索托和尼加拉瓜的"综合能力"提高幅度最大。能力下降最多的国家包括索马里、利比亚、委内瑞拉、叙利亚、科威特和伊拉克。我们还展示了智利、海地、伊拉克和新加坡的"综合能力"随时间的变化，以进一步说明该指标随时间变化的表面效度。

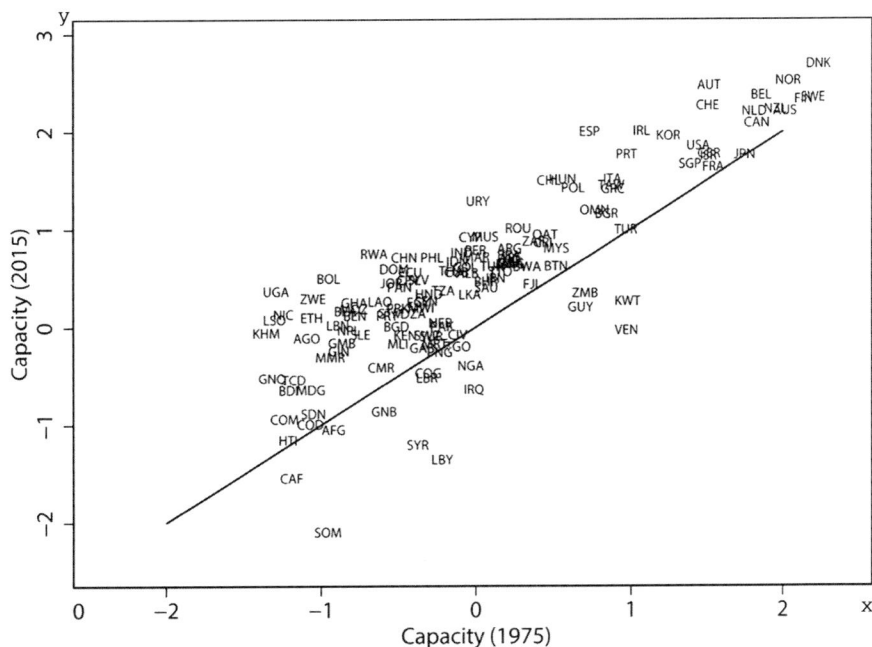

图 2　1975 年和 2015 年国家"综合能力"散点图

考虑到"综合能力"指标的潜在性，我们将"综合能力"变量与 MCMC 过程中未使用的其他指标进行比较，以检查其收敛有效性，从而评估它是否准确地反映了国家能力的预期概念。我们选择了多种其他指标，其中大部分是其他指数，采用不同的方法论构建而成。如果"综合能力"是一个有效的衡量指标，我们就应该观察到它与其他衡量这一概念的尝试之间存在着很强的相关性。

从表 3 中可以看出，在配对测试中，"综合能力"的衡量与一系列其他衡量指标在预期方向上具有相当强的相关性。例如，与"综合能力"相关性最强的指标包括 WGI 政府效能指数（r = 0.91）、WGI 法治指数（r = 0.88）评级、脆弱国家指数（r = −0.88）和 WGI 监管质量指数（r = 0.86）。在这些指标中，"综合能力"与 BTI 管理指数的相关性最小（r = 0.66）。

表 3　"综合能力"与其他度量指标的相关性

指标	r	N
政府效能（WGI）	0.91	2782
法治（WGI）	0.88	2784
监管质量（WGI）	0.86	2783
公正的公共行政（Rothstein and Teorell, 2008）	0.80	50
公共部门管理平均水平（CPIA）	0.82	724
法理权威（Hendrix, 2010）	0.84	1408
国家政策和体制评估指数（CPIA）	0.80	724
国家性指数（BTI）	0.77	1592
法治指数（BTI）	0.68	1592
管理指数（BTI）	0.66	1588
(log)迈尔斯指数（Lee and Zhang, 2017）	−0.74	345
公共服务指标（Rice and Patrick, 2008）	−0.86	1719
脆弱国家指数（Rice and Patrick, 2008）	−0.88	1719

在最近一项引人注目的研究中，李和张（Lee and Zhang, 2017）开发了一种可读性的衡量标准——以标准化形式提供的国家公民信息的范围——建立在全国人口普查中年龄报告准确性的基础上。在国家没有确切理由去了解公民年龄的情况下，公民往往会用以 0 或 5 结尾的数字来报告

自己的年龄。这种情况的"累计"程度促使一种衡量可读性的方法的产生：迈尔斯指数（Myers index）。李和张的研究表明，迈尔斯指数与其他衡量国家能力的方法有中等程度的相关性。虽然构建方式截然不同，但本文所开发的"综合能力"指标与对数迈尔斯指数（r = -0.74）和许多其他指标的相关性比它们之间的相关性更强。图 3 说明了这种关系。

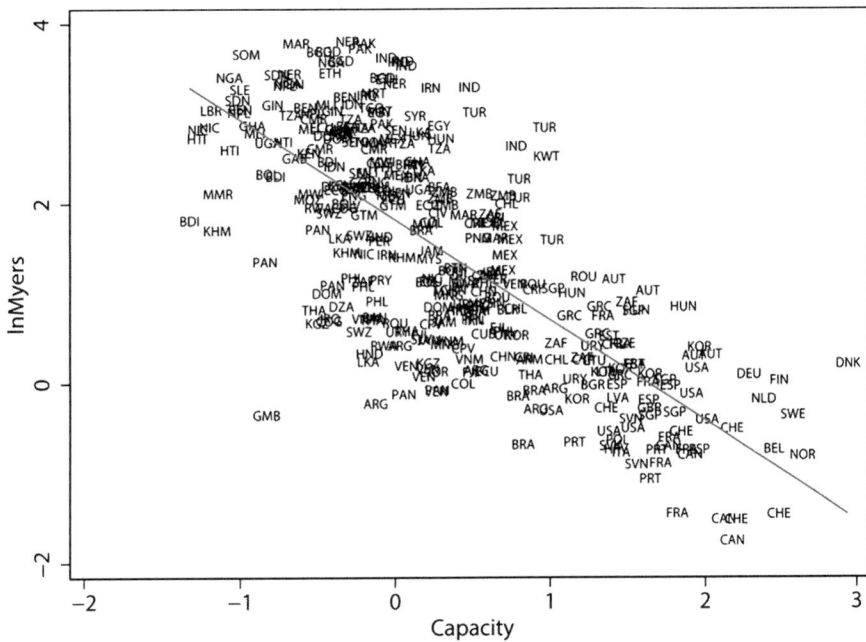

图3　对数迈尔斯指数与"综合能力"散点图

有效的衡量指标还应区分相关概念和其他概念。表 F.1（表 A.1、B.1、C.1、D.1、F.1 可在线查阅）显示了"综合能力"与选举、冲突和经济增长等指标之间的相关性，这些代表着不同概念的指标可能与国家能力相关。"综合能力"与冲突、人口、人均石油产量、城市化和连续总统选举次数等指标的相关性尤其低，"综合能力"与其他政权特征指标之间的相关性略高，但相关性仍不及表 3 中的其他国家能力指标。意料之中的是，"综合能力"与人均国内生产总值对数之间的相关性相当高（r = 0.79），但令人欣慰的是，这两个变量所反映的情况并不完全相同。

我们将能力指标作为与国家能力广泛相关的各种结果的预测因子，并在测试中进一步证明其有效性。表 4 显示了 6 个回归模型的结果，模型旨在测试控制了人均国内生产总值对数之后，"综合能力"是否仍能预测发展结果。在每一次回归中，"综合能力"都是一个强有力的、在统计意义上显著（99% 的水平）的预测因子。

表4　构建"综合能力"的效度检验

	InformalEcon (1)	lnMyers (2)	PublicServ (3)	Letters (4)	AveDays (5)	eGov (6)
Capacity ("综合能力")	−1.96** (0.21)	−0.47** (0.10)	−0.32** (0.09)	20.83** (3.95)	−69.04** (13.59)	0.11** (0.01)
lnGDPcap （人均 GDP 对数）	−5.95** (0.24)	−0.61** (0.10)	−0.62** (0.10)	2.16 (2.39)	−16.28* (8.21)	0.08** (0.01)
Constant （常量）	83.58** (1.94)	6.47** (0.76)	11.23** (0.85)	28.00 (18.33)	409.09** (63.04)	−0.25** (0.06)
N	1,350	345	1,719	150	150	164
R^2	0.99	0.91	0.97	0.45	0.51	0.86
Fixed effects? （固定效应?）	Yes	Yes	Yes	No	No	No

$\hat{}p < 0.10$

$^* p < 0.05$

$^{**} p < 0.01$

在模型 1 中，因变量是影子经济规模占 GDP 的百分比（Schneider, Buehn, and Montenegro, 2010）。[①] 我们发现，在人均 GDP 对数不变的情况下，"综合能力"每增加 1 个百分点，影子经济规模占 GDP 的百分比就会减少 1.96 个百分点。模型 2 和 3 使用对数迈尔斯指数和脆弱国家指数中的公共服务指标作为因变量，后者是衡量国家履行核心职能能力的指标（数值越大，能力越弱）。即使在控制了人均国内生产总值对数后，"综合能力"仍与这两个指标有密切联系。能力每增加 1 个单位，对数迈尔斯指数就会减少 47% 左右，公共服务指标也会下降 0.32 个单位。

在模型 4 和模型 5 中，我们借鉴了冲等人（Chong, 2014）进行的一项研究，该研究通过测量国家邮政部门将无法投递的国际信件退回到地址所

---

① 影子经济包括"故意向公众隐瞒的所有基于市场的合法商品和服务生产"（Schneider et al. 2010, 444）。

需的时间，评估了 159 个国家的政府效率。他们向每个国家发送了 10 封信件并发现约有 60% 的信件被退回。退信的平均天数约为 228 天。模型 4 的因变量是寄往某个国家的信件被退回的百分比。其中"综合能力"每高出 1 个百分点，回复信件的百分比高出约 20.8 个百分点。类似地，模型 5 中的因变量是退回信件所需的平均天数，"综合能力"每增加 1 个单位，退回信件所用时间减少约 69 天。

最后，模型 6 使用了联合国电子政务发展数据库的数据，该数据库追踪调查每个联合国成员国政府的电子政务准备情况以及公民参与电子政府的程度。指标范围为 0 到 1，分数越高意味着准备程度越高。我们发现，"综合能力"每提高 1 个单位，电子政务发展指数就会提高 0.11 个单位，约为该指数标准差的一半。

为了证明"综合能力"指标的实用性，本研究使用 1960 年或该国最早可用年份的"综合能力"水平作为 2010 年该国不同发展水平的预测指标，进行了一系列测试。[①] 这是一项极具挑战性的测试，因为我们控制了人均 GDP 的初始水平（对数）、这一时期的民主平均水平（使用 polity2 指标，从 0 – 1 重新标定）以及税收收入占 GDP 百分比的平均水平。[②] 如表 5 所示，尽管如此，每项检验都显示出"综合能力"与这些结果密切相关。

模型 1 中的因变量是一个国家的婴儿死亡率。在其他所有变量保持不变的情况下，国家在 1960 年的"综合能力"得分每提高 1 个单位，2010 年时每千名婴儿的死亡率就会降低约 12.2 个单位。同样地，如模型 2 所示，1960 年的"综合能力"得分每提高 1 个单位，2010 年时的预期寿命就会延长 5.3 年。模型 3 至模型 5 中检验的因变量是国家基础设施和医疗保健设施。1960 年的"综合能力"每高出 1 个单位，则每 100 平方公里土地面积上的公路里程将增加约 0.41 公里，2012 年至少使用基本供水服务的人口比例将增加约 6.9 个百分点，每千人拥有的医院床位数将增加

---

① 除了从 2012 年起获得基本供水服务。

② 我们控制 1960 年以来人均 GDP 的初始水平，因为"综合能力"水平可能会影响随后的经济增长，从而使估计值产生偏差。

1.5 张。最后，正如模型 6 所示，1960 年的"综合能力"与 50 年后更高的人均 GDP 相关，即使在控制了初始人均 GDP 水平的情况下也是如此。1960 年的"综合能力"每增加 1 个单位，2010 年的人均 GDP 就会增加 59%。我们认为，在控制国家财富和民主水平不变后，上述结果的稳健性为我们提供了信心，即对"综合能力"的衡量确实捕捉到了有别于其他概念的信息。

表 5　使用"综合能力"的说明性检验

	InfMort (1)	LifeExp (2)	Roads (3)	Water (4)	Hospitals (5)	lnGDP/cap$_{10}$ (6)
Capacity$_{60}$	−12.15** (3.13)	5.32** (1.19)	0.41* (0.18)	6.92** (2.11)	1.52** (0.41)	0.59** (0.11)
lnGDP/cap$_{60}$	−7.27** (1.69)	2.83** (0.64)	0.18^ (0.10)	5.49** (1.14)	0.26 (0.21)	0.63** (0.06)
Democracy	−9.40 (7.39)	4.19 (2.80)	−0.02 (0.40)	4.98 (4.98)	−1.90* (0.95)	−0.23 (0.27)
TaxRev	−0.26 (0.28)	−0.06 (0.10)	−0.01 (0.02)	0.12 (0.19)	0.12** (0.04)	0.01 (0.01)
Constant	95.29** (14.32)	45.33** (5.42)	−0.64 (0.80)	37.63** (9.65)	0.28 (1.82)	3.74** (0.52)
N	148	148	106	148	112	149
R^2	0.53	0.54	0.22	0.50	0.39	0.73

注：横截面 OLS 回归，括号中有标准差。2010 年，除 Water（2012）外，所有因变量均为 Roads（每 100 平方公里道路公里数）、Water（至少使用基本供水服务的人口百分比）、Hospitals（每 1000 张病床数）、InfMort（婴儿死亡率）、LifeExp（预期寿命水平）和人均 GDP 对数。自变量为 lnGDP/cap（1960 年人均 GDP 的对数水平）、Democracy（1960—2010 年期间的平均水平）、TaxRev（1960—2020 年的 10 年间税收收入占 GDP 的百分比）和 1960 年的 Capacity（国家"综合能力"）。

^p < 0.10
* p < 0.05
** p < 0.01

八、结论

归根结底，我们对国家能力的因果关系的理解取决于我们是否有能力以有效、可靠和实用的方式来衡量国家能力。国家能力由多个方面组成，就本质而言是潜在的，并且与一系列概念密切相关，这给研究者在衡量国家能力时带来了一系列特别复杂且必须加以克服的挑战。通过关注国家能力在政治学研究中的应用，确定其核心理论维度，并系统分析这些维度的最佳可用数据，我们希望能推进与国家能力相关的概念和测量问题的讨论，这些问题由下述学者进行了探讨：森特诺等人（Centeno et al.，2017）、福山（Fukuyama，2013）、亨德里克斯（Hendrix，2010）、伦德瓦尔和特奥雷尔（Lindvall and Teorell，2016）、罗杰斯和韦勒（Rogers and Weller，2014）以及索伊弗（Soifer，2008）。

特别重要的是，我们的分析为国家能力的实证研究提供了新的见解。首先，我们的研究结果表明，国家能力的各个维度是相互构成和相互关联的，这意味着可能难以将特定类型的能力分离出来。当然，国家在哪种能力上发展得最为强大是不尽相同的，但任何一种能力的强大都至少需要依托于其他能力的强大。其次，鉴于这些维度之间的相互关系，我们希望这些数据将有助于研究自20世纪中期欧洲殖民主义衰落以来，国家能力是如何发展的。例如，研究人员可能想探讨国家能力的"鸡与蛋"问题：如果存在的话，哪个维度是第一性的？

其次，这些估算值所提供的更广泛的地理和时间跨度可以为一系列熟悉的问题和研究提供支持和新的见解。利用早期版本的"综合能力"衡量标准发表的大量研究成果证明了这项工作的价值。例如，这些数据已被用于产生有关国家建设进程（Grassiand Memoli，2016）、选举威权政权的韧性（Van Ham and Seim，2018）、民主与国家能力之间的关系（Wang and Xu，2018），甚至股票市场发展（Guillen and Capron，2016）的新知识。"综合能力"衡量标准还被广泛用作跨国回归的控制变量（例如，Graham，Miller and Strom，2017；Houle，2017）。我们希望该指标能在关于制度、经济增长和发展成果之间关系的诸多长期争论中发挥作用。

随着相关数据的不断增加，以及人们对国家作为政治学研究中的概念变量的持续关注，我们相信在未来可供选择的测量方法会越来越多。然而，为了对现有数据进行有意义的改进，我们建议认真考虑本文提出的问题，尤其是需要关注国家的核心职能、扩大现有衡量标准的覆盖范围，以及避免国家能力的定义与决策程序过于密切相关。我们认为，这样做的结果将会在评估国家机构对各种结果的影响方面取得进展。

致谢

我们要感谢许多人对本项目的反馈，特别是 Michael Beckstrand、Stephen Knack、Monika Nalepa、David Patel、Hillel Soifer、Vivek Srivastava、Jan Teorell 以及各种会议和研讨会的与会者。由美国政治学协会、杜克大学、有效国家和包容性发展研究中心、杰拉尔德- R. 福特公共政策学院、隆德大学、雪城大学、哥德堡大学和世界银行主办。我们非常感谢 Vincent Arel-Bundock、Bennet Fauber、Kyle Marquardt 和 Juraj Medzihorsky 提供的技术帮助。最后我们感谢匿名审稿人提出的富有成效的修改意见，感谢 Sunghee Cho 提供的研究帮助，感谢 Erica De Bruin 和 Jun Koga Sudduth 提供的数据。

参考文献

［1］ Adcock, Robert, and David Collier, "Measurement Validity: A Shared Standard for Qualitative and Quantitative Research", *American Political Science Review*, Vol. 95, No. 3, 2001, pp. 529 – 546.

［2］ Adelman, Irma, and Cynthia Taft Morris, *Society, Politics, and Economic Development: A Quantitative Approach*, Baltimore: Johns Hopkins University Press, 1967.

［3］ Albertus, Michael, and Victor Menaldo, "Coercive Capacity and the Prospects for Democratization", *Comparative Politics*, Vol. 44, No. 2, 2012, pp. 151 – 169.

［4］ Arbetman-Rabinowitz, Marina, Jacek Kugler, Mark Abdollahian, Kristin Johnson, and Kyungkook Kang, *Performance of Nations*, Lanham, MD: Rowman & Littlefield, 2012.

［5］ Arel-Bundock, Vincent, and Walter Mebane, "Measurement Error, Missing Values and Latent Structure in Governance Indicators", Presented at the annual meeting of the American Political Science Association, Seattle, 2011.

[6] Bersch, Katherine, and Sandra Botero, "Measuring Governance: Implications of Conceptual Choices", *European Journal of Development Research*, Vol. 26, No. 1, 2014, pp. 124 – 141.

[7] Bersch, Katherine, Sérgio Praça, and Matthew M. Taylor, "Bureaucratic Capacity and Political Autonomy within National States: Mapping the Archipelago of Excellence in Brazil", in Miguel A. , Centeno, Atul Kohli, Deborah J. Yashar, and Dinsha Mistree (eds.), *States in the Developing World*, Cambridge: Cambridge University Press, 2017, pp. 157 – 183.

[8] Bertelsmann Stiftung, "Bertelsmann Transformation Index", 2006.

[9] Berwick, Elissa, and Fotini Christia, "State Capacity Redux: Inte-grating Classical and Experimental Contributions to an Enduring Debate", *Annual Review of Political Science*, Vol. 21, 2018, pp. 71 –91.

[10] Besley, Timothy, and Torsten Persson, "The Origins of State Capacity: Property Rights, Taxation, and Politics", *American Economic Review*, Vol. 99, No. 4, 2009, pp. 1218 – 1244.

[11] Besley, Timothy, and Torsten Persson, *Pillars and Prosperity: The Political Economics of Development Clusters*, Princeton, NJ: Princeton University Press, 2011.

[12] Bockstette, Valerie, Areendam Chanda, and Louis Putterman, "States and Markets: The Advantage of an Early Start", *Journal of Economic Growth*, Vol. 7, No. 4, 2002, pp. 347 – 369.

[13] Boone, Catherine, *Political Topographies of the African State: Territorial Authority and Institutional Choice*, Cambridge: Cambridge University Press, 2003.

[14] Brambor, Thomas, Agustín Goenaga, Johannes Lindvall, and Jan Teorell, "The Lay of the Land: Information Capacity and the Modern State", *Comparative Political Studies*, Vol. 53, No. 2, 2020, pp. 175 – 213.

[15] Brautigam, Deborah, Odd-Helge Fjeldstad, and Mick Moore, *Taxation and State-Building in Developing Countries: Capacity and Consent*, Cambridge: Cambridge University Press, 2008.

[16] Centeno, Miguel, *Blood and Debt: War and the Nation-State in Latin America*, University Park: Pennsylvania State University Press, 2002.

[17] Centeno, Miguel A. , Atul Kohli, Deborah J. Yashar, and Dinsha Mistree,

States in the Developing World, Cambridge: Cambridge University Press, 2017.

［18］ Chong, Alberto, Rafael La Porta, Florencio Lopez-de-Silanes, and Andrei Shleifer, "Letter Grading Government Efficiency", *Journal of the European Economic Association*, Vol. 12, No. 2, 2014, pp. 277 – 299.

［19］ Cingolani, Luciana, "The State of State Capacity: A Review of Concepts, Evidence and Measures", UNU-MERIT Working Paper Series on Institutions and Economic Growth, 2013.

［20］ Cole, Wade M. , "Mind the Gap: State Capacity and the Implementation of Human Rights Treaties", *International Organization*, Vol. 69, No. 2, 2015, pp. 405 – 441.

［21］ Coppedge, Michael, John Gerring, Carl Henrik Knutsen, Staffan I. Lindberg, Jan Teorell, David Altman, Michael Bernhard, et al. , "V-Dem [Country-Year/Country-Date] Dataset v9", Varieties of Democracy (V-Dem) Project, 2019.

［22］ Dahl, Robert A. , "The Concept of Power", *Behavioral Science*, Vol. 2, No. 3, 1957, pp. 201 – 215.

［23］ D'Arcy, Michelle, and Marina Nistotskaya, "State First, Then Democracy: Using Cadastral Records to Explain Government Performance in Public Goods Provision", *Governance*, Vol. 30, No. 2, 2017, pp. 193 – 209.

［24］ D'Arcy, Michelle, Marina Nistotskaya, and Robert Ellis, "Mapping the State: Measuring Infrastructural Power through Cadastral Records", *Proceedings of the International Federation of Surveyors' Working Week*, 2019. https: // www. fig. net/resources/proceedings/fig_proceedings/fig2019/papers /ts04j/TS04J_nistotskaya_darcy et al 9784. pdf.

［25］ Darden, Keith, "The Integrity of Corrupt States: Graft as an Informal State Institution", *Politics and Society*, Vol. 36, No. 1, 2008, pp. 35 – 60.

［26］ Dincecco, Mark, *State Capacity and Economic Development: Present and Past*, Cambridge: Cambridge University Press, 2017.

［27］ Evans, Peter, Dietrich Rueschemeyer, and Theda Skocpol, *Bringing the State Back In*, Cambridge: Cambridge University Press, 1985.

［28］ Fjelde, Hanne, and Indra De Soysa, "Coercion, Cooptation, or Cooperation? State Capacity and the Risk of Civil War, 1961 – 2004", *Conflict Management and Peace Science*, Vol. 26, No. 1, 2009, pp. 5 – 25.

［29］ Foa, Roberto Stefan, and Anna Nemirovskaya, "How State Capacity Varies within Frontier States: A Multicountry Subnational Analysis", *Governance*, Vol. 29, No. 3, 2016, pp. 411 – 432.

［30］ Fortin-Rittenberger, Jessica, "Exploring the Relationship between Infrastructural and Coercive State Capacity", *Democratization*, Vol. 21, No. 7, 2014, pp. 1244 – 1264.

［31］ Fukuyama, Francis, "The Imperative of State-Building", *Journal of Democracy*, Vol. 15, No. 2, 2004, pp. 17 – 31.

［32］ Fukuyama, Francis, "What Is Governance?", *Governance*, Vol. 26, No. 13, 2013, pp. 347 – 368.

［33］ Giddens, Anthony, *Central Problems in Social Theory: Action, Structure, and Contradiction in Social Analysis*, Berkeley: University of California Press, 1979.

［34］ Gingerich, Daniel W., "Governance Indicators and the Level of Analysis Problem: Empirical Findings from South America", *British Journal of Political Science*, Vol. 43, No. 3, 2013, pp. 505 – 540.

［35］ Graham, Benjamin A. T., Michael K. Miller, and Kaare W. Strøm, "Safeguarding Democracy: Powersharing and Democratic Survival", *American Political Science Review*, Vol. 111, No. 4, 2017, pp. 686 – 704.

［36］ Grassi, Davide, and Vincenzo Memoli, "Political Determinants of State Capacity in Latin America", *World Development*, Vol. 88, 2016, pp. 94 – 106.

［37］ Guillén, Mauro F., and Laurence Capron, "State Capacity, Minority Shareholder Protections, and Stock Market Development", *Administrative Science Quarterly*, Vol. 61, No. 1, 2016, pp. 125 – 160.

［38］ Gurr, Ted Robert, "War, Revolution, and the Growth of the Coercive State", *Comparative Political Studies*, Vol. 21, No. 1, 1988, pp. 45 – 65.

［39］ Harbers, Imke, "Taxation and the Unequal Reach of the State: Mapping State Capacity in Ecuador", *Governance*, Vol. 28, No. 3, 2015, pp. 373 – 391.

［40］ Harbers, Imke, and Abbey Steele, "Subnational Variation across States: A Typology and Research Agenda", *Latin American Politics and Society*, Vol. 62, No. 3, 2020, pp. 1 – 18.

［41］ Hendrix, Cullen. S., "Measuring State Capacity: Theoretical and Empirical Implications for the Study of Civil Conflict", *Journal of Peace Research*, Vol. 47, No. 3, 2010, pp. 273 – 285.

［42］ Henisz, Witold, "The Institutional Environment for Multinational Investment", *Journal of Law, Economics, and Organization*, Vol. 16, No. 2, 2000, pp. 334 – 364.

［43］ Herbst, Jeffrey, *States and Power in Africa: Comparative Lessons in Authority and Control*, Princeton, NJ: Princeton University Press, 2014.

［44］ Houle, Christian, "Inequality, Ethnic Diversity, and Redistribution", *Journal of Economic Inequality*, Vol. 15, No. 1, 2017, pp. 1 – 23.

［45］ Howell, Llewellyn D. , "International Country Risk Guide Methodology", PRS Group, Inc. , 2011.

［46］ ICTD/UNU-WIDER, "Government Revenue Dataset", 2017, https: // www . wider. unu. edu/project/government-revenue-dataset.

［47］ Kaufmann, Daniel, Art Kraay, and M. Mastruzzi, "Governance Matters III: Governance Indicators for 1996 – 2002", World Bank Policy Research Working paper No. 3106, 2003.

［48］ Kaufmann, Daniel, Art Kraay, and M. Mastruzzi, "The Worldwide Governance Indicators Project: Answering the Critics", World Bank Policy Research Working paper No. 4149, 2007.

［49］ Kocher, Matthew Adam, "State Capacity as a Conceptual Variable", *Yale Journal of International Affairs*, Vol. 5, 2010, pp. 137 – 145.

［50］ Kugler, Jacek, *Political Capacity and Economic Behavior*, New York: Routledge, 2018.

［51］ Lee, Melissa M. , and Nan Zhang, "Legibility and the Informational Foundations of State Capacity", *Journal of Politics*, Vol. 79, No. 1, 2017, pp. 118 – 132.

［52］ Lee, Sik-Yum, *Structural Equation Modeling: A Bayesian Approach*, Hoboken, NJ: Wiley, 2007.

［53］ Levi, Margaret, *Of Rule and Revenue*, Berkeley: University of California Press, 1988.

［54］ Levi, Margaret, "The State of the Study of the State", in Ira Katznelson and Helen V. Milner (eds.), *Political Science: The State of the Discipline*, New York: Norton, 2002.

［55］ Lieberman, Evan S. , "Taxation Data as Indicators of State-Society Relations: Possibilities and Pitfalls in Cross-National Research", *Studies in Comparative International Development*, Vol. 36, No. 4, 2002, pp. 89 – 115.

［56］Lindvall, Johannes, and Jan Teorell, "State Capacity as Power: A Conceptual Framework", STANCE Working paper series, No. 1, Department of Political Science, Lund University, 2016.

［57］Linz, Juan, and Alfred Stepan, *Problems of Democratic Transition and Consolidation: Southern Europe, South America, and Post-Communist Europe*, Baltimore: Johns Hopkins University Press, 1996.

［58］Mann, Michael, "The Autonomous Power of the State: Its Origins, Mechanisms and Results", *European Journal of Sociology*, Vol. 25, No. 2, 1984, pp. 185 – 213.

［59］Marshall, Monty G., and Keith Jaggers, "Polity IV Project: Dataset Users' Manual", Center for Systemic Peace, George Mason University, 2016.

［60］McMann, Kelly, Daniel Pemstein, Brigitte Seim, Jan Teorell, and Staffan Lindberg, "Assessing Data Quality: An Approach and An Application", *Political Analysis*, Forthcoming.

［61］Migdal, Joel, *Strong Societies and Weak States: State-Society Relations and State Capabilities in the Third World*, Princeton, NJ: Princeton University Press, 1988.

［62］Møller, Jørgen, and Svend-Erik Skaaning, "Stateness First?", *Democratization*, Vol. 18, No. 1, 2011, pp. 1 – 24.

［63］North, Douglass, *Structure and Change in Economic History*, New York: Norton, 1981.

［64］Pemstein, Daniel, Stephen A. Meserve, and James Melton, "Democratic Compromise: A Latent Variable Analysis of Ten Measures of Regime Type", *Political Analysis*, Vol. 18, No. 4, 2010, pp. 426 – 449.

［65］Plummer, Martyn, "rjags: Bayesian Graphical Models using MCMC", Version 3. 5, 2012.

［66］Pomeranz, Dina, and José Vila-Belda, "Taking State-Capacity Research to the Field: Insights from Collaborations with Tax Authorities", *Annual Review of Economics*, Vol. 11, 2019, pp. 755 – 781.

［67］Rauch, James, and Peter Evans, "Bureaucratic Structure and Bureaucratic Performance in Less Developed Countries", *Journal of Public Economics*, Vol. 75, No. 1, 2000, pp. 49 – 71.

［68］Rice, Susan E., and Stewart Patrick, "Index of State Weakness in the Developing World", Brookings Institution, Washington, D. C., 2008.

[69] Rogers, Melissa Ziegler, and Nicholas Weller, "Income Taxation and the Validity ofState Capacity Indicators", *Journal of Public Policy*, Vol. 34, No. 2, 2014, pp. 183 – 206.

[70] Rothstein, Bo, and Jan Teorell, "What Is Quality of Government? A Theory of Impartial Government Institutions", *Governance*, Vol. 20, No. 2, 2008, pp. 165 – 190.

[71] Saylor, Ryan, "Concepts, Measures, and Measuring Well: An Alternative Outlook", *Sociological Methods and Research*, Vol. 42, No. 3, 2013, pp. 354 – 391.

[72] Schneider, Friedrich, Andreas Buehn, and Claudio E. Montenegro, "Shadow Economies All Over the World", World Bank Policy Research Working paper No. 5356, 2010.

[73] Seawright, Jason, and David Collier, "Rival Strategies of Validation Tools for Evaluating Measures of Democracy", *Comparative Political Studies*, Vol. 47, No. 1, 2014, pp. 111 – 138.

[74] Singer, J. David, Stuart Bremer, and John Stuckey, "Capability Distribution, Uncertainty, and Major Power War, 1820 – 1965", in *Peace, War, and Numbers*, Beverly Hills, CA: Sage, 1972, pp. 19 – 48.

[75] Skocpol, Theda, "Bringing the State Back In: Strategies of Analysis in Current Research", in Peter Evans, Dietrich Rueschemeyer, and Theda Skocpol (eds.), *Bringing the State Back In*, Cambridge: Cambridge University Press, Chap. 1, 1985, pp. 3 – 37.

[76] Soifer, Hillel, "State Infrastructural Power: Approaches to Conceptualization and Measurement", *Studies in Comparative International Development*, Vol. 43, 2008, pp. 231 – 251.

[77] Soifer, Hillel, "State Power and the Economic Origins of Democracy", *Studies in Comparative International Development*, Vol. 48, No. 1, 2013, pp. 1 – 22.

[78] Soifer, Hillel David, *State Building in Latin America*, Cambridge: Cambridge University Press, 2015.

[79] Soifer, Hillel, and Matthias vom Hau, "Unpacking the Strength' of the State: The Utility of State Infrastructural Power", *Studies in Comparative International Development*, Vol. 43, No. 3/4, 2008, pp. 219 – 230.

[80] Tilly, Charles, *Coercion, Capital, and European States, AD 990 – 1990*, Cambridge: Blackwell, 1990.

[81] Treier, Shawn, and Simon Jackman, "Democracy as a Latent Variable",

American Journal of Political Science, Vol. 52, No. 1, 2008, pp. 201 – 217.

［82］ UN (United Nations), "2020 World Population and Housing Census Programme: Census Dates for All Countries", Statistics Division, Demographic Statistics Section, 2016.

［83］ Van Ham, Carolien, and Brigitte Seim, "Strong States, Weak Elections? How State Capacity in Authoritarian Regimes Conditions the Democratizing Power of Elections", *International Political Science Review*, Vol. 39, No. 1, 2018, pp. 49 – 66.

［84］ Wang, Erik H. , and Yiqing Xu, "Awakening Leviathan: The Effect of Democracy on State Capacity", *Research and Politics*, Vol. 5, No. 2, 2018, pp. 1 – 7.

［85］ Weber, Max, "Politics as a Vocation?", in H. H. Gerth and C. Wright Mills (eds.), *From Max Weber: Essays in Sociology*, London: Routledge, 1919.

［86］ Wimmer, Andreas, "Is Diversity Detrimental? Ethnic Fractionalization, Public Goods Provision, and the Historical Legacies of Stateness", *Comparative Political Studies*, Vol. 49, No. 11, 2016, pp. 1407 – 1445.

［87］ World Bank Group, "CPIA 2017 Criteria", 2017, http: // pubdocs. worldbank. org /en/203511467141304327/CPIA-Criteria-2017v2. pdf.

［88］ World Bank Group, "WDI Online", 2020, https: // databank. worldbank. org /source/world-development-indicators.

Leviathan's Latent Dimensions: Measuring
State Capacity for Comparative Political Research

Jonathan K. Hanson and Rachel Sigman

trans. by Yao Wamiao and You Yixin

proof. by Li Zhiqiu

Editor's Note: State capacity is a core concept in political science research, and it is widely recognized that state institutions exert considerable influence on outcomes such as economic development, civil conflict, democratic consolidation, and international security. Yet researchers across these fields of inquiry face common problems involved in conceptualizing and measuring state capacity. In this article, we examine these conceptual issues, identify three core dimensions of state capacity, and develop the expectation that they are mutually supporting and interlinked. We then use Bayesian latent variable analysis to estimate state capacity at the conjunction of indicators related to these dimensions. We find strong interrelationships between the three dimensions and produce a new, general—purpose measure of state capacity with demonstrated validity for use in a wide range of empirical inquiries. It is hoped that this project will provide effective guidance and tools for researchers studying the causes and consequences of state capacity.

Keywords: State; State Capacity; Bayesian latent variable model

国家研究

约稿函

　　《国家研究》（*State Studies*）是北京大学中国政治学研究中心主办的连续出版物，计划每年出版 2 辑。本刊秉持推动中国政治学基础研究的学术宗旨，聚焦与国家相关的政治学基础理论或前沿问题，鼓励理论创新，关注实证研究，着重刊登中外学者在国家研究领域的最新代表性学术论文。

　　本刊以发表理论与实证性研究论文为主，兼及研究评论、海外译稿、学术访谈、书评以及在"国家＋"论坛等学术会议上宣读的论文等其他相关撰述，诚邀海内外学界同仁赐稿。

　　1. 所有稿件须为未在任何中文报刊、书籍或其他出版物发表的原创作品。已经发表在国际学术期刊上的英文论文，可由作者本人翻译成中文后投稿。研究性论文篇幅以 2 万字为宜；书评可在 2000—5000 字，学术访谈不超过 1 万字。

　　2. 稿件请勿一稿多投。若投稿后三个月仍未收到用稿通知，可自行处理稿件。

　　3. 凡在本刊发表的文章，著作权归北京大学中国政治学研究中心所有。北京大学中国政治学研究中心有权在其官方网站、微信公众号（PKURCCP）及其他学术媒体上刊发。

4. 请遵守学术规范，如涉及剽窃及其他问题，文责自负。

5. 来稿请以电子版（word 文档）发到编辑部邮箱，邮箱地址：guchao1986@ pku. edu. cn。

图书在版编目（CIP）数据

国家研究. 2023 年. 第 1 辑 / 俞可平主编. — 北京 ：
北京出版社，2023.12
ISBN 978-7-200-18442-6

Ⅰ．①国… Ⅱ．①俞… Ⅲ．①国家制度—文集 Ⅳ.
① D033-53

中国国家版本馆 CIP 数据核字（2024）第 030908 号

总 策 划：高立志　　　　责任编辑：侯天保
责任印制：燕雨萌　　　　装帧设计：田　晗
责任营销：猫　娘

国家研究
2023 年第 1 辑
GUOJIA YANJIU
俞可平　主编

出　　版　北 京 出 版 集 团
　　　　　北 京 出 版 社
地　　址　北京北三环中路 6 号
邮　　编　100120
网　　址　www.bph.com.cn
发　　行　北京伦洋图书出版有限公司
印　　刷　北京华联印刷有限公司
经　　销　新华书店
开　　本　889 毫米 ×1194 毫米　1/16
印　　张　18.5
字　　数　275 千字
版　　次　2023 年 12 月第 1 版
印　　次　2023 年 12 月第 1 次印刷
书　　号　ISBN 978-7-200-18442-6
定　　价　90.00 元

如有印装质量问题，由本社负责调换
质量监督电话　010-58572393